总主编／贾宇　副总主编／穆赤·云登嘉措　舒洪水

反恐怖主义系列教材

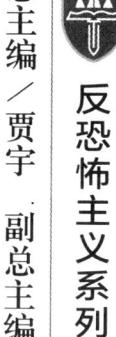

反恐刑法

FANKONG XINGFA

主编／贾宇　舒洪水　冯卫国

撰稿人（按撰写章节顺序）

贾宇　刘左鑫惠　舒洪水　冯卫国

段阳伟　巩瑞　史林盆　党政

马瑜　李燕飙

中国政法大学出版社

2021·北京

总　序

　　西北政法大学反恐怖主义系列教材是西北政法大学反恐怖主义法学院（国家安全学院）与中国政法大学出版社联合推出的供反恐怖主义（法）专业本科生、研究生使用的专业教材。

　　恐怖主义，是指通过暴力、破坏、恐吓等手段，制造社会恐慌、危害公共安全、侵犯人身财产，或者胁迫国家机关、国际组织，以实现其政治、意识形态等目的的主张和行为。恐怖主义威胁着全人类的安全，严重破坏了各国的民族和睦，引发社会不安与动荡，极大地阻碍各国的经济发展和社会进步，危害甚巨。特别是2001年恐怖分子制造了震惊世界的"9·11"暴恐袭击，恐怖主义问题更是强势进入国际社会视野，引起了世界各国的高度关注。

　　一段时间来，国内"三股势力"（即暴力恐怖势力、宗教极端势力、民族分裂势力），以分裂为最终目标，以极端主义为思想基础，以恐怖主义为手段，打着民族、宗教等幌子，以歪曲宗教教义等非法方式，大肆宣扬、传播恐怖主义、极端主义思想，制造宗教狂热，煽动仇恨、煽动歧视、鼓吹暴力，制造了一系列暴力恐怖事件。暴恐风险已成为我国最现实的风险，反恐怖斗争形势严峻、复杂、尖锐。特别是新疆地区仍处于暴恐活动的活跃期、反分裂斗争的激烈期和干预治疗的阵痛期"三期叠加"的特殊期。从北京"10·28"金水桥事件到昆明"3·01"事件再到广州"5·6"事件，我国境内暴力恐怖犯罪已呈现出由新疆向内地蔓延并趋于多发的特征和趋势。

　　面对如此紧迫与现实的国内反恐态势，中共十八届四中全会通过的《中共中央关于全面推进依法治国若干重大问题的决定》指出，"抓紧出台反恐怖等一批急需法律，推进公共安全法治化，构建国家安全法律制度体系"，对反恐立法工作进行了系统化的制度设计。随后，全国人大常委会于2015年12月27日通过了《中华人民共和国反恐怖主义法》，并于2016年1月1日起实施。

　　西北政法大学的前身是1937年中共中央在延安创办的陕北公学，历经延安大学、西北人民革命大学、西北政法干部学校、中央政法干部学校西北分校、西安政法学院、西北政法学院、西北政法大学等时期。在长期的办学历程中，西北政法大学扎根西北，以全方位服务国家战略需求为自身的责任与担当，在维护西北稳定安全与促进西北经济社会发展、民主法治建设方面形成了自身的办学传统与特色。自20世纪90年代以来，我校就有一批专家、学者先后主持完成了多个与反恐怖主义相关的国家社科课题和部委课题，发表了一系列有影响力的研究成果。反恐研究团队先后多次深入新疆、西藏等边疆基层进行调研，出版了十多部有关反恐怖主义问题和民族宗教问题研究的专著，发表了数百篇相关领域的学术论文，为国家决策部门提供了许多有影响的对策、建议。2012年，学校获批"服务西北地区稳定发展与国家安全高级法律人才培养项目"，成为西北地区第一个法学博士学位授权点，承担为国家培养反恐怖主义方向的高级法律人才的任务。2014年，学校汇聚资源，积极打造新型智库，组建了反恐怖主义研究院和民族宗教研究院。2016年1月16日，在《中华人民共和国反恐怖主义法》实施之际，西北政法大学紧紧围绕国家反恐怖主义法治建设的特殊需求，整合校内外法律、公安、民族宗教、国际关系等多领域的学术资源，成立反恐怖主义法学院，实现了本科、硕士、博士完整的教育体系，成为集人才培养、学术研究、社会服务、国家智库等功能于一体的教学科研单位；2019年6月15日，为了深入贯彻总体国家安全观、服务国家战略需求，在反恐怖主义法学院的基础上成立国家安全学院。反恐怖主义法学院（国家安全学院）的刑法、民法、刑诉、民诉、经济法、行政法、宪法、法理等法学基础课程，由相应学院的法学教师承担教学任务，反恐怖主义（国家安全）专业则设有三个教研室（国家安全教研室、反恐怖主义法教研室、民族学与宗教学教研室）和两个研究院（反恐怖主义研究院和民族宗教研究院）。

西北政法大学反恐怖主义法学院（国家安全学院）在学校"法治信仰、中国立场、国际视野、平民情怀"的育人理念的指引下，建立伊始就确定了"需求导向、理实并重"的根本宗旨，对本科生、硕士研究生、博士研究生提出了不同的培养要求。在本科层次反恐怖主义法律人才培养方面，按照"注重养成、加厚基础、拓宽口径、强化实践"的培养思路，着力培养具有系统扎实的法学专业知识和反恐怖主义专门知识，实践能力强、综合素质高，能够从事防范与打击恐怖主义工作的应用型、复合型专门人才。基于此，我们围绕反恐怖主义法学专业学生必须具备的五个方面的知识结构，在必要的法学基础课程之外，开设了十余门特色课程，并组织反恐怖主义法学院（国家安全学院）的老师编写相应的教材。

目前，该系列教材有多部已经定稿并将陆续出版面世。我们深知"庙廊之材，非一木之枝"，在此，向关注并给予西北政法大学反恐怖主义法学院（国家安全学院）极大帮助的中央和地方的立法、行政、政法、司法部门，各兄弟院校，以及相关的同仁表示真挚的感谢。同时，作为国内首家培养反恐怖主义法律人才的学院，我们没有经验作参考，因此该系列教材难免存在一些缺陷，需要逐步完善，也希望学界、实务界各位同仁能不吝赐教，批评建言。我们深知路漫漫其修远，西北政法大学反恐怖主义法学院（国家安全学院）的各位老师必将团结一心，上下求索。

是为序。

贾　宇

2020 年 6 月 1 日

编写说明

恐怖主义通过暴力、破坏、恐吓等手段，肆意践踏人权、戕害无辜生命、危害公共安全、制造社会恐慌，严重威胁世界和平与安宁，已是人类社会的公敌和国际社会共同打击的对象。随着恐怖主义逐渐成为全球性难题，中国也开始面临全面的恐怖主义威胁。针对严峻复杂的反恐形势和各族群众对打击暴力恐怖犯罪、保障生命财产安全的迫切要求，中国对一切侵犯公民人权、危害公共安全、破坏民族团结、分裂国家的暴力恐怖活动，依法进行严厉打击。

坚持法治思维、运用法治方式是打击恐怖主义犯罪的重要原则。为回应恐怖主义犯罪的动态发展，我国立法不断进行自我调整和完善，并日益呈现出中国特色。除了在 1997 年《中华人民共和国刑法》和 2001年《中华人民共和国刑法修正案（三）》中设置和补充完善惩治恐怖活动犯罪的条款之外，国家还通过了 1993 年《中华人民共和国国家安全法》、1996 年《中华人民共和国民用航空安全保卫条例》、2006 年《中华人民共和国反洗钱法》等法律法规，基本形成了打击恐怖主义犯罪的法律体系，更是在之后的 2014 年、2015 年集中整合出台了新的《中华人民共和国国家安全法》《中华人民共和国反间谍法》和《中华人民共和国反恐怖主义法》。尤为重要的是，2015 年 8 月 29 日全国人大常委会通过了《中华人民共和国刑法修正案（九）》，加大了对恐怖主义的打击力度，无论是对罪名体系的完善，还是刑罚体系的增设，都体现我国当前对于恐怖主义犯罪的严厉打击。

与此同时，针对我国反恐怖主义法治的不断完善，国家陆续整合或新组建了一系列反恐怖职能部门和反恐怖主义理论研究部门，并且越来越多的高等院校也逐渐成立反恐怖主义科研机构，越来越重视反恐怖主义的人才培养和科研工作。然而我国对于反恐怖主义的理论研究还存在不系统、不精细、不全面的现象。究其根本，我国目前仍不存在真正意义上的"反恐刑法"。

西北政法大学作为国内最早并长期持续研究反恐怖主义的高等政法

院校，在长期办学中，形成了立足西部、建设边疆、服务国家、贡献社会的传统，为西部民主法治建设和经济社会发展作出了应有贡献。从20世纪90年代以来，就有一批专家先后主持完成了多个与反恐怖主义相关的国家社科项目和部委课题，发表了一系列有影响力的研究成果。西北政法大学专家团队先后多次赴新疆各地深入调研，现已将定期赴新疆调研形成制度化科研方法，出版了多部反恐怖主义问题研究的专著，发表了数百篇相关领域的学术论文，为党和国家提供了一系列反恐怖主义方面有影响的资政建议。学校在反恐怖主义研究方面取得的较为丰硕的成果，为培养反恐怖主义法学人才打下了坚实基础。

2012年，西北政法大学获批"服务西北地区稳定发展与国家安全博士人才培养项目"，成为陕西和西北地区第一个法学博士学位授权点，承担为国家培养反恐怖主义方向的高级法律人才的任务。2014年，学校汇集资源，积极打造新型智库，组建了反恐怖主义研究院和民族宗教研究院，建立了一支由20多名不同民族的专家教授组成的专职研究队伍，聘请了相关研究领域的一批高水平的客座教授和特邀研究员，带动校内一批相关学科教师从事反恐怖主义方向的交叉研究。在整合现有条件和资源基础上，学校经过精心论证和审慎研究，于2016年成立国内第一家反恐怖主义法学院。2019年6月15日，又成立了西北政法大学国家安全学院，与反恐怖主义学院二块牌子、一组人马，但拓展了研究范围，增强了研究实力。反恐怖主义法学院（国家安全学院）贯通本硕博一体的人才培养体系，是集人才培养、理论研究、学术交流、社会服务、智库功能于一体的教学和研究单位。

西北政法大学以反恐怖主义法学院（国家安全学院）为重要研究平台，以长期积累和培养的科研人才为骨干，以现有丰硕研究成果为基础，博采众长，开始系统整理并逐步形成系统、全面的科研和教学用书。反恐刑法就是结合反恐与刑法的立法和实践，沟通了反恐界与刑法界，兼顾了理论与实践，重点阐述了与恐怖主义、极端主义有关的11个罪名，以点带面，旨在为相关实践部门与高校研究部门提供兼具反恐与刑法的参考用书。此举在国内仍属首创，希望对反恐怖主义研究者和科研、教学单位有所裨益。本书具体写作分工如下：

第一章　组织、领导、参加恐怖组织罪（贾宇 刘左鑫惠）

第二章　帮助恐怖活动罪（舒洪水 刘左鑫惠）

贾 宇

2021 年 1 月 1 日

| 目　录 |

第一章 组织、领导、参加恐怖组织罪

第一节 组织、领导、参加恐怖组织罪的立法沿革

一、1997 年之前：组织、领导、参加恐怖组织罪尚未入罪

恐怖活动犯罪是全人类的公敌，其所摧毁和挑战的是人类社会共同的秩序、人类文明共同的底线。恐怖主义的产生可视为一种宗教发展或社会文化的演化过程，若以更宽的模式来探究恐怖主义形成原因与底蕴，则潜在的恐怖分子将会受宗教、种族、民族主义等意识形态因素影响而加入恐怖组织。总之，恐怖主义可视为是社会化的一个演化过程。[1]

20 世纪 60 年代，现代恐怖主义犯罪真正地将恐怖主义活动作为手段而频繁实施，国际社会才对现代恐怖主义开始产生普遍认识。[2]恐怖主义作为当今世界的一大毒瘤，严重威胁人类社会的发展和稳定。20 世纪 70 年代以来，国际恐怖活动猖獗，世界上许多国家和地区都在不同程度上遭受着恐怖活动的困扰，以至于有人称其为"政治瘟疫""一场永无休止的地下世界大战"。[3]而在所发生的恐怖活动中，绝大多数是由恐怖组织来策划和实施的。[4]

一些深受恐怖主义荼毒的国家较早地迈出了反恐立法的步伐，例如，以色列于 1948 年制定了《预防恐怖主义条例》，英国于 1974 年制定了《1974 年预防恐怖活动（暂行规定）法》，美国于 1984 年制定了《1984 年禁止支援恐怖主义活动法》《1984 年提供恐怖主义活动情报奖励法》等。但总体来说，当时恐怖主义尚未受到国际社会的高度关注，进行反恐立法的国家屈指可数。此外，恐怖组织数量和规模较小，以及恐怖主义犯罪在当时的我国是十分罕见的，不是

---

〔1〕 陈明传、骆平沂：《国土安全导论》，五南图书出版股份有限公司 2010 年版，第 99 ~ 101 页。
〔2〕 参见李伟等主编：《国际恐怖主义与反恐斗争年鉴 2003》，时事出版社 2004 年版，第 2 页。
〔3〕 参见康树华主编：《当代有组织犯罪与防治对策》，中国方正出版社 1998 年版，第 185 页。
〔4〕 王德育："'恐怖活动组织'概念初探"，载《现代法学》2000 年第 3 期。

我国刑法所主要打击和规制的对象，故 1979 年《中华人民共和国刑法》（以下简称《刑法》）及 1979 年至 1997 年之间颁布的一系列单行刑法中并没有涉及组织、领导、参加恐怖组织罪，其中也仅有一条单行刑法涉及恐怖活动犯罪，即 1992 年 12 月 28 日第七届全国人大常委会第二十九次会议通过的《关于惩治劫持航空器犯罪分子的决定》。[1]

二、1997 年《刑法》：组织、领导、参加恐怖组织罪之入罪

刑法是一种社会现象，它根植于一定社会的物质生活并在此基础上实现其存在的价值。[2]刑事立法不能脱离、超越国情而任凭立法者主观随意和主观臆想进行立法，必须以社会现实为基础。我国反恐刑事立法应该从国内外的反恐局势和我国基本国情出发，立法内容应当与客观现实相符合，以确保反恐刑事立法能够被司法机关实施。

20 世纪末，随着苏联的解体和冷战的结束，世界范围内各种类型的种族、民族、宗教和国内冲突此起彼伏，国际上出现了"泛伊斯兰主义"和"泛突厥主义"的思想潮流。同时随着国际社会政治、经济和文化交流的发展，一些本已销声匿迹或者日渐衰微的恐怖活动组织再度兴起，发展迅猛，组织数量和规模不断扩大，犯罪活动日益猖獗，行动计划日益周密，甚至形成了跨国恐怖主义网络。因此，世界各国立法者的反恐思维、价值观发生了剧烈变化，对恐怖活动组织有了更加清醒的认识，更加重视贯彻联合国反恐公约的立法要求，试图通过有效的国内立法预防和打击恐怖主义。

在我国境内，由于国际势力插手我国民族问题，导致"东突"恐怖组织产生。以"东突"恐怖组织为代表的恐怖势力，为实现破坏国家统一、分裂祖国的目的，在新疆等地策划、组织、实施了一系列爆炸、暗杀、纵火、投毒、袭击等暴恐犯罪以及分裂国家等危害国家安全犯罪，严重危害我国人民群众的生命安全和财产安全，破坏我国国家安全和社会稳定，威胁有关国家和地区的安全稳定。[3]此外，其他形形色色的恐怖活动组织不断增加，活动的数量在激增，对国家安全和社会秩序造成的现实危害和影响日益扩大，对人民群众生命财产安全的威胁愈来愈严重，趋势仍在发展，日益成为严重影响我国社会安全稳定的突出问题。

反恐刑事立法作为处置恐怖活动犯罪的前沿阵地，对维护社会安全稳定具

---

〔1〕《关于惩治劫持航空器犯罪分子的决定》并非专门针对恐怖活动，而是针对实施劫持行为的一切犯罪分子，以维护旅客和航空器的安全。

〔2〕 陈兴良主编：《刑事法评论》，中国政法大学出版社 1997 年版，第 32 页。

〔3〕 参见国务院新闻办公室："'东突'恐怖势力难脱罪责"，载《人民日报》2002 年 1 月 22 日，第 4 版。

有举足轻重的作用。其作为一种治理手段，应当始终与实践相联系，特别是与当下的反恐形势相结合。恐怖活动组织是恐怖分子的"大本营"，是恐怖活动的"策源地"，组织、领导、参加恐怖活动组织进行恐怖活动的犯罪具有极大的社会危险性，对于社会和谐稳定、公民人身财产安全等都具有极大的破坏力。为此，我国1997年《刑法》第120条专条规定了组织、领导、参加恐怖组织罪，并规定了相应的刑罚。《刑法》第120条第1款规定："组织、领导和积极参加恐怖活动组织的，处3年以上10年以下有期徒刑；其他参加的，处3年以下有期徒刑、拘役或者管制。"

1997年《刑法》关于组织、领导、参加恐怖组织罪的规定，试图从人员构成上瓦解恐怖活动组织，表明了我国运用刑法武器打击恐怖主义，从严惩治组织、领导、参加恐怖组织的决心，开创了我国惩治恐怖活动犯罪的刑事立法先河，弥补了长期以来我国刑事立法的空白，反映了我国惩治恐怖活动的立法对策，为我国打击"东突"等恐怖组织提供了重要遵循，对我国预防和打击恐怖主义犯罪起到了不可估量的作用。

三、《刑法修正案（三）》[1]：增设量刑档次并加重处罚

2001年9月11日，"基地"组织的恐怖分子劫持美国四架民航客机，撞击美国纽约世贸中心和华盛顿五角大楼，引起了国际社会的极大关注，恐怖主义对和平与安全的威胁受到各国的普遍重视。如联合国安理会第1373号决议中即使用了"恐怖主义集团"的概念，强调"所有国家不向参与恐怖主义行为的实体或个人主动或被动提供任何形式的支持，包括制止恐怖主义集团招募成员和消除向恐怖分子供应武器"。[2]

"9·11"恐怖袭击事件在震惊世界的同时，也对我国的政治、经济、文化、生活产生了重大影响。"9·11"恐怖袭击事件的发生，意味着"基地""东突"等国际恐怖组织愈演愈烈。我国1997年《刑法》涉及组织、领导、参加恐怖组织罪的条款略显单一，以致许多恐怖组织犯罪尚付阙如，难以满足新形势下我国惩治恐怖活动犯罪的现实需要，难以承担起打击国际恐怖主义的重大责任。从我国国内来看，其一，据不完全统计，自1990年至2001年，境内外"东突"恐怖势力在我国新疆境内制造了至少200余起暴力恐怖事件，造成162人死亡，440余人受伤。[3]其二，由于国际敌对势力的介入和利用，"东突"问题逐渐复杂化和

---

〔1〕　十一部《中华人民共和国刑法修正案》以下简称为《刑法修正案》。
〔2〕　联合国安全理事会2001年第1373号决议。
〔3〕　国务院新闻办公室："'东突'恐怖势力难脱罪责"，载《人民日报》2002年1月22日，第4版。

持久化，频繁制造暴力恐怖事件，呈恶性膨胀态势。其三，随着我国综合国力的不断强大，西方国家在我国的利益增多，国际恐怖活动组织在我国境内实施恐怖活动的可能性不断上升。其四，随着我国改革开放的不断深化，我国对外交往不断增多，我国海外利益受到恐怖组织的潜在、巨大威胁。与普通犯罪人相比，恐怖活动组织成员在狂热思想、理念的指引下，显然具备更大的社会危险性。[1]

在法律范围内，从重、及时打击恐怖主义犯罪，不仅是罪责刑相适应原则的必然要求，更是尽快消除社会恐惧，恢复社会秩序的有效途径。依法从重，是指根据《刑法》的有关规定，在法定的条件和法定的量刑幅度以内从重。依法从快，是指在查明犯罪事实的前提下，依照《中华人民共和国刑事诉讼法》（以下简称《刑事诉讼法》）规定的程序和时限，以最快的速度追诉和惩治罪犯。正如贝卡里亚所指出的，犯罪与刑罚之间的时间越短，在人们心中，犯罪与刑罚这两个概念的联系就越突出、越持续，因而人们就很自然地把犯罪看作起因，把刑罚看作不可缺少的必然结果。[2]罪重的量刑要重，罪轻的量刑要轻，不能罪重的量刑比罪轻的轻，也不能罪轻的量刑比罪重的重，这是不言自明的道理。但是相较于其他具有较大社会危险性的严重犯罪，我国1997年《刑法》规定对组织、领导、参加恐怖组织罪的处罚较轻，量刑档次较少。这样的规定，既不利于区分和打击不同的恐怖主义犯罪，也不利于我国预防和打击恐怖组织犯罪，将恐怖主义消灭在萌芽状态。同时，反映出我国立法机关未将恐怖主义犯罪作为专门的、严重的犯罪来对待；没有考虑到宣示公共安全与国家利益的整体利益能够发挥的一般预防作用，不能直观地感受到刑法对重大法益的保护，导致无法有效发挥刑罚的标签作用，无法真正发挥刑罚的一般预防作用。"犯罪对公共利益的危害越大，促使人们犯罪的力量就越强，制止犯罪的手段就应该越强有力，这就需要刑罚与犯罪相对称。"[3]随着恐怖活动组织愈来愈猖獗，要求刑法适应新形势需要和提高对组织、领导、参加恐怖组织罪之法定刑的呼声愈来愈高涨，希望通过加大预防和惩治恐怖主义犯罪的力度，增强对这类有组织犯罪的惩治和威慑作用。

在此背景下，党和国家高度重视，迅速对形势作出正确的判断，认为有必要对1997年《刑法》中规定的组织、领导、参加恐怖组织罪进行修改，以加大

---

[1] 参见房建中："对当前新疆反恐怖斗争的几点认识和思考"，载陈明华、郎胜、吴振兴主编：《中国法学会刑法学研究会2002年年会论文选集（下）》，中国政法大学出版社2003年版，第1528页。

[2] ［意］切萨雷·贝卡里亚：《论犯罪与刑罚》，黄风译，中国大百科全书出版社1993年版，第57页。

[3] ［意］切萨雷·贝卡里亚：《论犯罪与刑罚》，黄风译，北京大学出版社2008年版，第17页。

预防和惩治恐怖主义犯罪的力度，以期实现对恐怖主义犯罪的有效遏制。[1] 2001 年 12 月 29 日，第九届全国人民代表大会常务委员会第二十五次会议通过并于同日颁布实施了《刑法修正案（三）》。该刑法修正案第 3 条对组织、领导、参加恐怖组织罪作了较大修改，增加了本罪的量刑档次，并加重了本罪的处罚。具体而言，依照《刑法修正案（三）》第 3 条之规定，将《刑法》第 120 条第 1 款中的基本量刑档次之法定刑由"3 年以上 10 年以下有期徒刑"提高至"10 年以上有期徒刑或无期徒刑"；对于"其他参加的"，增加了可以单处"剥夺政治权利"。另外，《刑法修正案（三）》还在两个量刑档次间增加了一档："积极参加的，处 3 年以上 10 年以下有期徒刑"。本次刑法修正案的出台，既是适应新形势下打击和预防恐怖主义的需要，也是我国承担预防和打击国际恐怖主义重任、履行国际反恐义务的具体行动。

四、《刑法修正案（九）》：增设财产刑

《刑法修正案（三）》之后，我国相继颁布的《刑法修正案（四）》《刑法修正案（五）》直至《刑法修正案（八）》五部刑法修正案以及多个司法解释等，都未对本罪进行改动，直至十余年后《刑法修正案（九）》再次对本罪进行了修改，对各个量刑档次增设了对应的财产刑。具体而言，《刑法修正案（九）》第 5 条规定："将刑法第 120 条修改为：'组织、领导恐怖活动组织的，处 10 年以上有期徒刑或者无期徒刑，并处没收财产；积极参加的，处 3 年以上 10 年以下有期徒刑，并处罚金；其他参加的，处 3 年以下有期徒刑、拘役、管制或者剥夺政治权利，可以并处罚金'。"此次《刑法修正案（九）》对组织、领导、参加恐怖组织罪进行修改，是以法律形式回应打击恐怖活动组织的现实需要，具有重要而深远的意义。

第一，此次修改是遏制恐怖活动组织再生能力的有效措施。恐怖主义犯罪不是传统上的贪利性犯罪，此次修改将罚金刑"大举入刑"超越了我们的传统认识。其原因在于，虽然恐怖活动组织的直接性意图不在于获取经济利益，但是由于各种恐怖活动组织需要大量的资金予以维持生存，恐怖活动组织在招募和培训恐怖分子、维持恐怖训练营的运转、购买和改善武器装备、伪造身份证件和旅行文件、收集各类情报、购买通讯和宣传设施、拉拢或者援助庇护其的政府组织时，都需要有较强的经济实力作为支撑。根据汤森路透 2014 年 10 月发布的《"伊斯兰国"：经济基础上的恐怖主义资金》报告显示，"伊斯兰国"目

---

[1] 参见何洪泽："安理会一致通过决议强烈谴责在美发生的袭击事件"，载《人民日报》2001 年 9 月 14 日，第 3 版。

前年收入 29 亿美元。[1] 其主要在占领区"就地取财",依靠其控制的广阔区域,通过石油走私、掠夺自然资源、抢劫金融机构、绑架人质获取赎金、海湾国家富人捐赠等方式获取资金,资金来源方式多样、渠道广泛。获得的巨额财富为其组织提供了较强的再生能力,不仅能够维持组织的生存、发展、壮大,能够资助组织人员前往恐怖活动集中地区实施大规模恐怖袭击,更重要的是能够不断训练新的恐怖主义战斗人员以扩充和恢复自己的实力。因此,为了从根本上遏制恐怖组织的再生能力,预防此类犯罪的蔓延,有针对性地消除犯罪发生的机理,使得被铲除的恐怖活动组织难以东山再起、死灰复燃,增设财产刑迫在眉睫。

　　第二,此次修改是打击恐怖组织犯罪的需要。在境内,恐怖组织蔓延势头得到遏制,但恐怖主义毒瘤并未根除。根据反洗钱金融行动特别工作组(Financial Action Task Force on Money Laundering,FATF)评估团的统计,在 2002 年到 2006 年期间,共有 28 件案件被检察机关以"组织、领导、参加恐怖组织罪"予以起诉,其中 47 人被法院判决罪名成立。[2] 2012 年,全国检察机关批准逮捕涉嫌组织、领导、参加恐怖组织犯罪案件 8 件,共 34 人,提起公诉 9 件,共 36 人。[3]"东突"等恐怖活动组织作为极端民族主义和宗教极端主义的结合体,其暴力倾向正进一步加速蔓延,宗教等意识形态主导趋向明显,地下讲经、偷逃出境、网络传播暴恐音视频等愈发突出,民族分裂、暴力恐怖、宗教极端组织不断更新手法与政府对抗,他们打着"民主""自由""宗教""人权"的幌子,骗取国际社会的同情与支持,实际是以分裂国家为目的,以极端宗教思想为旗帜,企图以暴力恐怖等手段破坏国家统一和民族团结。在境外,"伊斯兰国"将恐怖极端思想触角延伸至我国,加紧与国内的暴恐极端团伙勾连;"东伊运"不断加紧与国际恐怖极端组织合流,加大向我国境内派遣人员力度,特别是恐怖分子利用民族、宗教、自由为旗号暗流涌动,盅惑不明真相的少数民族群众参加恐怖组织,实施恐怖活动。在境内外多重因素的循环互动、共同影响下,我国反恐怖斗争形势的紧迫性、严峻性、复杂性进一步凸显。《刑法修正案(九)》对组织、领导、参加恐怖组织罪增设财产刑,是应对新形势下恐怖组织犯罪愈演愈烈的有效方式,迎合了我国打击恐怖组织犯罪的需要。

　　第三,此次修改是对总体国家安全观的贯彻落实。2013 年 11 月,中共十八届三中全会决定成立中央国家安全委员会,为着力深化改革国家安全体制、全力完善国家安全战略、全面挖掘国家安全工作跃升的新动能奠定了坚实基础。

---

〔1〕　梁慧:"'伊斯兰国'如何敛财",载《学习时报》2016 年 2 月 22 日,第 2 版。
〔2〕　王新:"零适用的审判现状:审视资助恐怖活动罪的适用",载《政治与法律》2012 年第 7 期。
〔3〕　"2012 年中国反洗钱报告",载《中国人民银行金融服务报告》2013 年第 2 期。

2014 年 1 月，经中共中央政治局研究确定，酝酿已久的国家安全委员会正式设立。2014 年 4 月，习近平同志在中央国家安全委员会第一次全体会议上正式提出总体国家安全观。这是总体国家安全观首次在我国政府官方文件中出现并作为政策被确立下来。"国安才能国治，治国必先治安"。坚持总体国家安全观对国家安全立法工作的总体规划和战略部署，对开启国家安全工作法治新环境具有重大战略意义。在打击反恐怖主义犯罪的过程中，应当立足总体国家安全观，科学把握国家安全变化新形势，及时反思国家安全法律法规的适当性，更好地构筑国家安全屏障。无法律则无犯罪，无法律则无刑罚，法律是制度化的政治过程中的产物。为应对恐怖活动组织的违法犯罪活动，有效打击恐怖主义犯罪，必须以总体国家安全观为指导，加强源头治理、前端处理。《刑法修正案（九）》对组织、领导、参加恐怖组织罪的修改，正是对总体国家安全观的贯彻落实，以期汇聚合力打击恐怖活动组织，将恐怖组织犯罪扼杀在萌芽状态。

至此，反观我国惩治恐怖活动犯罪的刑事立法，我国并没有采取反恐怖主义法等单行法的形式予以规制，而是采取以刑法修正案的形式对相关刑事立法予以修改补充，并将其纳入刑法典的范畴。这实际上不同于大陆法系国家，也不同于英美法系国家。采取此种立法模式，有利于维护刑法典的统一与权威。恐怖主义具有深厚的历史渊源和社会土壤，完备的法治正是从根源上消除恐怖主义的有效途径之一。而法治本身包含两层意义，即已经成立的法律获得普遍的服从，而大家所服从的法律又应该本身是制定的良好的法律。[1]路漫漫其修远兮，从有效惩治恐怖活动犯罪的角度考虑，颁布与刑法典密切呼应的专门反恐怖主义法是确有必要的。

我国于 2015 年通过了《中华人民共和国反恐怖主义法》（以下简称《反恐怖主义法》）。《反恐怖主义法》共 10 章 97 条内容，该法对反恐怖主义的基本原则、恐怖活动组织和人员的认定、安全防范、情报信息、调查、应对处置、国际合作、保障措施、法律责任等内容作出了明确规定，是反恐怖斗争实践发展的结果。其中第 79 条规定："组织、策划、准备实施、实施恐怖活动，宣扬恐怖主义，煽动实施恐怖活动，非法持有宣扬恐怖主义的物品，强迫他人在公共场所穿戴宣扬恐怖主义的服饰、标志，组织、领导、参加恐怖活动组织，为恐怖活动组织、恐怖活动人员、实施恐怖活动或者恐怖活动培训提供帮助的，依法追究刑事责任。"本条款是对各种恐怖活动犯罪依法追究刑事责任的原则性规定，同时也与《刑法》的规定做了一个有机衔接。从该条文可见，对于某种具体的恐怖活动的刑事责任追究，应当按照《刑法》相关条文的规定进行。

---

〔1〕 〔古希腊〕亚里士多德：《政治学》，吴寿彭译，商务印书馆 1965 年版，第 199 页。

经过数次立法流变，我国以《刑法》第 120 条规定组织、领导、参加恐怖组织罪。即《刑法》第 120 条规定："组织、领导恐怖活动组织的，处 10 年以上有期徒刑或者无期徒刑，并处没收财产；积极参加的，处 3 年以上 10 年以下有期徒刑，并处罚金；其他参加的，处 3 年以下有期徒刑、拘役、管制或者剥夺政治权利，可以并处罚金。犯前款罪并实施杀人、爆炸、绑架等犯罪的，依照数罪并罚的规定处罚。"

第二节　组织、领导、参加恐怖组织罪的犯罪构成

根据我国《刑法》第 120 条的规定，组织、领导、参加恐怖组织罪，是指组织、领导、参加恐怖活动组织的行为。

一、组织、领导、参加恐怖组织罪的客体

本罪侵犯的客体是复杂客体，既包括公共安全，又包括国家安全。20 世纪 70 年代肯尼斯·华尔兹的理论中，"安全"比"权力"更重要，是"安全"而非"权力"构成了支配国家在国家社会中行为的根本动力。[1] 从词义上讲，"安全"概念的基本特征就是与"威胁""危险"相互参照的概念。《现代汉语词典》对"安全"一词的解释是"没有危险；不受威胁；不出事故"。《韦伯大学词典》对英语"security（安全）"一词的解释是"安全的状态，即免于危险，没有恐惧，不被解雇"。一般认为，"安全"可以从主观和客观两个方面进行定义，即主观上不存在恐惧，客观上不存在威胁。

所谓"国家安全"，是指国家政权、主权、统一和领土完整、人民福祉、经济社会可持续发展和国家其他重大利益相对处于没有危险和不受内外威胁的状态，以及保障持续安全状态的能力。所谓"公共安全"，存在抽象与具体的区分。从抽象的角度来讲，无论是危害国家安全罪、危害公共安全罪、扰乱公共秩序罪，还是诸如杀人、伤害、抢劫等直接侵害公民个人利益的犯罪，本质上都是对"公共利益"的侵害，均属于侵害公共利益的犯罪。从具体的角度来讲，该罪名所侵犯的"公共安全"较危害国家安全罪中的"公共"概念而言，是相对于国家利益和个人利益的社会利益。[2] 该社会利益的主体是社会公众，因此，"公共安全"可以进一步具体化为社会公众的安全利益。由此，本罪所侵犯的客

---

〔1〕　赵红艳：《总体国家安全观与恐怖主义的遏制》，人民出版社 2018 年版，第 4 页。

〔2〕　曲新久："论刑法中的'公共安全'"，载《人民检察》2010 年第 9 期。

体中的"公共安全"属于狭义的、具体的、现实的概念，即公众的生命、身体健康以及重大财产的安全。"公众"，是指不特定的人或者众多的人。"不特定的人"，是指行为威胁到公众中不确定的一个或者几个人，因而具有社会危险性。公共安全的等级与损害的大小和危险程度的高低成正比，包括实害、具体危险和抽象危险。抽象的危险是一种主观评价，不需要司法上的具体判断，只需要以一般的社会生活经验为依据，认定行为具有发生侵害结果的危险即可。[1]本罪属于抽象的危险犯，恐怖活动组织是否实施了恐怖活动犯罪不影响犯罪的成立，其是对于社会秩序的抽象扰乱，不是具体地、现实地威胁、破坏公共安全。

目前，我国面临的恐怖主义威胁主要来自"东突"恐怖组织。"东突"恐怖组织是极端民族主义和宗教极端主义的结合体，其长期盘踞国外以外国某些政治势力、经济势力或社会团体为背景，以分裂为目标，以宗教为外衣，以恐怖为手段，企图分裂我国新疆地区。组织、领导、积极参加和参加恐怖组织的行为不仅仅直接威胁公众的生命、身体健康以及重大财产的安全，并且其往往具有政治性，力求制造社会恐怖气氛，实现其深层次社会目的，即意图通过暴力恐怖手段，分裂国家，破坏国家统一和民族团结。因此，组织、领导、参加恐怖组织罪侵犯的客体是复杂客体，既包括公共安全，又包括国家安全。

二、组织、领导、参加恐怖组织罪的客观方面

无行为则无犯罪，行为之于犯罪的重要性可见一斑。[2]研究本罪的客观方面是研究本罪的基础。根据我国刑法分则的规定，本罪在客观方面表现为行为人组织、领导、参加恐怖活动组织的行为。本罪在客观方面要求行为人组织、领导、参加的是恐怖活动组织。因此，在这里首先有必要对"恐怖活动""恐怖活动组织"等相关概念进行阐释、予以明晰。

（一）对"恐怖活动""恐怖活动组织"的界定

恐怖活动是恐怖活动组织的核心概念。根据《反恐怖主义法》第3条第2款的规定，"恐怖活动"，是指恐怖主义性质的下列行为：①组织、策划、准备实施、实施造成或者意图造成人员伤亡、重大财产损失、公共设施损坏、社会秩序混乱等严重社会危害的活动的；②宣扬恐怖主义，煽动实施恐怖活动，或者非法持有宣扬恐怖主义的物品，强制他人在公共场所穿戴宣扬恐怖主义的服饰、标志的；③组织、领导、参加恐怖活动组织的；④为恐怖活动组织、恐怖

---

[1]　张明楷：《刑法学》，法律出版社2015年版，第167页。

[2]　[日]小野清一郎：《犯罪构成要件理论》，王泰译，中国人民公安大学出版社1991年版，第85页。

活动人员、实施恐怖活动或者恐怖活动培训提供信息、资金、物资、劳务、技术、场所等支持、协助、便利的；⑤其他恐怖活动。根据《反恐怖主义法》第3条第1款的规定，"恐怖主义"是指通过暴力、破坏、恐吓等手段，制造社会恐慌、危害公共安全、侵害人身财产，或者胁迫国家机关、国际组织，以实现其政治、意识形态等目的的主张和行为。概而言之，"恐怖活动"是对政府、公众或者个人蓄意使用的恐怖手段或者令人莫测的暴力，以达到某种政治目的的行为。其具有两个特征：其一，客观特征是使用令人莫测的暴力、讹诈或者威胁。恐怖主义的暴力具有很大的隐蔽性和突发性，实施暴力的对象、时间、地点不特定，因而危害公共安全和破坏公众的安全感。其二，主观特征是为了实现恐吓、要挟社会之目的。即利用莫测的暴力、讹诈或者威胁社会、政府，制造社会恐慌、危害公共安全、侵犯人身财产，或者胁迫国家机关、国际组织，以实现其政治、经济或者意识形态等目的的主张和行为。"恐怖主义的目标不是实际的受害者，而是旁观者，恐怖主义是个剧场。"[1]这充分反映出恐怖活动具有恐吓、要挟社会的主观目的，进而满足其在宗教、民族、种族和政治等方面的某些利益。这种目的是恐怖活动犯罪与故意杀人、贩卖毒品、放火、爆炸、投放危险物质等犯罪的不同之处。

根据《反恐怖主义法》第3条第3款的规定，恐怖活动组织，是指3人以上为实施恐怖活动而组成的犯罪组织。这里的恐怖活动组织，既包括境内的恐怖活动组织，也包括境外的恐怖活动组织；既包括由联合国安理会、国际社会普遍认定的恐怖活动组织，也包括虽不是联合国安理会、国际社会普遍认定但经司法机关或者行政机关认定的恐怖活动组织；既包括按照《反恐怖主义法》行政认定和司法认定的，也包括尚未认定的恐怖活动组织。恐怖活动组织一般具备以下特点：其一，人员数量3人以上。实践中，恐怖活动组织的规模大小不同，有的数十人，有的成百上千人。其二，为实施恐怖活动而组成。不仅为实施杀人、放火、投放危险物质、爆炸、劫机等暴力恐怖活动而组成的犯罪组织，为实施其他恐怖活动，如恐怖活动培训、恐怖主义融资等而组成的犯罪组织，也应认定为此处的恐怖活动组织。其三，属于犯罪组织。既包括为实施恐怖活动而组成的较为固定的犯罪集团，也包括3人以上为实施恐怖活动而组成的犯罪团伙——尽管这种犯罪团伙组织形态不严密，但也应当将其认定为恐怖活动组织。

根据《反恐怖主义法》第12条和第16条的规定，对恐怖活动组织有两种认定渠道，一是由国家反恐怖主义工作领导机构认定，二是由人民法院在刑事

---

[1]　James M. Henslin, *Social Problems*, New Jersey: Prentice Hall, 1994, p. 583.

诉讼中依法认定。对国家反恐怖主义工作领导机构认定的恐怖活动组织，以及人民法院依法认定的恐怖活动组织中需要予以公告，由国家反恐怖主义工作领导机构的办事机构予以公告。根据 2018 年 3 月 16 日最高人民法院、最高人民检察院、公安部、司法部联合下发的《关于办理恐怖活动和极端主义犯罪案件适用法律若干问题的意见》的规定，对于国家反恐怖主义工作领导机构已经认定并予以公告的恐怖活动组织和恐怖活动人员，人民法院可以在办案中根据公告直接认定。

对外公告公布恐怖活动组织，体现了一个国家的反恐原则和立场，是遏制组织、领导、参加恐怖组织罪的有效措施。在国家层面将恐怖活动组织予以认定，并公之于众，既能够引起全社会的警惕，使得人民群众认清恐怖活动组织的性质和真实面目，提高防范的针对性，又可以使得恐怖活动组织难以藏身，限制其活动范围和活动能力，更有利于反恐怖主义工作的开展。自 2003 年始，我国先后公布了第一批认定的"东突"恐怖组织和恐怖分子名单、第二批认定的恐怖活动人员名单、第三批认定的恐怖活动人员名单，三份名单均是由公安部公布。[1] 其中，公安部公布的第一批名单中包括恐怖组织名单，第二批、第三批认定的名单仅包括恐怖活动人员名单。根据已公布的第一批"东突"恐怖组织名单，公安部认定的"东突"恐怖组织包括"东突厥斯坦伊斯兰运动""东突厥斯坦解放组织""世界维吾尔青年代表大会""东突厥斯坦新闻信息中心"。[2]

（二）本罪的具体行为表现

本罪在客观方面具体表现为组织、领导、参加恐怖组织的行为。

第一，对"组织恐怖组织"行为的理解。"组织"，是指发起、鼓动、召集若干人建立或者安排为从事某一特定活动比较稳定的组织或者集团人员的行为。对于"组织恐怖组织"行为的理解，应当注意以下三点：其一，"组织恐怖组织"的行为不需要以权力为后盾，其是一种平等主体之间的自愿的行为。其二，"组织恐怖组织"的行为所跨越的时间维度不仅局限于恐怖活动组织成立之前，也包括恐怖活动组织成立之后为了维持恐怖活动组织的日常运转而继续召集、安排人员的行为。其三，"组织恐怖组织"的外在表现形式呈

---

[1]　2003 年 12 月 15 日，中华人民共和国公安部在北京举行新闻发布会，公布了第一批认定的 4 个"东突"恐怖组织以及 11 名恐怖分子的名单。2008 年 10 月 21 日，中华人民共和国公安部举行新闻发布会，通报公安部《第二批认定的"东突"恐怖分子名单》。2012 年 4 月 5 日，中华人民共和国公安部发布公告，公布了《第三批认定的恐怖活动人员名单》，并对其资金及其他资产予以冻结。

[2]　"公安部公布第一批认定的'东突'恐怖组织和恐怖分子名单"，载 http://www.gov.cn/test/2005 - 06/28/content_10520.htm，访问时间：2019 年 1 月 30 日。

现多样化。

第二，对"领导恐怖组织"行为的理解。"领导"，是指在恐怖活动组织中居于领导地位，对该组织的活动进行策划、决策、指挥、协调的行为。一个系统性的恐怖活动组织一般都有一个金字塔似的领导层，所有居于金字塔领导层范围内的领导成员的指挥、策划行为共同构成了该恐怖活动组织的领导行为。根据领导成员在恐怖活动组织领导层中的地位之不同，可以将抽象的领导行为划分为核心的领导行为、中间层次的领导行为以及低层次的领导行为。核心的领导行为处于恐怖组织金字塔顶层，其行为决定了恐怖活动组织的生存方式及行为动向；中间层次的领导行为在执行核心领导层指令的同时，还负责自己区域范围内的恐怖活动的指挥、策划、协调等工作；低层次的领导行为主要是根据上级领导层的指令决定其职责范围内的具体事项。

对于"领导恐怖组织"行为的理解，应当注意以下三点：其一，"领导恐怖组织"仅限于恐怖活动组织成立之后。"领导恐怖组织"以恐怖活动组织的成立为前提，因为恐怖活动组织成立之前没有"领导"行为成立的基础。"领导"行为应当是基于一定权力而实施的命令或者带有上下服从性质的行为，而权力的产生一般依托于一定的组织。[1]恐怖活动组织中的权力是行为人通过组织内部的章程或者特定程序而获得领导地位后，由恐怖活动组织所赋予的。其二，"领导恐怖组织"的行为本质是基于并利用恐怖活动组织所赋予的权力，进行指示、命令、策划或者其他行为。其三，"领导恐怖组织"的行为不仅局限于指挥恐怖活动组织成员、策划恐怖活动犯罪，还包括对恐怖活动组织的具体管理行为。

本罪中"组织恐怖组织"与"领导恐怖组织"是相对应的。"组织恐怖组织"是以自愿为基础，是平等主体之间的双方或者多方通过协商一致而实施的行为。通常表现为了成立恐怖活动组织而招募成员，或者恐怖活动组织成立之后为了扩大恐怖活动组织或维系恐怖活动组织的正常运转而招募新成员的行为。"领导恐怖组织"是以权力为依托，基于权力的上下服从关系实施的命令或者指示行为，通常表现为为了恐怖活动组织的运行和发展予以管理和指挥，为具体实施恐怖活动进行组织策划、向恐怖活动组织的相关成员下达命令或者安排任务等。通常情况下，恐怖活动组织的组织者即恐怖活动组织的领导者，但也不尽然。非组织者（恐怖活动组织的积极参加者或者其他参加者）也可成为恐怖活动组织的领导者。根据2018年3月16日最高人民法院、最高人民检察院、公安部、司法部联合下发的《关于办理恐怖活动和极端主义犯罪案件适用

---

[1] 韦庆旺、俞国良："权力的社会认知研究述评"，载《心理科学进展》2009年第6期。

法律若干问题的意见》的规定，发起、建立恐怖活动组织的；恐怖活动组织成立后，对组织及其日常运行负责决策、指挥、管理的；恐怖活动组织成立后，组织、策划、指挥该组织成员进行恐怖活动的；以及其他组织、领导恐怖活动组织的情形，应当认定为"组织、领导恐怖活动组织"，以组织、领导恐怖组织罪定罪处罚。

第三，对"参加恐怖组织"行为的理解。"参加"，是指为了某种目的加入恐怖活动组织的行为。对于"参加恐怖组织"行为的理解，应当注意以下三点：其一，"参加恐怖组织"不以恐怖活动组织成立完毕并正常运转为必要。其二，鉴于恐怖活动组织的规模大小、组织严密程度等存在差异，故参加恐怖活动组织所需要履行的具体程序也不同，有的是口头方式，有的是书面方式，有的需要通过一定手续，甚至还要举行一定的仪式，例如宣誓、参加培训等，但是，此并非是行为人加入恐怖活动组织的必经程序。其三，"参加恐怖组织"的具体方式具有多样性，既可以是明示的方式，也可以是默示的方式。明示的方式，例如书面申请、邮件允诺等。默示的方式，主要是指行为人虽然没有明确地表达加入恐怖活动组织的意思，但是事实上却听命于恐怖活动组织或者接受恐怖活动组织任务的行为。

具体而言，"参加恐怖组织"包括"积极参加恐怖组织"和"其他参加恐怖组织"两种情形。"积极参加恐怖组织"，是指虽然没有组织、领导行为，但是积极主动地加入他人组织的恐怖活动组织中，并积极参与谋划、实施恐怖活动犯罪的行为。根据 2018 年 3 月 16 日最高人民法院、最高人民检察院、公安部、司法部联合下发的《关于办理恐怖活动和极端主义犯罪案件适用法律若干问题的意见》的规定，纠集他人共同参加恐怖活动组织的；多次参加恐怖活动组织的；曾因参加恐怖活动组织、实施恐怖活动被追究刑事责任或者 2 年内受过行政处罚，又参加恐怖活动组织的；在恐怖活动组织中实施恐怖活动且作用突出的；在恐怖活动组织中积极协助组织、领导者实施组织、领导行为的；其他积极参加恐怖活动组织的，应当认定为"积极参加"，以参加恐怖组织罪定罪。"其他参加恐怖组织"，是指通过一定方式加入恐怖活动组织，使自己成为该组织成员或者实际参与恐怖活动组织的恐怖活动犯罪的行为，即在恐怖活动组织中，除组织者、领导者和积极参加者外，其他参加该组织的成员。根据 2018 年 3 月 16 日最高人民法院、最高人民检察院、公安部、司法部联合下发的《关于办理恐怖活动和极端主义犯罪案件适用法律若干问题的意见》的规定，参加恐怖活动组织，但不具有"组织、领导恐怖组织"和"积极参加恐怖组织"情形的，应当认定为"其他参加"，以参加恐怖组织罪定罪处罚。

三、组织、领导、参加恐怖组织罪的主体

本罪的主体为一般主体，即凡达到刑事责任年龄、具备刑事责任能力的人均可构成本罪。鉴于恐怖活动组织的主体是结构严密的"组织"，即人群集合体，在整体上呈现出鲜明的反人类、反社会特征，其内部组织的严密程度使得国家难以按通常规则认定个人责任。为遏制这类犯罪，刑事立法将"组织"本身规定为犯罪。这是对传统观念的突破，促使法律上出现一种新的罪名叫"组织罪"。[1]有组织犯罪的社会危害性首先来自于犯罪组织本身的危险性。就我国而言，"东突"等恐怖活动组织具备同国家机关相抗衡的能力，从作案技术到逃避打击的措施都有着较高水平。同时，这些恐怖活动组织可能得到部分不明真相群众的支持，能够在社会上长期潜伏甚至蔓延，成为政府和社会难以对付的犯罪组织。需要注意的是，在本罪中，虽然恐怖活动的具体实施者是恐怖组织成员，大部分恐怖活动也属于有组织犯罪活动中的有机组成部分。但是，我国《刑法》并没有将单位规定为本罪的主体。因此，若单位实施本罪规定的行为，则直接处罚单位的相关责任人。即使单位的成立就是为了实施恐怖活动，也应对其中的个人进行处罚。[2]

四、组织、领导、参加恐怖组织罪的主观方面

本罪在主观方面表现为故意，即行为人故意组织、领导恐怖活动组织，或者明知是恐怖活动组织而参加。本罪中所规定的组织、领导行为本身就具有行为人主观上积极追求的内在意思。但是对于参加者，行为人必须对其所参加的组织是恐怖活动组织有认识，如果那些不明真相，因受蒙蔽、欺骗或被迫参加恐怖活动组织，一经发现即脱离关系，实际上也没有参与实施恐怖活动的，不宜以本罪论处。

需要注意的是，行为人的动机是多种多样的，有的是出于实现某种政治目的，有的是出于获取经济利益，有的是出于种族歧视等，但是无论行为人的动机如何，均不影响本罪的成立。

第三节 组织、领导、参加恐怖组织罪的认定

一、罪与非罪的界定

恐怖活动组织本身具有实施恐怖犯罪的极大危险，一般预防与特别预防的

---

〔1〕 储槐植："犯罪发展与刑法演变"，载《江西公安专科学校学报》2002 年第 5 期。

〔2〕 莫洪宪：《有组织犯罪研究》，湖北人民出版社 1998 年版，第 100 页。

必要性大。组织、领导、参加恐怖活动组织行为本身就是正犯，具有抽象危险。为了满足保护法益的需要，我国《刑法》将这种抽象的危险行为规定为犯罪。故此，在司法实践中，为了抑制刑法介入早期化所引起的诟病，应当严格注意适用本罪的犯罪构成要件，把握罪与非罪的界限。具体而言，在司法实践中应当注意以下三个方面：

第一，本罪不以行为方式的暴力性和破坏性为前提。换言之，即使行为人没有实施暴力恐怖行为，只要符合"组织、领导、参加恐怖组织"的犯罪构成就应当受到刑法规制，至于其后续犯罪则按照触犯的其他罪名处理。

第二，行为人实施组织、领导、参加行为之一的，便成立本罪，事实上是否开始实施恐怖活动，不影响本罪的成立与否。换言之，此时的组织、领导、参加行为本身，并非参加后的具体犯罪行为，已经进入刑法规制的范畴。

第三，行为人应当具有成为恐怖活动组织成员的目的。这是行为人参加恐怖活动组织的直接目的，也是其成立参加恐怖活动组织罪的必备条件。如果行为人因不明真相，受蒙蔽、欺骗参加恐怖活动组织，不应当以本罪定罪处罚。这里需要注意的是，在司法实践中应当将行为人参加恐怖活动组织的直接目的与参加恐怖活动组织的动机、参加恐怖活动组织的最终目的区分开来。实施恐怖活动犯罪，并非参加恐怖组织罪成立的必备目的，事实上实施恐怖活动犯罪只是绝大多数意图加入恐怖活动组织者的目的，但实践中并不排除意图谋取经济利益或者为了将恐怖活动组织作为保护伞而加入恐怖活动组织的情形存在。

二、此罪与彼罪的界定

（一）本罪与准备实施恐怖活动罪的界限

准备实施恐怖活动罪，是指实施恐怖活动准备工具或者进行联络、培训、策划等准备活动的行为。两者都对公共安全造成侵害，犯罪主体均是一般主体，在主观方面均是故意。二者的区别主要体现在客观方面。本罪在客观方面表现为组织、领导、积极参加或者参加恐怖组织的行为。准备实施恐怖活动罪在客观方面表现为了实施恐怖活动而准备工具或者制造条件等行为，具体包括：为实施恐怖活动准备凶器、危险物品或者其他工具的；组织恐怖活动培训或者积极参加恐怖活动培训的；为实施恐怖活动与境外恐怖活动组织或者人员联络的；为实施恐怖活动进行策划或者其他准备的。据此，行为人实施上述恐怖活动准备行为的，构成准备实施恐怖活动罪。对于本罪而言，"组织"的行为对象只能是恐怖活动组织，如果组织的是某一恐怖活动，其实质上就是在为恐怖活动的实施进行准备，则构成准备恐怖活动罪。如若行为人组织、领导、参加恐怖活动组织后，作为恐怖活动组织成员而为实施恐怖活动犯罪做准备行为的，应当数罪并罚。

（二）本罪与组织、领导、参加黑社会性质组织罪的界限

组织、领导、参加黑社会性质组织罪，是指组织、领导、积极参加或者参加黑社会性质组织的行为。这两种犯罪都是有组织犯罪，属于必要共同犯罪。本罪与组织、领导、参加黑社会性质组织罪在客观方面均表现为组织、领导或者参加的行为；犯罪主体均是一般主体，即任何已满 16 周岁并具有刑事责任能力的自然人；主观方面均表现为故意。区分本罪与组织、领导、参加黑社会性质组织罪，应当从以下两个方面予以考量：

第一，组织、领导、参加恐怖组织罪在客观方面表现为组织、领导、积极参加或者参加恐怖活动组织的行为，此处的组织、领导、积极参加或者参加的必须是恐怖活动组织。而组织、领导、参加黑社会性质组织罪在客观方面表现为行为人实施了组织、领导、积极参加或者参加黑社会性质组织的行为，其组织、领导、积极参加或者参加的必须是黑社会性质组织。这是二者本质且明显的区别。故要区分两罪，必须对"恐怖活动组织"与"黑社会性质组织"予以区分。

黑社会性质组织是处于一般犯罪集团与黑社会组织之间的一种过渡形态，我国相关法律没有明确规定黑社会性质组织的概念。但是《刑法》第 294 条第 5 款对黑社会性质组织的特征予以明文规定，即黑社会性质的组织应当同时具备以下四个特征：①形成较稳定的犯罪组织，人数较多，有明确的组织者、领导者，骨干成员基本固定；②有组织地通过违法犯罪活动或者其他手段获取经济利益，具有一定的经济实力，以支持该组织的活动；③以暴力、威胁或者其他手段，有组织地多次进行违法犯罪活动，为非作恶，欺压、残害群众；④通过实施违法犯罪活动，或者利用国家工作人员的包庇或者纵容，称霸一方，在一定区域或者行业内，形成非法控制或者重大影响，严重破坏经济、社会生活秩序。

恐怖活动组织与黑社会性质组织具有一定的共性，例如，在人员构成上，都要求 3 人以上；在行为方式上，都表现为"组织、领导、参加"之行为。但是二者的区别也是明显的，主要体现在以下四个方面：其一，组织结构不同。恐怖活动组织通常具有一定数量的武装力量，同时可通过派遣组织成员前往训练营地，进行恐怖活动体能、技能训练；黑社会性质组织成员通常不具有武装力量，其成员多为地方混混，尚未经过严格的训练。其二，犯罪目的不同。恐怖活动组织通常具有实现政治、意识形态等主张的目的；黑社会性质组织大部分是以经济利益为导向，[1] 主要手段是打砸抢，其影响范围通常局限于一定区

---

〔1〕 沈嵘："恐怖活动组织与黑社会性质组织之比较——刑法视角下的界定与辨析"，载《华东政法大学学报》2003 年第 1 期。

域。其三，实现组织目的的方式不同。恐怖活动组织往往是通过严重的暴力恐怖活动，制造社会恐慌、危害公共安全、侵犯人身财产，或者胁迫国家机关、国际组织，以实现其组织目的；黑社会性质组织为了壮大势力、逃避打击，其通常披着某种合法的外衣，通过暴力、威胁、物质利诱、美色勾引等手段拉拢国家工作人员，建立保护网，进而称霸一方，在一定区域或者行业内，形成非法控制或者重大影响。其四，社会危险性不同。恐怖活动组织实施恐怖活动犯罪行为的社会危害性较高，严重危害国家安全和社会稳定；黑社会性质组织较恐怖组织的社会危害性低，其实施违法犯罪活动多是对经济、社会生活秩序的破坏。

第二，两者侵犯的客体不同。本罪侵犯的客体包括公共安全和国家安全，侵犯的直接客体是公共安全，即公众的生命、身体健康以及重大财产的安全；组织、领导、参加黑社会性质组织罪既侵犯了经济秩序、社会生活秩序，同时又侵犯了公民的人身财产权利。

三、本罪的特殊形态问题

（一）本罪的共犯形态

我国刑法通说认为本罪是必要共犯。日本学者野村稔认为必要共犯是指刑法分则规定的犯罪构成要件要求只有复数主体才能构成的犯罪。[1]学者山口厚认为必要共犯是指作为犯罪类型所规定的多数人的共动、加功行为。[2]我国学者张明楷认为，必要共犯，是指刑法分则规定的，必须由 2 人以上共同实行的犯罪。[3]在我国，必要共犯包括对向共犯、聚众共同犯罪和集团共同犯罪 3 种情形。本罪属于集团共同犯罪，即指 3 人以上有组织地实施的共同犯罪。本罪在客观方面表现为组织、领导、参加恐怖活动组织的行为，其行为对象是恐怖活动组织。根据《反恐怖主义法》恐怖活动组织必须是 3 人以上为实施恐怖活动而组成的犯罪组织。鉴于主体的复数性和行为的共同性，本罪属于必要共犯。

明确本罪共犯的具体认定，不仅能够准确对行为人予以定罪量刑，并且有利于打击恐怖活动犯罪。首先，就组织、领导、参加恐怖组织罪而言，其是选择性罪名，既有组织者，又有领导者和参加者。对于组织、领导、积极参加、参加的行为，法律规定了独立的法定刑，不需要再考虑主从问题。其次，就单独的组织或领导行为而言，也有可能构成共同犯罪，如 2 人以上组织或 2 人以上领导，则构成组织恐怖组织罪或领导恐怖组织罪的共犯，此时需要根据其在共

---

[1] ［日］野村稔：《刑法总论》，何力、全理其译，法律出版社 2001 年版，第 379 页。

[2] ［日］山口厚：《刑法总论》，全理其等译，法律出版社 2001 年版，第 339 页。

[3] 张明楷：《刑法学》，法律出版社 2016 年版，第 350 页。

同犯罪中所起的作用区分主犯、从犯。最后，根据《刑法》第 26 条第 1 款的规定，"主犯"，是指组织、领导犯罪集团进行犯罪活动，或者在共同犯罪中起主要作用的人。根据《刑法》第 26 条第 3 款的规定，对组织、领导犯罪集团的首要分子，按照集团所犯的全部罪行处罚。

鉴于我国《刑法》对一般主犯和组织、领导犯罪集团的首要分子予以区别量刑，故就本罪而言，不仅需要明确行为人是否是主犯，还需要明确行为人是否是组织、领导犯罪集团的首要分子。其一，本罪一般属于集团犯罪，故在恐怖活动组织成立后，对在恐怖活动组织中起主要作用的组织者或者领导者，可以认定为恐怖活动组织的首要分子。例如，在恐怖活动组织成立后，利用宗教极端、暴力恐怖思想控制组织成员的，应当以本罪集团主犯论处。其二，本罪的主犯一般是指恐怖活动组织集团主犯，但并不是所有主犯都是恐怖活动组织集团主犯。只有在犯罪集团中起组织、领导作用的主犯，才可被认定为集团主犯。

（二）本罪的罪数形态

本罪是选择性罪名，行为人只要实施了组织、领导、积极参加或者参加恐怖活动组织行为之一的，便构成本罪。行为人实施上述行为中 2 个或者 2 个以上的行为，如既组织又领导恐怖活动组织的，也只成立一罪，不实行数罪并罚。

对于恐怖分子而言，组织、领导、参加恐怖活动组织只是手段，其目的是借助组织实施暴力恐怖行为，因而往往同时又实施了具体的恐怖活动。对于在组织、领导或者参加恐怖活动组织后又借助组织实施其他犯罪行为的，《刑法》第 120 条第 2 款作了明确规定，"犯前款罪并实施杀人、爆炸、绑架等犯罪的，依照数罪并罚的规定处罚。"当然，《刑法》第 120 条第 2 款列举的"杀人""爆炸""绑架"三种犯罪，是根据国际反恐怖主义工作的经验看，恐怖活动组织经常实施的几种犯罪活动，这些犯罪活动都是严重危害公共安全、公民人身财产的刑事犯罪，必须予以严惩。[1] 对于恐怖活动组织实施的"杀人、爆炸、绑架"三种犯罪以外的其他犯罪，例如贩卖毒品、放火、劫持航空器，也要依照数罪并罚的规定处罚。

根据 2018 年 3 月 16 日最高人民法院、最高人民检察院、公安部、司法部联合下发的《关于办理恐怖活动和极端主义犯罪案件适用法律若干问题的意见》的规定，犯本罪的，同时构成《刑法》第 120 条之一至之六规定的犯罪的，依照处罚较重的规定定罪处罚。如行为人既领导恐怖活动组织，又以暴力方式强制恐怖活动组织成员在公共场所穿着宣扬恐怖主义服饰的，应当择一重罪处罚，

---

〔1〕　全国人大常委会法制工作委员会刑法室主编：《中华人民共和国刑法修正案（九）解读》，中国法制出版社 2015 年版，第 27 页。

即以本罪定罪处罚。

（三）本罪的停止形态

本罪是行为犯，即只要实施了组织、领导、积极参加或者参加行为，就构成本罪，不以产生某种结果或者出现某种危险为标准。就组织行为而言，实施了组织行为即着手，恐怖活动组织一经成立即既遂。就领导、积极参加、参加行为而言，一经实施即可认定为既遂。

第四节　组织、领导、参加恐怖组织罪的刑事责任

根据《刑法》第 120 条第 1 款的规定，组织、领导恐怖活动组织的，处 10 年以上有期徒刑或者无期徒刑，并处没收财产；积极参加的，处 3 年以上 10 年以下有期徒刑，并处罚金；其他参加的，处 3 年以下有期徒刑、拘役、管制或者剥夺政治权利，可以并处罚金。根据该条第 2 款的规定，犯前款罪并实施杀人、爆炸、绑架等犯罪的，依照数罪并罚的规定处罚。这里需要注意的是：

第一，根据《刑法》第 120 条第 1 款的规定，组织、领导恐怖组织、积极参加恐怖组织与其他参加恐怖组织的法定刑幅度不同。因此，在涉及组织、领导恐怖组织、积极参加恐怖组织和其他参加恐怖组织行为相互转换的情况下，应当以较重的行为定罪量刑。

第二，本罪的财产刑需要根据实际情况以配合主刑适用。对于组织、领导恐怖活动组织的，除判处主刑外，一律并处没收财产；对于积极参加恐怖活动组织的，除判处主刑外，一律并处罚金；对其他参加恐怖活动组织的，根据其犯罪情节予以考虑是否并处罚金。这样的量刑搭配，一方面，有利于打击恐怖活动组织。资金是恐怖活动组织维持生存、运转的命门，配置财产刑有利于从根本上遏制恐怖组织的再生能力。另一方面，符合罪责刑相适应原则。刑罚的严厉程度应该只为实现其目标而绝对必需，所有超过于此的刑罚不仅是过分的恶，而且会制造大量的阻碍公正目标实现的坎坷。[1] 对组织、领导者，积极参加者和其他参加者予以区别对待，是符合刑法总则罪责刑相适应原则之要求。

---

〔1〕　［英］边沁：《立法理论——刑法典原理》，孙力等译，中国人民公安大学出版社 1993 年版，第 78 页。

第二章　帮助恐怖活动罪

第一节　帮助恐怖活动罪的立法沿革

一、国际公约有关帮助恐怖活动罪的立法沿革

2001 年 9 月 11 日，美国纽约发生的 "9·11" 恐怖袭击事件，使世界各国都感受到了恐怖主义带来的空前压力。"9·11" 恐怖袭击事件不仅造成了严重的人员伤亡和财产损失，更直接影响到联合国反恐公约的制定和世界各国反恐立法的进程。同年 9 月 29 日，联合国安理会第 4385 次会议迅速通过了旨在打击恐怖活动的《联合国安理会第 1373（2001）号决议》[以下简称 1373（2001）号决议]。该决议强调对于参与资助、计划、筹备或者实施恐怖主义行为或者参与支持恐怖主义行为的任何人都要追究责任，将其绳之以法；同时要求各成员国有必要通过有效的国内立法，将为恐怖活动提供或者筹集资金的行为规定为犯罪，防止和制止资助和筹备恐怖主义行为，并将与恐怖主义有关的活动以及对这些活动的协助规定为犯罪。[1]

近年来，国际恐怖主义组织 "伊斯兰国" 利用叙利亚、伊拉克乱局迅速崛起，武装人员不断扩编，控制区域不断拓展，已成为国际暴力恐怖主义的主干，不仅威胁叙、伊两国政权，而且催生 "溢出效应"，对地区和全球安全构成挑战。[2] 从财力上看，沙特、卡塔尔等国的一些伊斯兰基金会为 "伊斯兰国" 提供长期资助，使其不断加大用于培训活动的人力、物力投入，加强吸引信教民众进入

---

[1]　第 1373（2001）号决议：2001 年 9 月 28 日安全理事会第 4385 次会议通过。安全理事会，重申大会 1970 年 10 月的宣言 [第 2625（XXV）号决议] 所确定并经安全理事会 1998 年 8 月 13 日第 1189（1998）号决议重申的原则，即每个国家都有义务不在另一国家组织、煽动、协助或参加恐怖主义行为，或默许在本国境内为犯下这种行为而进行有组织的活动。同时，根据《联合国宪章》第 7 章对资助恐怖主义行为规定为犯罪，以及支持恐怖主义的行为采取行动。"联合国安理会第 1373（2001）号决议"，载 https://undocs.org/zh/S/RES/1373（2001），访问时间：2019 年 3 月 10 日。

[2]　董漫远："'伊斯兰国'崛起的影响及前景"，载《国际问题研究》2014 年第 5 期。

恐怖活动组织接受培训，以增强其组织自身的生命力和再生力。欧洲国家的一些信教民众赴土耳其和叙利亚接受"圣战"教育和培训的趋势愈演愈烈，对欧盟各国国家安全之威胁愈来愈大。一些恐怖分子在接受恐怖主义培训后，选择返回来源国、建立恐怖活动组织、招募组织成员、为恐怖主义犯罪提供资金支持，甚至策划、实施恐怖活动犯罪。由于对恐怖主义犯罪的事后打击难以弥补其造成的巨大损失，为此，国际社会普遍认为，打击恐怖主义犯罪的重点在于如何有效做到事前预防。[1]打击资助恐怖主义和恐怖活动培训行为，是当前以及今后较长一段时期内预防和惩治恐怖主义犯罪的有效措施。2014年联合国安理会通过了第2178号决议，要求联合国会员国均应确保将任何参与资助、筹划、筹备或者实施恐怖主义行为，或者支持恐怖主义行为的人绳之以法，以预防和阻止组织、招募、转运或者装备人员前往来源国以外的任何国家，进行筹备、实施或者参与恐怖活动以及接受恐怖活动培训等行为，并通过边境管制、情报共享和立法等措施制止其流动及实施恐怖行动。该决议正是对资助恐怖活动行为处罚范围的扩大化与重刑化立法需求的回应。

二、其他国家或地区有关帮助恐怖活动罪的立法沿革

1373（2001）号决议在重申打击恐怖活动犯罪的具体正犯行为基础上，重在规制为恐怖活动犯罪提供帮助的行为，明文禁止为恐怖活动提供支持、资助。为加强打击资助恐怖活动的力度，联合国成立了由15名成员国组成的反恐怖主义委员会（Counter-Terrorism Committee），以督促各国采取措施执行相关决议。[2]世界各国对此均作出了积极回应。例如，美国制定了《2001年爱国者法》《2001年防止恐怖主义利用生物武器法》《2002年公共卫生安全和生物恐怖防范应对法》。英国制定了《2001年反恐怖主义、犯罪与安全法》《2005年预防恐怖主义》《2006年反恐怖主义法》。《2001年反恐怖主义、犯罪与安全法》旨在改善英国当局对直接参与或支持恐怖主义活动的打击效率，《2006年反恐怖主义法》把鼓励、纵容恐怖主义定义为刑事犯罪，其范围包括准备、计划或协助他人的恐怖主义活动，指导或接受恐怖主义培训和参加恐怖主义训练营等。澳大利亚政府于2002年向议会提交了一系列法律修正案，如《2002年安全法修正案（恐怖主义）》《2002年禁止资助恐怖主义法》《2002年刑法典修正案（禁止恐怖主义爆炸）》《2002年边界安全法修正案》《2002年电讯侦听法修正案》，并

---

〔1〕　［美］Robert J. Fischer、Edward Halibozek、Gion Green 等：《安全导论》，任骥等译，电子工业出版社2012年版，第397页。

〔2〕　赵永琛、李建主编：《联合国反对恐怖主义文献汇编》，群众出版社2006年版，第189页。

于 2004 年至 2005 年通过了《2004 年反恐怖主义法》《2004 年第 2 号反恐怖主义法》《2004 年第 3 号反恐怖主义法》《2005 年反恐怖主义法》和《2005 年第 2 号反恐怖主义法》5 部法案，建构了完备的反恐怖主义法律体系。其中《2004 年反恐怖主义法》在《1995 年刑法典》中增设了"训练恐怖组织或接受恐怖组织训练罪"，《2004 年第 2 号反恐怖主义法》增设了"联系恐怖组织罪"，《2005 年反恐怖主义法》修改了"资助恐怖主义行为罪"，《2005 年第 2 号反恐怖主义法》修改了"为恐怖组织提供资金或接受恐怖组织资金罪"的罪状。日本于 2001 年制定了《反恐怖对策特别措施法》；意大利于 2001 年制定了《打击国际恐怖主义的紧急措施》；德国于 2002 年制定了《反国际恐怖主义法》；新西兰制定了《2002 年惩治恐怖主义法》，并于 2003 年和 2005 年对该法进行修正；俄罗斯于 2006 年制定了新的《反恐怖主义法》，均对帮助恐怖活动的行为进行了规制。

三、我国有关帮助恐怖活动罪的立法沿革

世界范围内面临着日益严峻的反恐形势，我国也并非一片净土。特别是 2009 年以来，我国重特大暴力恐怖袭击事件频发，从乌鲁木齐的"7·5"事件，到 2013 年的天安门事件，再到 2014 年的昆明"3·1"事件，暴力恐怖活动呈现出由新疆扩展至全国各地，犯罪地域扩大化的趋势。[1]一些反华势力和组织与我国"三股势力"相勾结，大力支持暴恐分子在我国境内进行暴力恐怖活动，并积极为我国的恐怖活动组织及其恐怖活动培训捐赠、筹集资金，提供各种条件培训恐怖活动组织成员，甚至帮助恐怖分子偷渡至国外参加恐怖活动组织、参与恐怖活动培训或者实施恐怖活动。一些恐怖活动组织成员在接受培训之后，返回国内，策划、实施恐怖活动犯罪，建立恐怖活动组织，招募恐怖活动人员，或者为恐怖活动犯罪提供资金支持。同时也不排除一些信教民众或者青少年在接受恐怖活动组织系统培训之后返回国内，潜藏蛰伏，等待恐怖活动组织的指示，伺机发动袭击。不断发展壮大的恐怖活动组织、系统化的恐怖活动培训、频发的恐怖活动犯罪以及不断呈现出的复杂化趋势，使得我国反恐怖主义工作面临空前压力，配套法律的完善迫在眉睫。恐怖事件一旦发生就会造成严重的生命和财产损失，恐怖活动组织往往组织严密，宗教极端思想浓厚，行动诡异隐蔽。为了加大对恐怖主义犯罪的惩治力度，遏制对恐怖活动组织、实施恐怖活动人员的支持，从源头上截断恐怖活动犯罪，我国对《刑法》相关条文进行

---

〔1〕 舒洪水："我国新疆地区恐怖主义犯罪的刑事法规制研究"，载《刑事法评论》2015 年第 1 期。

了增设与修订。

第一，《刑法修正案（三）》将资助恐怖活动的行为入刑。为了加大对恐怖主义犯罪的惩治力度，遏制对恐怖活动组织、实施恐怖活动人员的支持，从源头上截断恐怖活动犯罪，2001年11月14日，我国签署了《制止向恐怖主义提供资助的国际公约》，进一步重申对帮助恐怖活动行为的坚决打击，表明我国对待恐怖主义犯罪的零容忍态度。同年12月，全国人大常委会通过了《刑法修正案（三）》。《刑法修正案（三）》第一次从刑事立法层面全方位展开对恐怖主义犯罪罪名体系的构建，其增设了三个恐怖主义犯罪专有罪名[1]，其一即为资助恐怖活动罪。此前，在1979年和1997年《刑法》以及在此期间的一系列单行刑法中尚未规定该罪名。《刑法修正案（三）》第4条规定："刑法第120条后增加一条，作为第120条之一：'资助恐怖活动组织或者实施恐怖活动的个人的，处5年以下有期徒刑、拘役、管制或者剥夺政治权利，并处罚金；情节严重的，处5年以上有期徒刑，并处罚金或者没收财产。单位犯前款罪的，对单位判处罚金，并对其直接负责的主管人员和其他直接责任人员，依照前款的规定处罚'。"

恐怖活动组织的运作需要大量资金，而资助恐怖活动的行为是导致恐怖活动难以得到有效遏制和根除的重要原因之一。《刑法修正案（三）》增设资助恐怖活动罪，主要是处罚资助恐怖活动行为，多表现为筹集、提供经费、物资、劳务、交通工具、活动场所以及其他提供支持、便利的行为。为切断恐怖活动组织、人员实施恐怖活动犯罪的财物来源和物质条件提供了刑法依据，同时是对联合国安理会第1373号决议和《制止向恐怖主义提供资助的国际公约》的积极回应，是我国迎合全球打击恐怖主义犯罪，遏制有关组织或者个人资助恐怖活动的重要举措。同时，终止了我国此前仅从组织、领导、参加恐怖活动组织方面对恐怖主义犯罪进行刑法规制的局面，为我国惩治以提供资金、财务等方式资助恐怖活动组织的犯罪行为提供了重要遵循，以期从源头上抑制恐怖组织的发展壮大，为维护社会秩序和国家安全，促进世界和平稳定作出贡献。

第二，《刑法修正案（九）》进行了罪状的扩充。《刑法修正案（九）》第6条将"资助恐怖活动培训""为恐怖活动组织、实施恐怖活动或者恐怖活动培训招募、运送人员"的行为纳入犯罪处罚，扩大了入罪范围，将该罪罪名改为"帮助恐怖活动罪"。尽管上述类型化的帮助恐怖活动之行为本质上是帮助犯，但在刑法分则将其规定为犯罪后直接以正犯处理，故形成对总则关于共同犯罪的例外规定。《刑法修正案（九）》通过将恐怖活动培训的资助行为和为恐怖活动组织、实施恐怖活动或者恐怖活动培训招募、运送等帮助行为独立成罪，行

---

[1] 《刑法修正案（三）》增设资助恐怖活动罪，投放虚假危险物质罪和编造、故意传播虚假恐怖信息罪。

为人只要有上述行为即成立帮助恐怖活动罪的正犯，而不再成立其他罪名的帮助犯。

刑法对资助、招募、运送行为的规制意在切断恐怖活动犯罪的实施途径，提前阻止其顺利实施恐怖活动犯罪，进而避免严重后果的发生。至此，形成了我国《刑法》第120条之一的规定："资助恐怖活动组织、实施恐怖活动的个人的，或者资助恐怖活动培训的，处5年以下有期徒刑、拘役、管制或者剥夺政治权利，并处罚金；情节严重的，处5年以上有期徒刑，并处罚金或者没收财产。为恐怖活动组织、实施恐怖活动或者恐怖活动培训招募、运送人员的，依照前款的规定处罚。单位犯前两款罪的，对单位判处罚金，并对其直接负责的主管人员和其他直接责任人员，依照第1款的规定处罚。"

第二节　帮助恐怖活动罪的犯罪构成

根据我国《刑法》第120条之一规定，帮助恐怖活动罪，是指资助恐怖活动组织、实施恐怖活动的个人或者资助恐怖活动的培训以及为恐怖活动组织、实施恐怖活动或者恐怖活动培训招募、运送人员的行为。

一、帮助恐怖活动罪的客体

本罪侵犯的客体是公共安全，即公众的生命、身体健康以及重大财产安全。但需要注意的是，本罪是为恐怖活动犯罪的实施进行帮助的行为，是帮助行为正犯化表现。刑法通过介入范围的延伸和刑事责任的提前，从源头上对恐怖活动犯罪进行围堵，从而优化打击恐怖活动犯罪的效果。

所谓"帮助行为正犯化"，是指将表象上属于犯罪行为的帮助犯，实质上已经具有独立性的"技术上的帮助犯"等帮助行为，扩张解释为相关犯罪的实行犯，即不再依靠共同犯罪理论对其进行评价和制裁，而是将其直接视为"正犯"，通过刑法分则中的基本犯罪构成对其进行评价和制裁。当通过刑法总则所规定的对帮助犯的处罚已经不能满足保护法益的要求时，立法者往往将帮助行为类型化并直接规定为犯罪，赋予其独立的罪名，通过这种方法严厉打击此类犯罪。[1] 即"帮助行为正犯化"仅适用于可能产生极大实害结果的犯罪类型，这些犯罪一旦发生，将对国家安全、公共安全造成严重损害，以及对公民人身和财产造成不可估量的损害。正是基于对这一实害结果的恐惧和担忧，才使得

---

[1]　张明楷：《刑法学》，法律出版社2016年版，第1023页。

刑法有必要提前介入，对前期危险进行抗制或清除。

帮助恐怖活动行为罪状之扩充以及予以正犯化之规定，既不是出于威吓的一般预防，也不是根据积极的一般预防，更不是对恐怖活动组织、实施恐怖活动的个人实施特殊预防，而是一种危险抗制或者危险清除的措施。即不是为了使恐怖活动组织、实施恐怖活动的个人产生规范意识，而是将刑法保护法益的藩篱提前以抗制恐怖活动危险的出现，或者在恐怖活动制造的危险出现之后对其予以尽早消除，从而避免这一危险进一步发展，并最终演变成实害犯罪。其中的"危险"，是行为人因其行为而产生的抽象危险。如果该危险已经转变成具体危险或者实在危险，则进入传统刑法的规制边界，也就谈不上帮助行为正犯化了。

根据"因果共犯论"的基本主张，共犯处罚根据在于，其通过正犯的行为，引起法益侵害或者构成要件该当事实。[1]帮助行为的可罚性在于自身的法益侵害危险。按照共犯从属性原理，帮助犯从属正犯，即帮助行为构成犯罪，以被帮助人实行了犯罪为前提。从根本上讲，无论是"资助恐怖活动组织、实施恐怖活动的个人或者资助恐怖活动培训"，还是"为恐怖活动组织、实施恐怖活动或者恐怖活动培训招募、运送人员"，均属于实施恐怖活动犯罪的帮助行为，应当按照具体犯罪的帮助犯予以定罪处罚。但是，在恐怖活动犯罪中，除了具体的实施恐怖活动犯罪之外，上述资助、招募、运送行为仍具有严重的社会危险性。其一，恐怖活动组织是恐怖活动犯罪的"大本营""策源地""人才输出基地"，行为人明知是恐怖活动组织而为其提供经费、场所或者其他便利性条件，实质上是为恐怖活动犯罪提供源源不断的动力支持，使其维持生存并不断发展壮大，资助实施恐怖活动的个人亦然。其二，行为人明知他人在进行恐怖活动培训而为其筹集、提供经费、物资或者提供场所及其他物质便利，很大程度上助力甚至决定恐怖活动培训的"顺利开展"。实施暴力恐怖活动犯罪，为提高其暴力恐怖活动的成功率，增强暴力恐怖活动的破坏力，通常需要训练有素，体能与智力各方面都具有较高水准的人员，因此，恐怖活动培训至关重要。资助恐怖活动培训，使得恐怖活动组织有大量的资金维持恐怖活动训练营的运转，购买和改善武器装备，以便更好地开展恐怖活动培训，为恐怖活动组织提供源源不断的战斗人员，不断提高恐怖组织的作战能力。其三，明知是恐怖活动组织、实施恐怖活动的个人或者恐怖活动培训而为其招募、运送人员，为恐怖活动组织提供源源不断的新生力量，其本身具有极大的社会危险性。巧妇难为无米之炊，暴力恐怖活动事件的发生不仅需要详细的计划和充沛的资金支持，还

---

〔1〕　陈家林编著：《外国刑法通论》，中国人民公安大学出版社 2009 年版，第 499 页。

需要大量的恐怖活动人员以具体实施恐怖活动袭击。

随着我国对恐怖活动组织的打击力度不断加强，其活动空间不断被压缩，一些恐怖组织和人员被迫转移至境外，其对恐怖活动的培训和策划预谋也不得不在境外进行，由此在境内招募人员和对人员的越境运送就变得极为关键，招募、运送人员的行为大幅增加了恐怖活动的发生率、也加快了恐怖组织的发展渗透速度。因此，无论是资助行为，还是招募、运送人员的行为，都直接或间接为恐怖活动犯罪提供了便利条件，对公共安全造成了侵害危险。传统刑法理论之下的处理方式难以满足保护法益的正当需求，更不能防患于未然，故将原本作为狭义共犯的帮助行为提升为正犯进行处罚确有必要。

二、帮助恐怖活动罪的客观方面

本罪在客观方面表现为资助恐怖活动组织、实施恐怖活动的个人，或者资助恐怖活动培训；为恐怖活动组织、实施恐怖活动或者恐怖活动培训招募、运送人员。具体而言可分为三种行为方式：一是资助行为；二是招募行为；三是运送行为。

（一）对资助行为的理解

2009 年 11 月 4 日最高人民法院《关于审理洗钱等刑事案件具体应用法律若干问题的解释》中规定，"资助"是指为恐怖活动组织或者实施恐怖活动的个人筹集、提供经费、物资或者提供场所及其他物质便利的行为。

第一，"资助"的方式。2018 年 3 月 16 日最高人民法院、最高人民检察院、公安部、司法部联合下发的《关于办理恐怖活动和极端主义犯罪案件适用法律若干问题的意见》中规定，"以募捐、变卖房产、转移资金等方式为恐怖活动组织、实施恐怖活动的个人、恐怖活动培训筹集、提供经费，或者提供器材、设备、交通工具、武器装备等物资，或者提供物质便利的"，可以认定为"资助"。据此可知，"资助"方式不仅限于为恐怖活动组织、实施恐怖活动的个人或者恐怖活动培训直接提供资金，还包括为恐怖活动组织、实施恐怖活动的个人或者恐怖活动培训提供设备、场所或其他物质便利的行为。但是，"资助"只能以有形的物质性利益进行帮助。如果行为人不是提供物质上的帮助，仅是在精神上、舆论宣传等方面予以支持帮助，不能认定为此处的"资助"。另外，为恐怖活动组织、实施恐怖活动组织的个人或是恐怖活动培训提供资助既可以是有偿的，也可以是无偿的。

第二，"资助"的时间。"资助"的时间可以发生在恐怖活动组织成立前后、恐怖活动人员实施恐怖活动犯罪前后，囊括预谋实施、预备实施、实际实施以及实施结束等各个阶段。

第三，"资助"的对象。"资助"的对象是特定对象，仅限于恐怖活动组织、实施恐怖活动的个人和恐怖活动培训。①根据《反恐怖主义法》第 3 条第 3 款的规定，恐怖活动组织，是指 3 人以上为实施恐怖活动而组成的犯罪组织。这里的恐怖活动组织，既包括境内的恐怖活动组织，也包括境外的恐怖活动组织；既包括由联合国安理会、国际社会普遍认定的恐怖活动组织，也包括未经司法机关或者行政机关认定的恐怖活动组织。[1]②2018 年 3 月 16 日最高人民法院、最高人民检察院、公安部、司法部联合下发的《关于办理恐怖活动和极端主义犯罪案件适用法律若干问题的意见》中规定，"'实施恐怖活动的个人'，包括已经实施恐怖活动的个人，也包括准备实施、正在实施恐怖活动的个人。包括在我国领域内实施恐怖活动的个人，也包括在我国领域外实施恐怖活动的个人。包括我国公民，也包括外国公民和无国籍人。"这里需要注意的是，对于资助预谋实施和准备实施恐怖活动的个人之行为要认定为此处的"资助实施恐怖活动的个人"，应有充分证据证明被资助者的犯罪预备行为。此外，根据《反恐怖主义法》第 3 条第 4 款的规定，恐怖活动人员，是指实施恐怖活动的人和恐怖活动组织的成员。因此，实施恐怖活动的个人不等同于恐怖活动人员，亦不等同于恐怖活动组织的成员。③恐怖活动培训，是指为恐怖组织或者实际实施恐怖活动培养或者训练恐怖活动人员，使其在身体和精神上得到适合实施恐怖活动的发展。恐怖活动培训的方式多种多样，可以当面传授、开办培训班、组建训练营、开办论坛、组织收听收看音频视频资料等方式，也可以利用网站、网页、论坛、博客、微博客、网盘、即时通信、通讯群组、聊天室等网络平台、网络应用服务；恐怖活动培训既包括身体培训，如体能、技能训练，也包括精神培训，如宗教极端思想的灌输。资助恐怖活动培训，既包括为实施恐怖活动而资助组织培训的行为，也包括资助参加接受恐怖活动培训的行为；既包括资助我国境内的恐怖活动培训，也包括资助我国境外的恐怖活动培训。

第四，"资助"的结果。只要资助的物质被恐怖活动组织、实施恐怖活动的个人或恐怖活动培训的相关人员接收，就成立本罪的既遂。至于被资助者是否将该资助的物资用于恐怖活动犯罪不影响对本罪的认定。帮助恐怖活动罪是行为犯，只要资助者明知其所资助的对象是恐怖活动组织、实施恐怖活动的个人或恐怖活动培训的相关人员而仍为其提供劳务、信息、场所或其他物质便利的，该行为一旦作出，即构成本罪；该物质便利一旦被上述对象接收，就成立本罪

---

[1]　贾宇、李恒："资助恐怖活动犯罪行为与对策考察——比较视野下的刑事立法展开"，载《刑法论丛》2018 年第 2 期。

的既遂，未被接收则为本罪的未遂犯。如果被资助者将该物质便利用于其他的犯罪活动，根据责任主义原则，资助者无法预见被资助者将利用此物质便利进行何种犯罪活动，不宜认定资助者在构成帮助恐怖活动罪以外还构成其他犯罪的共犯。

（二）对招募行为的理解

"招募"，是指以宣传、招收、介绍、输送等方式为恐怖活动组织、实施恐怖活动、恐怖活动培训征召和募集人员的行为。

第一，"招募"行为的方式。"招募"的方式多种多样，包括宣传、招收、介绍、输送等，最主要的两种方式就是征召和募集。"征召"，是指具有特定职权的人通过行使职权为恐怖活动组织、实施恐怖活动或者恐怖活动培训提供人员，该人员是基于一定的义务而服从于行为人。"募集"，是指平等主体依靠各种手段试图去蛊惑、感化、吸引人员，使其为恐怖活动组织、实施恐怖活动或者恐怖活动培训效力。

第二，"招募"行为的对象。"招募"的对象是对恐怖活动施行产生重要影响的人员。该罪具有高度的抽象危险性，因此构成本罪的"招募"行为必须是具有一定社会危险性的行为，而行为人所招募的对象是衡量其招募行为的社会危险性的重要标准，如果行为人仅仅是为恐怖活动组织招募提供简单日常劳务的后勤服务人员且这些人员对恐怖活动组织的活动毫不知情，则难以认定该行为人的招募行为构成本罪，因为其招募的对象与恐怖活动组织的主要活动没有直接关联。但是，如果行为人明知是恐怖活动组织而为其招募后勤人员并支付相应的劳务费用，情节严重的，可以认定为属于资助行为，因为其行为毕竟为恐怖活动组织节省了资金，属于客观上提供了物质便利，仍构成本罪。

第三，"招募"行为的手段。"招募"的手段包括温和手段和强硬手段。温和手段主要有两种，一种是通过利诱的方式诱使特定或者不特定人加入恐怖活动组织、接受恐怖活动培训；另一种是通过思想蛊惑、思想灌输的方式"以邪压正"，使特定或者不特定人改变对恐怖活动组织的看法，甚至是同情、支持恐怖活动组织，进而自愿地加入其中。强硬手段主要是通过胁迫、勒索等方式强行逼迫特定或不特定人加入、支持恐怖活动组织、恐怖活动培训，这种胁迫可以是基于上下级隶属关系的胁迫，也可以是平等主体之间基于暴力、恐吓的胁迫。

第四，"招募"行为的结果。"为恐怖活动组织、实施恐怖活动或者恐怖活动培训招募人员"，被招募者是否从事恐怖活动、参加恐怖活动培训，不影响本罪的定罪量刑。招募者也不因被招募者的事后犯罪行为而构成相应犯罪的共犯。

（三）对运送行为的理解

"运送"，是指以帮助非法出入境，或者为非法出入境提供中介服务、中转运送、停留住宿、伪造身份证明材料等便利，或者充当向导、帮助探查偷越国（边）境路线等方式，为恐怖活动组织、实施恐怖活动或者恐怖活动培训输送人员或提供对接便利的行为。

第一，"运送"行为的方式。"运送"，不需要行为人必须亲自驾驶交通工具进行运输。如若认定行为人必须亲自驾驶交通工具进行运送，则是对该规范的狭义视野的投射，是对"运送"的典型经验理解，并非对全部事实的概括。本罪的实行行为是为恐怖活动组织、实施恐怖活动或者恐怖活动培训提供帮助的行为，目的在于打击定型化的帮助行为，减少对恐怖活动犯罪的帮助。因此，"运送"的本质含义在于为恐怖活动组织、实施恐怖活动或者恐怖活动培训提供对接便利，不能仅仅将其理解为行为人直接改变物理距离，而要根据其对他人抵达目的地的影响力程度进行判断。比如，如果行为人明知他人在实施恐怖活动，通过网上线下购买支付等手段，积极协助其购买交通票证，他人通过第三方交通工具抵达目的地的，其作用力并不亚于亲自运送抵达，当然具备同样的可罚性。因此，行为人以帮助非法出入境，或者为非法出入境提供中介服务、中转运送、停留住宿、伪造身份证明材料等便利，或者充当向导、帮助探查偷越国（边）境路线等，促使他人得以加入恐怖活动组织，顺利实施恐怖活动犯罪，应该认为其帮助行为具有实际支配力，均应认定为运送行为。此外，行为人一路陪同，即便没有提供物质上的帮助，但是为其提供心理精神上的慰藉和支持，使其能够坚持到达目的地，从而顺利推进与其相关的恐怖活动，也可以构成这里的"运送"。换言之，对于"运送"的理解应当基于帮助意义层面，其规范目的不在于"运"，而是在于"送"。[1]

第二，"运送"行为不要求给付报酬。不管是有偿运送，还是无偿运送，都是本罪的行为方式。在是否需要获得报酬这一点上，运送行为和资助、招募行为相同，是否要求报酬以及是否收到所要求的报酬对行为认定没有影响。

第三，"运送"行为的对象。行为对象是可能实施恐怖活动或者参加恐怖活动培训的个人，即被运送的对象必须是可能从事与恐怖活动组织主要活动具有高度关联性的活动，这样行为的社会危害性才达到刑法所要惩罚的标准，运送这样的人员才具有高度的抽象危险性。对于运送仅为恐怖活动组织或恐怖活动培训提供后勤服务的人员，鉴于这些人员行为本身的社会危险性较小，甚至有

---

[1] 罗钢："《刑法修正案（九）》中反恐立法的教义维度与实践展开"，载《山东警察学院学报》2017年第6期。

诸多人员是受利诱或蒙骗而进入的，故运送行为的社会危险性就更小，根据刑法谦抑性原则尚未达到帮助恐怖活动罪的入罪标准。

第四，"运送"行为的结果。对于被运送者到达目的地以后是否从事恐怖活动，不影响本罪的定罪和量刑。即便被运送者到达目的地以后与恐怖活动组织的其他成员一同实施了严重的暴恐犯罪活动，对于当初将其运送至恐怖活动组织的人只能定帮助恐怖活动罪。同理，即便是被运送者事后退出恐怖活动组织，也不影响运送行为人构成本罪的认定。

三、帮助恐怖活动罪的主体

本罪的犯罪主体是一般主体，既包括自然人，也包括单位。

四、帮助恐怖活动罪的主观方面

本罪在主观方面表现为故意，即行为人明知是恐怖活动组织、实施恐怖活动的个人，或者恐怖活动培训而予以资助，或者为其招募、运送人员。本罪要求行为人主观上具有资助、招募、运送的目的，如果行为人因为受到欺骗、恐吓、威胁，被迫实行资助、招募、运送行为，可否定行为人的主观故意。例如，在实践中，行为人因受到恐怖活动组织或者实施恐怖活动个人的威胁、勒索，进而被迫向其缴纳"保护费"，提供器材、设备、交通工具等物资，或者提供物质便利，该种情形下行为人不具有主观故意。这里需要注意的是，行为人实施资助、招募、运送行为的犯罪动机多种多样，可能出于极端民族主义、极端宗教主义，也可能是为了牟取经济利益。

根据最高人民法院、最高人民检察院、公安部、司法部《关于办理恐怖活动和极端主义犯罪案件适用法律若干问题的意见》第 1 条第 2 款的规定，对于本罪主观故意的认定，应当根据案件具体情况，结合行为人的具体行为、认知能力、一贯表现和职业等综合认定。

就资助行为而言，要求行为人知道或者应当知道对方是恐怖活动组织、实施恐怖活动的个人或者恐怖活动培训而予以资助。如果过失或者因上当受骗，确实不明真相而对恐怖活动组织、实施恐怖活动的个人或者恐怖活动培训予以资助的，不构成本罪。实践中，一些恐怖活动组织为了便于筹集资金、争取投资，通常假借"合法"的外衣来实施这一活动，如以公益基金的形式公开筹集资金、召开募捐，导致行为人在不知情的情况下，为所谓的公司、企业（实际为恐怖活动组织）筹集、提供经费。在这种情形下，根据我国刑法主客观相统一原则，即使行为人资助的财力、物力被用于实施恐怖活动也不能认定行为人构成帮助恐怖活动罪。

就招募、运送行为而言，要求行为人知道或者应当知道对方是恐怖活动组织、实施恐怖活动或者恐怖活动培训而为其招募、运送人员。如果行为人对此并不明知而为其招募、运送人员的，不构成本罪。实践中，恐怖活动组织往往披着"合法"的外衣，以招募志愿者、雇佣兵为掩护，实际从事招募恐怖分子工作，或者以运送志愿者、演习人员、技术人员等为掩护，实际运送恐怖分子。在这种情形下，行为人因为上当受骗而为恐怖活动组织、实施恐怖活动或者恐怖活动培训招募、运送人员的，不成立本罪。

第三节　帮助恐怖活动罪的认定

一、罪与非罪的界定

就帮助恐怖活动罪的认定而言，需要注意以下两点：

第一，本罪在客观方面要求行为人必须实施特定的行为，即"资助""招募""运送"行为。如果行为人实施的是其他帮助行为，则不成立帮助恐怖活动罪。若符合其他犯罪的构成要件，则成立相应犯罪或者以相应犯罪的帮助犯论处。

第二，根据《反恐怖主义法》第80条的规定，为宣扬恐怖主义、极端主义或者实施恐怖主义、极端主义活动提供信息、资金、物资、劳务、技术、场所等支持、协助、便利，情节轻微，尚不构成犯罪的，由公安机关处10日以上15日以下拘留，可以并处1万元以下罚款。为实施恐怖活动、极端主义活动提供帮助行为，原则上应当依照《刑法》第120条之一追究刑事责任。但在司法实践中，对于上述犯罪活动的参与者，也应当进行分化瓦解。对其中情节轻微，尚不构成犯罪的，不予追究刑事责任。通过严厉的行政处罚，给行为人必要的惩戒和教育，以帮助其认识到其行为违法，防止其走上犯罪的道路。对于是否属于"情节轻微，尚不构成犯罪"的，应当结合其行为的社会危险性、行为人的人身危险性，行为人上述活动中发挥的作用以及事后的表现等综合判断。

二、此罪与彼罪的界定

（一）本罪与洗钱罪的界定

当前，恐怖分子和恐怖活动组织正在通过各种手段获取资金支持，并且使其犯罪资金合法化。随着互联网的飞速发展，恐怖活动组织日常行为包括资金筹集、个人招募、技术训练、机能养成、行动实施等，特别是通过洗钱方式资助恐怖活动犯罪更具复杂性。联合国安理会在第 1373 号决议中要求各成员国采取措施应对洗钱和恐怖活动融资行为。我国 2001 年通过的《刑法修正案（三）》，将洗钱罪的上游犯罪进行扩展，其中包括恐怖活动犯罪。根据《刑法》第 191 条的规定，洗钱罪是指为掩饰、隐瞒毒品犯罪、黑社会性质的组织犯罪、恐怖活动犯罪、走私犯罪、贪污贿赂犯罪、破坏金融管理秩序犯罪、金融诈骗犯罪的所得及其产生的收益的来源和性质的行为。本罪中的实行行为之一资助行为与洗钱行为具有密切联系，两者在司法实践中多有交叉竞合的情况。恐怖活动组织或者实施恐怖活动的个人所筹集的资金，若为非法犯罪所得，则必须经过洗钱行为予以"漂白"才能转化为"正当收入"，以便用于恐怖活动组织的生存、运转以及恐怖活动培训等。规制恐怖活动资金筹集、提供行为的目的在于"堵源"，规制反向洗钱[1]的目的则在于"断流"，截断恐怖活动资金流向恐怖组织或者个人的渠道。

通常，恐怖活动组织、实施恐怖活动的个人或者恐怖活动培训的资助者，为了撇清与恐怖活动的关系，保证资金来源，均会采取各种措施掩饰、隐藏资金流向恐怖活动组织或者实施恐怖活动个人的踪迹。但是，资助行为不同于洗钱行为，主要区别体现在以下六个方面：①侵犯的客体不同。资助恐怖活动组织、实施恐怖活动的个人或者恐怖活动培训对实施恐怖活动具有促进作用，其主要侵犯的是公共安全，即公众的生命、身体健康以及重大财产安全。洗钱行为侵犯的客体则是复杂客体，包括国家正常的金融管理秩序和司法机关的正常活动。②行为对象不同。资助行为针对的是恐怖活动组织、实施恐怖活动的个人，或者恐怖活动培训。洗钱罪的对象则是毒品犯罪、黑社会性质的组织犯罪、恐怖活动犯罪、走私犯罪、贪污贿赂犯罪、破坏金融管理秩序犯罪、金融诈骗犯罪的所得及其产生的收益。此处的"恐怖活动犯罪"，是指恐怖活动组织或者恐怖活动人员实施的各种具有恐怖主义性质的犯罪。"犯罪所得及其产生的收益"，是指通过犯罪所获取的非法利益及其孳息，以及利用犯罪所得的非法利益从事经营活动所产生的经济利益。③资金来源的合法性不同。资助恐怖活动所涉及的资产来源可能是合法的，也可能是非法的，其行为之所以受到刑法处罚，并非因为资助的资金来源不合法，而是因为资助的资金去向不合法。洗钱行为则是一种将非法资金"漂白"的过程，具体包括将非法资金从与犯罪行为直接相关的场所或者领域转移、隐藏转移的踪迹，以及使非法资金再次成为犯罪分子占有之物，并使得资金"合法化"三个阶段。简而言之，洗钱者通过各种洗钱通道"漂白"不法收益，从而与"上游犯罪"分离，使资金获得"合法身

---

[1]　若资金来源为合法所得，合法资金通过转移变成资助恐怖活动的资金，被称为"反向洗钱"。

份"，是一个从"黑"到"白"的过程。对于洗钱行为，刑法评价的是资金的来源。④行为目的不同。资助行为的目的是为恐怖活动组织、实施恐怖活动的个人或者恐怖活动培训提供帮助。洗钱行为的目的则在于通过金融体系或者直接投资等非金融体系运作，切断犯罪所得及其产生的收益与先前犯罪行为之间的联系，以逃避法律追查。⑤行为方法不同。资助行为方式多样，不仅局限于通过金融机构。洗钱则一般涉及把大量非法交易的收入转移到合法商业或者银行渠道，通常具有隐蔽性、分散性。换言之，洗钱行为需要通过金融手段将资产形式合法化。

2018 年 3 月 16 日最高人民法院、最高人民检察院、公安部、司法部联合下发的《关于办理恐怖活动和极端主义犯罪案件适用法律若干问题的意见》中规定，"明知是恐怖活动犯罪所得及其产生的收益，为掩饰、隐瞒其来源和性质，而提供资金账户，协助将财产转换为现金、金融票据、有价证券，通过转账或者其他结算方式协助资金转移，协助将资金汇往境外的，以洗钱罪定罪处罚。事先通谋的，以相关恐怖活动犯罪的共同犯罪论处"。需要注意的是，资助行为与洗钱行为在一定情形下会产生竞合。例如，行为人为资助恐怖活动组织、实施恐怖活动的个人或者恐怖活动培训，通过提供账户、建立空壳公司、虚构贸易等洗钱方式以掩盖资金去向的情形。对于行为人的行为，存在以下两种情形：一是资金属于非法资金。行为人通过实施洗钱行为，掩饰非法资金的来源和性质，掩盖资金用途，其行为既触犯帮助恐怖活动罪又触犯洗钱罪。恐怖活动犯罪是洗钱罪的上游犯罪，行为人实施了两个行为，侵害了两个不同的法益，故应予以并罚。二是合法资金。行为人用于资助恐怖活动组织、实施恐怖活动的个人或者恐怖活动培训的资金来源和性质是合法的，但是为了实现恐怖主义融资的目的，必须通过洗钱的方式予以掩盖资金的用途或者与恐怖活动组织的联系。即行为人为了资助恐怖活动组织、实施恐怖活动的个人或者恐怖活动培训，采用现金走私、贸易洗钱等洗钱方式又触犯了洗钱罪，行为人前后两个行为具有手段和目的的牵连关系，属于牵连犯，应当从一重罪处罚。

（二）本罪与组织、领导、参加恐怖组织罪的界定

广义的恐怖活动犯罪，包括对恐怖活动、恐怖活动组织、恐怖活动人员或者恐怖活动培训提供帮助的行为。鉴于《刑法》第 120 条之一单独规定了帮助恐怖活动罪，因而有必要与组织、领导、参加恐怖组织罪加以区别。

组织、领导、参加恐怖组织罪，是指组织、领导、参加恐怖活动组织的行为。两者的主要区别在于：①行为对象不同。本罪的行为对象是恐怖活动组织、恐怖活动个人以及恐怖活动培训。组织、领导、参加恐怖组织罪的行为对象则是恐怖活动组织。②行为方式不同。本罪的行为方式包括 3 种类型：资助恐怖

活动组织、实施恐怖活动的个人或者恐怖活动培训；为恐怖活动组织、实施恐怖活动或者恐怖活动培训招募人员；为恐怖活动组织、实施恐怖活动或者恐怖活动培训运送人员。组织、领导、参加恐怖组织罪则包括 4 种行为类型：组织恐怖活动组织；领导恐怖活动组织；积极参加恐怖活动组织；其他参加恐怖活动组织。本罪与组织、领导、参加恐怖组织罪都具有共同犯罪的特点，组织、领导、参加恐怖组织罪是"组织犯"，本罪的行为之一即资助恐怖活动组织或者为恐怖活动组织招募、运送人员的行为是"组织犯"的帮助犯。鉴于为恐怖活动组织、实施恐怖活动或者恐怖活动培训招募、运送人员的行为对公共安全法益的侵害程度较大，为了抑制上述具有极高风险的行为，以补强传统共犯理论指导下对于保护非传统安全法益的力不从心，我国《刑法》分则第 120 条之一所规定的帮助恐怖活动罪的立法形式，是对《刑法》第 120 条中正犯的某些帮助行为独立出来以专门条款规定。将原本的帮助行为以立法拟制的方式升格为正犯行为后，符合《刑法》第 120 条之一构成要件的行为人以帮助恐怖活动罪的正犯评价，而不再以组织、领导、参加恐怖组织罪的帮助犯论处。③犯罪主体不同。本罪的犯罪主体包括自然人和单位。组织、领导、参加恐怖组织罪的主体则只能是自然人，单位不是其犯罪主体。④犯罪故意不同。本罪的主观故意与被资助对象的犯罪故意不一致，本罪的主观故意不是作为恐怖活动组织的成员负责有关筹集资金、物质的活动，也不是直接资助恐怖活动组织或者个人所实施的恐怖犯罪活动，而只能是资助恐怖活动组织、实施恐怖活动的个人和恐怖活动培训。如果行为人与恐怖活动组织或者实施恐怖活动的个人相通谋，为其提供物质、资金、账号、证明，或者为其提供运输、保管或者其他方便的，属于共同犯罪，根据刑法总则关于共同犯罪的有关规定进行惩处。

（三）本罪与准备实施恐怖活动罪的界定

准备实施恐怖活动罪，是指为实施恐怖活动准备凶器、危险物品或者其他工具，组织恐怖活动培训或者积极参加恐怖活动培训，为实施恐怖活动与境外恐怖活动组织或者人员联络，为实施恐怖活动进行策划或者其他准备的行为。两罪都属于危害公共安全类犯罪，侵犯的客体都是公共安全。两罪的主要区别在于：①资助行为只能以有形的物质性利益进行帮助。准备实施恐怖活动犯罪则只包括准备凶器、危险物品或者其他工具，不包括物质金钱上的直接资助。②行为方式不同。本罪客观方面表现为三种行为方式：资助恐怖活动组织、实施恐怖活动的个人，或者资助恐怖活动培训；为恐怖活动组织、实施恐怖活动或者恐怖活动培训招募人员；为恐怖活动组织、实施恐怖活动或者恐怖活动培训运送人员。准备实施恐怖活动罪在客观方面则表现为四种行为方式：为实施恐怖活动准备凶器、危险物品或者其他工具；组织恐怖活动培训或者积极参加恐怖活动培训；为实施恐怖活动与境外恐怖活动组织或者人员联络；为实施恐怖活动进行策划或者其他准备。其中，组织恐怖活动培训或者积极参加恐怖活动培训被规定为准备实施恐怖活动罪的行为方式之一，事实上属于既遂化的预备犯，意味着该行为已经不再是预备行为，而是实行行为，实施该行为不再按照预备犯处理，而是作为既遂犯处罚。那么，对于"资助恐怖活动培训"的行为，就属于《刑法》第120条之二第1款第2项的帮助犯，即准备实施恐怖活动罪的帮助犯。但是《刑法》第120条之一第1款将"资助恐怖活动培训"的行为规定为正犯行为，即资助恐怖活动培训的，构成帮助恐怖活动罪。由此可见，"资助恐怖活动培训"的行为，既是帮助恐怖活动罪的正犯，又是准备实施恐怖活动罪的帮助犯，构成想象竞合犯，择一重罪处罚。关于对该种行为的定罪处罚，按照帮助犯处罚应当适用《刑法》总则的从宽规定，按照正犯处罚应当使用《刑法》分则关于量刑情节之规定定罪处罚。由此可见，按照帮助犯处罚难以实现罪责刑相适应，应当认定为帮助恐怖活动罪的正犯，按照帮助恐怖活动罪定罪量刑。③本罪的主体包括自然人和单位。准备实施恐怖活动罪的主体则只有自然人，单位不构成犯罪。④本罪的主观故意只是资助恐怖活动组织、实施恐怖活动的个人和恐怖活动培训，而不是作为恐怖活动组织的成员负责有关筹集资金、物资的活动，也不是直接资助恐怖活动组织或者个人所实施的恐怖活动犯罪活动，其主观故意与被资助对象的犯罪故意是不一致的。准备实施恐怖活动罪的主观故意则是为能够直接实施具体的暴力恐怖活动做准备。如果行为人与恐怖活动组织或者与实施恐怖活动的个人同谋，为其提供物资、资金、账号、证明或者为其提供运输、保管或者其他方便的，属于共同犯罪。

（四）本罪与资助危害国家安全犯罪活动罪的界限

资助危害国家安全犯罪活动罪，是指境内外机构、组织或者个人资助实施背叛国家、分裂国家、煽动分裂国家、武装叛乱、暴乱、颠覆国家政权、煽动颠覆国家政权的行为。两罪在客观方面均表现为资助行为；在完成形态与未完成形态的认定上也具有一致性；犯罪主体都是一般主体，既包括自然人，也包括单位；在主观方面都是故意。两罪的主要区别体现在以下六个方面：①两者侵犯的客体不同。本罪侵犯的客体是公共安全，即公众的生命、身体健康以及重大财产的安全。资助危害国家安全犯罪活动罪侵犯的客体则是国家安全，即国家政权、主权、统一和领土完整、人民福祉、经济社会可持续发展和国家其他重大利益相对处于没有危险和不受内外威胁的状态，以及保障持续安全状态的能力。②两者的犯罪目的不同。本罪的犯罪目的是为了帮助恐怖活动组织、实施恐怖活动的个人，或者恐怖活动培训。资助危害国家安全犯罪活动罪的犯罪目的则是通过资助他人实施背叛国家、分裂国家、煽动分裂国家、武装叛乱、暴乱、颠覆国家政权、煽动颠覆国家政权的行为。③两罪的行为方式不同。本罪行为方式包括资助、招募、运送。资助危害国家安全犯罪活动罪的行为方式则仅限于资助。④两罪的行为对象不同。本罪的行为对象仅限于恐怖活动组织、实施恐怖活动的个人，或者恐怖活动培训。资助危害国家安全犯罪活动罪则有特定的资助对象，即《刑法》第102、103、104、105条规定的背叛国家罪，分裂国家罪，武装叛乱、暴乱罪，颠覆国家政权罪和煽动颠覆国家政权罪。就个别罪而言，其对象是特殊对象，例如，背叛国家罪，资助对象的主体限定为中国公民。⑤两罪承担刑事责任的主体不同。虽然两罪的犯罪主体均是自然人与单位，但是对于单位犯罪，本罪则采取了双罚制，即单位犯罪的，对单位判处罚金，并对其直接负责的主管人员和其他直接责任人员判处刑罚。资助危害国家安全犯罪活动罪则采取了单罚制，即单位承担刑事责任的方式只能是罚金。⑥本罪不仅是国内犯罪，更是国际性犯罪。资助危害国家安全犯罪活动罪则是国事犯，具有较强的地域色彩。当一个行为同时符合这两个罪的构成要件，择一重罪处罚，即以本罪论处。

（五）本罪与资敌罪的界限

资敌罪，是指战时供给敌人武器装备、军用物资以资助敌方的行为。本罪与资敌罪在犯罪主观方面都是故意，二者的主要区别体现在以下四个方面：①侵犯客体不同。本罪侵犯的客体是公共安全。资敌罪侵犯的客体则是国家安全。②资助对象不同。两罪在客观方面都有资助行为，但是本罪的资助对象是恐怖活动组织、实施恐怖活动的个人或者恐怖活动培训。资敌罪的资助对象则是敌人，即敌对营垒或者敌对的武装力量。③资助方式不同。帮助恐怖活动罪中的资助方式不仅限于为恐怖活动组织、实施恐怖活动的个人或者恐怖活动培训直接提供资金，还包括为恐怖活动组织、实施恐怖活动的个人或者恐怖活动培训提供技术、设备、场所或其他物质便利的行为。资敌罪的资助方式则仅限于供给敌人武器装备、军用物资。所谓"武器装备"，是指可直接用于杀伤人员、削弱或者增强战斗力的武器和军事技术装备，如枪、炮、弹药、战车、飞机、舰艇、化学武器等，以及通讯、侦察、工程、防化等军事技术装备。所谓"军用物资"，是指除武器装备以外的供军事使用的物资，如军用被服、粮食、车辆、船舶、油料、药品、建材、器材以及军需费用等。故本罪的资助方式宽泛于资敌罪的资助方式。④发生时间不同。资敌罪的资助行为发生在战时，即国家宣布进入战争状态、部队受领作战任务或者遭敌突然袭击时，部队执行戒严任务或者处置突发性暴力事件时，以战时论。本罪则没有时间上的限制。

三、本罪的特殊形态问题

（一）本罪的停止形态

帮助恐怖活动罪以独立条款的形式，将定型化的帮助行为拟制为正犯，使得本罪的犯罪形态随之丰富。本罪是行为犯，不以产生某种结果或者出现某种危险为标准。行为人从产生帮助的犯意，到着手帮助的行为，再到最后帮助行为的完成需要一个过程。在这个过程中，行为人可能会由于主客观的原因停止行为，构成预备、中止、未遂和既遂。[1] 其一，根据我国《刑法》总则的规定，行为人为了实施恐怖活动犯罪，准备工具、制造条件，构成本罪的预备犯。例如，行为人为了资助恐怖活动培训而租赁场地，但是由于外界因素阻挠，未能继续实施，同时具备上述两种因素即构成本罪的预备犯。再如，行为人积攒其合法收入以便日后资助恐怖活动组织。就该行为而言，行为人为了资助恐怖活动组织进行储蓄，属于本罪的预备犯。但是，在具体认定行为人是否构成犯罪时，应当结合《刑法》分则的构成要件和《刑法》第 13 条"但书"的相关规定予以综合认定。[2] 其二，行为人在实施本罪的过程中自动停止下来的，成立本罪的中止犯。例如，行为人意图资助恐怖活动组织，在去银行办理汇款的路上醒悟而自动放弃。其三，行为人在实施本罪的过程中，由于意志以外的原因而没有完成，成立本罪的未遂犯。例如，行为人在运送恐怖组织成员的过程中被相关单位及时控制，未能成功运送人员，则成立未遂。其四，完成本罪的实行行为的，成立本罪的既遂。

（二）本罪的共犯形态

我国帮助行为正犯化的刑事立法通过法益保护前置化以严打一切恐怖主义。尽管将类型化的帮助行为正犯化具有正当化依据，但是其偏重安全价值。目前，对已正犯化帮助行为的教唆、帮助是否成立共犯仍具有争议。持肯定说的学者，如日本学者大谷实、平野龙一、小野清一郎认为，因为欠缺直接处罚的规定，所以该采用何种理论进行解释就成为疑问，因为将间接帮助视为对正犯的间接帮助来把握实际上是将间接帮助等同于直接帮助。[3] 持否定说的学者，如西原春夫、日高义博则认为，被帮助的帮助行为并非实行行为，立法上也欠缺对间

---

[1]　黎宜春："论帮助恐怖活动罪的法律适用——以反恐怖主义融资为视角"，载《学术论坛》2016 年第 5 期。

[2]　黎宜春："论帮助恐怖活动罪的法律适用——以反恐怖主义融资为视角"，载《学术论坛》2016 年第 5 期。

[3]　参见［日］平野龙一：《刑法总论Ⅱ》，有斐阁 1975 年版，第 352 页。

接帮助行为进行直接处罚的规定，且间接帮助行为与侵害结果的因果性很弱，故否定其可罚性。[1]间接帮助是对从犯的帮助，帮助犯是对正犯的帮助；而帮助者不属于正犯的范畴，则帮助帮助者不构成帮助犯，因此否定间接帮助的可罚性。[2]对此，我国有学者也持否定态度，其认为如果通过帮助行为正犯化罪名对间接帮助行为予以惩处，则此时的再间接帮助行为（对间接帮助行为的帮助）又会通过正犯化罪名转变为间接帮助行为，会模糊可罚与不可罚行为之间的界限，损害帮助犯的定型性，最终引发处罚范围的无限扩张。[3]

我们认为，若按照我国《刑法》总则的规定，将正犯化的帮助犯的帮助或教唆行为，即间接帮助或帮助的教唆（帮助的帮助、帮助的教唆）也要认定为本罪的共犯，受到刑法规制，无疑会导致犯罪圈的二次扩张，使我国帮助行为正犯化立法走向异化。因此，对于本罪的帮助或教唆行为，不应当以帮助犯、教唆犯论处。当然，如果行为人的帮助、教唆行为构成其他犯罪，则可以以其他犯罪论处。

（三）本罪的罪数形态

行为人只要实施了资助、招募、运送行为中的任何一个行为，即构成本罪。例如，行为人资助实施恐怖活动的个人，又资助恐怖活动培训，只成立一罪，不实行数罪并罚。对于本罪的罪数认定问题，应当注意以下几点：

第一，对于行为人自我资助的情形，应当以行为人是否已经着手实施恐怖活动为区分标志，分为以下两种情形分析：一是在着手之前，行为人自筹资金的行为触犯了《刑法》第120条之二规定的准备实施恐怖活动罪，行为人又因为处在某恐怖活动犯罪的预备阶段，故触犯了某恐怖活动犯罪的罪名。如自筹资金但未着手的"独狼"式恐怖分子。在这种情形下，行为人基于实施恐怖活动一个犯罪意图实施了一行为，触犯了数罪名，属于想象竞合犯，从一重罪定罪处罚。二是在着手之后，行为人通过自筹资金的方式实施了恐怖活动犯罪，如自筹资金并已经实施恐怖活动犯罪的"独狼"式恐怖分子。在这种情形下，行为人已经着手实施实行行为，则预备行为与实行行为构成刑法理论上的吸收犯，吸收犯的处断原则是依照吸收行为所构成的犯罪论处，不实行数罪并罚，但要注意法律另有规定的除外。

第二，如果行为人基于一个犯罪意图实施一个行为，既触犯了帮助恐怖活动罪，又触犯了其他罪名，则应当按照想象竞合从一重罪处断。例如，行为人

〔1〕 参见［日］大谷实：《刑法讲义总论》，黎宏译，中国人民大学出版社2008年版，第407页。
〔2〕 ［日］福田平：《全订刑法总论》，有斐阁2011年版，第291页。
〔3〕 刘艳红："网络犯罪帮助行为正犯化之批判"，载《法商研究》2016年第3期。

为境外恐怖活动组织招募人员，并且以剥夺或者限制人身自由的方式运送招募的人员偷越国（边）境，就应当适用组织他人偷越国（边）境罪定罪处罚。非法从事资金支付结算业务或者非法买卖外汇，构成非法经营罪，同时又构成帮助恐怖活动罪的，依照处罚较重的规定定罪处罚。

第三，本罪要求行为人主观故意只能是希望资助恐怖活动组织、实施恐怖活动的个人，资助恐怖活动培训，或者帮助恐怖活动组织、实施恐怖活动或者恐怖活动培训招募、运送人员，客观上只能表现为一种帮助行为。如果行为人既帮助恐怖活动组织、实施恐怖活动或者恐怖活动培训招募、运送人员，又自己参与其中，实施具体的恐怖活动犯罪、在恐怖活动组织中负责具体工作或者指导、参与恐怖活动培训的，属于基于数个犯罪意图实施数个行为的情形，应当按照帮助恐怖活动罪和触犯的具体罪名实行数罪并罚。例如，行为人为恐怖活动组织提供资金支持，同时又以暴力的方式强制他人穿着宣扬恐怖主义、极端主义服饰，其构成帮助恐怖活动罪与强制穿戴宣扬恐怖主义、极端主义服饰、标志罪，数罪并罚。

第四节　帮助恐怖活动罪的刑事责任

根据《刑法》第120条之一的规定，资助恐怖活动组织、实施恐怖活动的个人的，或者资助恐怖活动培训的，处5年以下有期徒刑、拘役、管制或者剥夺政治权利，并处罚金；情节严重的，处5年以上有期徒刑，并处罚金或者没收财产。为恐怖活动组织、实施恐怖活动或者恐怖活动培训招募、运送人员的，依照前款的规定处罚。单位犯前两款罪的，对单位判处罚金，并对其直接负责的主管人员和其他直接责任人员，依照第1款的规定处罚。本罪的立法形式，是将某些帮助行为[1]直接提升为正犯行为，以专门条款予以规定，并且设置了独立的法定刑。因此，从量刑角度而言，正犯化的帮助犯不再享有《刑法》总则共同犯罪中"应当从轻、减轻或者免除处罚"的量刑规则。

对于《刑法》第120条之一第1款"资助恐怖活动组织、实施恐怖活动的个人的，或者资助恐怖活动培训"之行为的"情节严重"，是指多次资助、持续资助、提供大量资金资助等情形；对于《刑法》第120条之一第2款"为恐怖活动组织、实施恐怖活动或者恐怖活动培训招募、运送人员"之行为的"情节严重"，是指多次招募、运送人员，招募、运送人员众多，招募未成年人等情形。

---

〔1〕　此处帮助行为特指我国《刑法》第120条之一被定型化的几种帮助行为，而不包括对实施恐怖活动犯罪的其他不在本条构成要件之中的帮助行为。

第三章　准备实施恐怖活动罪

第一节　准备实施恐怖活动罪的立法沿革

准备实施恐怖活动罪是《刑法修正案（九）》新增罪名，在此之前我国刑法规范中并无相同或相似罪名。对于准备实施恐怖活动的行为，在《刑法修正案（九）》通过之前，如经查证属实，可按准备实施的具体恐怖活动犯罪（如故意杀人罪、爆炸罪等）的预备犯来追究其刑事责任。

一般而言，故意犯罪在犯罪人产生和确立犯意之后，从其开始犯罪活动到完成犯罪有一个纵向的发展过程，即要经过一个从产生犯意、预备、实行和完成的发展过程。以故意杀人为例，一般先有杀人犯意，然后准备杀人工具、寻找被害人等，再实施杀人行为，直至将人杀死而完成犯罪。如果这一过程未在中途停止下来并得以最终完成，则行为人完成犯罪，形成了完成犯罪的既遂形态；如果在此过程中犯罪受到主客观因素影响，犯罪行为仅在准备工具、制造条件的预备活动时就被迫停止不前，或者犯罪实行后未能臻于完成就被迫停止下来，则分别形成未完成犯罪的预备形态与未遂形态；如果在此过程中行为人在主客观因素的影响下自动放弃犯罪的继续进行及完成，使得犯罪中途停止，则形成犯罪中止形态。通常情况下，我国刑法典中具体个罪的条文都是以犯罪既遂为蓝本进行描述的，而犯罪预备、犯罪未遂及犯罪中止等犯罪未完成形态，则是依照《刑法》总则第 22 条、第 23 条和第 24 条的规定认定其特殊构成，并原则上比照该罪既遂之处罚予以从轻、减轻或者免除处罚。而准备实施恐怖活动罪，则是将实施恐怖活动犯罪前的预备行为单独作为一种全新的罪名予以定罪和量刑，这是典型的预备行为实行化的立法模式，即为了保护立法者认为需要重点考虑的重大法益——公共安全。《刑法修正案（九）》将为实施恐怖活动进行准备的行为单独规定为犯罪，从而使刑事执法机关能够及时干预，阻止罪犯实现其犯罪计划，在刑事立法领域贯彻"法益保护前置"的概念，强化对公共安全的提前保护。

准备实施恐怖活动罪在《刑法修正案（九）》所有修改及新增罪名中，乃至我国刑法典所涉及的所有罪名中都是十分特殊的存在，对于此种立法模式，我国刑法学界争议颇大。在《刑法修正案（九）》第三次审议时，就有全国人大常委会委员提出，"我国刑法总则规定预备犯可以比照既遂犯定罪，并从轻、减轻或免除处罚。本罪所规定的犯罪行为都属于恐怖活动犯罪的预备行为，没有必要单独规定。并且草案所规定的处罚有可能比实行犯还重，这违反了罪责刑相适应的刑法基本原则，故建议删除本条"。在《刑法修正案（九）》通过之后，亦有学者认为，"《刑法》第 120 条之二的规定具有明显的将预备行为实行化的色彩，问题在于，这种'法益保护前置'的结果带来了与前置法关系的纠缠不清，将会导致刑事处罚过于前置，从而导致违法一元性观念的大肆蔓延，导致前置法被虚置或被取代"[1]；"准备实施恐怖活动罪是象征性立法最为典型的表现形式，而象征性立法因过多地服务于安全目的而损害了刑法的法益保护功能，因谦抑不足而损害了刑法的人权保障功能，因执行不足而损害了刑法的实用主义功能"[2]。

但我国多数学者还是对准备实施恐怖活动罪的设立持肯定态度。例如，有学者认为，"恐怖活动犯罪往往具有严重的暴力性和破坏性，其现实危险性也比一般犯罪活动要大，即使恐怖活动尚未成功实施，而只是实施一些准备活动，但其所指向的犯罪威胁依然让公众感受到恐慌与不安，一旦不及时制止，其恐怖犯罪是很容易完成的，这样的预备行为危害性很大。因而对此类犯罪的预防也应比一般犯罪要早，以防止造成不可挽回的后果"[3]；"预备行为实行化必须配合定型化，才能有效地实现法益的事前保护。对于此点，《刑法修正案（九）》做得比较好，在对相关犯罪的预备行为实行化之时，并不是简单地将这些预备行为规定为犯罪，而是从所有的预备行为中列出一些典型的、危害较大的预备行为。例如，恐怖主义和极端主义行为以及与这些行为具有关联性的行为的犯罪化，都明确体现了这一点"[4]；"《刑法》第 120 条之二的'准备实施恐怖活动罪'，实际上是把为了实施恐怖活动而'准备工具、制造条件'的各种预备行为，全部予以实行化，应当说，在该条立法中显示出从预备犯到正犯的变身，

---

〔1〕 孙万怀："违法相对性理论的崩溃——对刑法前置化立法倾向的一种批评"，载《政治与法律》2016 年第 3 期。

〔2〕 刘艳红："象征性立法对刑法功能的损害——二十年来中国刑事立法总评"，载《政治与法律》2017 年第 3 期。

〔3〕 付璐："对独立预备罪的立法反思——以准备实施恐怖活动罪为视角"，载《政法学刊》2018 年第 5 期。

〔4〕 于改之、蒋太珂："刑事立法：在目的和手段之间——以《刑法修正案（九）》为中心"，载《现代法学》2016 年第 2 期。

虽然仍有瑕疵,但整体而言算是较为成功的,也大体上回应了教义学上关于预备犯欠缺类型化的争议"[1]。

此外,另有学者进一步指出,准备实施恐怖活动罪的设立虽然存在一定合理性,但也需对其进行限缩解释,防止打击面扩大。例如,有学者指出,"《刑法修正案(九)》大量采用抽象危险犯的立法模式以应对我国目前日益猖獗的具有恐怖主义、极端主义背景的暴力恐怖犯罪。从风险社会中安全刑法观的角度来看,这种做法有其合理性。但从强调保护法益和保障人权之间衡平的刑法基本宗旨的角度来看,对上述条文的适用,必须考察'有无法定的足以造成法益侵害的行为事实',以对有关恐怖主义、极端主义犯罪的成立范围进行妥当限定";[2]"《刑法修正案(九)》第120条的前置化规制是保护重大法益的必要手段,而敌视基本法规范且具有抽象危险的实质预备犯满足了前置化规制现实依据的要求,其处罚边界亦需遵循,应根据行为方式和特征进行司法定量限制及限缩解释。"[3]

我们认为,准备实施恐怖活动罪的设立不仅符合世界范围内打击恐怖活动犯罪的立法趋势,而且具有坚实的实践依据和深厚的理论基础。

第一,目前,恐怖活动在世界范围内呈现快速蔓延趋势,严重威胁世界和平、经济发展和人类安全,被称为"21世纪的政治瘟疫"和"一场永无休止的世界大战"。预防和打击恐怖活动犯罪一直是国际社会重点关注的问题,早期的国际反恐公约侧重惩治恐怖活动犯罪的实行犯,犯罪参与、犯罪未遂等行为并未被作为一项单独的犯罪进行特别规定。但是,随着恐怖活动犯罪的演变,国际组织的立法也进行了相应调整,即不仅惩治恐怖活动犯罪的实行行为,而且对恐怖活动犯罪的帮助行为及预备行为也进行预防和打击。例如,1998年《制止恐怖主义爆炸事件的国际公约》和1999年《制止向恐怖主义提供资助的国际公约》,已经开始强调惩治非实行犯,恐怖主义爆炸和资助恐怖主义的罪行范围不仅包括直接实施恐怖主义爆炸和资助恐怖主义的实行行为,还包括意图实施行为、共犯参与行为,以及实行行为的组织、指使、协助行为;就向恐怖主义提供资助的行为范围而言,不仅包括蓄意资助的帮助行为,而且还包括策划和培训恐怖分子的预备行为。[4]

〔1〕 车浩:"刑事立法的法教义学反思——基于〈刑法修正案(九)〉的分析",载《法学》2015年第10期。
〔2〕 黎宏:"《刑法修正案(九)》中有关恐怖主义、极端主义犯罪的刑事立法——从如何限缩抽象危险犯的成立范围的立场出发",载《苏州大学学报(哲学社会科学版)》2015年第6期。
〔3〕 王新:"《刑法修正案(九)》第120条前置化规制的法理探析",载《北方法学》2016年第3期。
〔4〕 王志祥、刘婷:"恐怖活动犯罪刑事立法评析——以《刑法修正案(九)》为重点的思考",载《法治研究》2016年第3期。

近年来，区域性恐怖活动犯罪的立法修改也逐渐将打击重心前置，强调对恐怖活动犯罪的预备行为、帮助行为和煽动行为进行预防和惩治，加强对恐怖活动犯罪的全方位打击，力求从源头上遏制恐怖活动犯罪的蔓延，减轻恐怖活动犯罪造成的危害后果。例如，2005 年欧洲理事会通过的《防止恐怖主义公约》规定缔约国应将公然煽动实施恐怖主义、为恐怖主义征募人员、为恐怖主义培训以及其帮助、指挥、共谋、胁从行为在国内法中规定为刑事犯罪；2007年欧洲理事会颁布的《预防恐怖主义公约》规定接受实施恐怖活动的训练等行为也应被治罪（即使没有加入恐怖组织）。[1]2001 年《打击恐怖主义、分裂主义和极端主义上海公约》规定组织、策划、共谋、教唆行为也属于恐怖主义行为。

2001 年"9·11"恐怖袭击事件之后，世界各主要国家和地区纷纷对恐怖活动犯罪进行立法完善。德国 2009 年通过的《追诉严重危害国家利益暴力行为的预备行为法》是恐怖主义预备行为犯罪化的典型体现，其中涉及严重危害国家利益暴力行为的预备行为犯罪化（《德国刑法典》第 89a 条）、为犯罪行为传授犯罪方法（《德国刑法典》第 89b 条）、指导实施严重威胁国家的暴力犯罪（《德国刑法典》第 91 条）。并且，《德国刑法典》第 89a 条第 2 款限定了可罚的犯罪预备行为范围，其中包括：为恐怖主义分子提供恐怖活动技能训练和参与恐怖活动技能训练；生产、自制、转让、保管武器或特定物品；出于制造犯罪活动需要的武器、物质及前期预备的目的，自制或保管对犯罪行为起根本作用的物品或基本物质；为恐怖袭击提供资金。[2]英国 2006 年出台的《反恐怖主义法》将任何鼓励和美化恐怖主义行为、接受和参加恐怖主义训练的行为都予以犯罪化；任何书店、网站散布极端主义资料以及任何策划、实施准备恐怖主义行动的，都以犯罪论处。

第二，近年来，受国际恐怖活动的高发、境内外"东突"势力渗透煽动的影响，我国国内面临的恐怖主义威胁亦愈发突出。根据经济与和平研究所（IEP）发布的《全球恐怖主义指数报告（2012）》显示，2002～2011 年此 10 年时间里，我国恐怖主义指数从 2.72 上升为 4.99，排名由 43 上升至 23；2009 年"7·5"事件以来，虽然我国恐怖袭击事件有所减少，但形势依然不容乐观——

---

〔1〕 王志祥、刘婷："恐怖活动犯罪刑事立法评析——以《刑法修正案（九）》为重点的思考"，载《法治研究》2016 年第 3 期。

〔2〕 参见［德］帕特里克·M. 平他斯克："全球化时代下与恐怖主义不同表现形式入罪化问题相关的德国刑事实体法规范"，载何秉松主编：《后拉登时代国际反恐斗争的基本态势和战略》，中国民主法制出版社 2012 年版，第 235 页。

恐怖主义指数仍居高不下（2014 年为 5.21，2016 年为 6.108，2018 年为 5.108），排名也没有太大变化（2014 年为 25，2016 年为 23，2018 年为 36）。与之相一致，我国的恐怖活动也一改往日低频率、小规模、对象单一的态势，呈现出一些新的特点——我国的恐怖活动已进入高潮期，恐怖活动范围不断扩大，从南疆的重点地区扩展到北疆，从新疆扩展到全国；从小城镇向县、市扩展，进而"处处开花"；有些恐怖活动人员甚至直接偷渡出境参加"圣战"，或者在境外接受训练，然后再潜回国内从事恐怖活动；恐怖活动呈现规模化趋势，呈现出人数众多、结伙造势、多点袭击、对抗激烈等特点；恐怖活动的手段表现出残忍性、多样性等特点，除了较常见的暗杀、暴力砍杀、纵火等手段外，还出现了大量新型犯罪手段，如劫持、爆炸、自杀性袭击、车辆碾压等，网络恐怖活动犯罪也逐渐开始显现；从恐怖活动袭击目标看，从警察与政府机构逐渐转向平民和软目标，恐怖活动对象表现出无差别性，不论男女老少、民族属性，都可能成为恐怖活动侵害的对象。可以说，我国当前正处于暴力恐怖活动活跃期、反分裂斗争的激烈期、干预治疗阵痛期的"三期叠加"时期。恐怖活动给人民群众的生命财产造成了严重损失，对我国的国家安全、社会稳定、经济发展、民族团结和人民生命财产安全构成了严重威胁，已经成为影响我国边疆民族地区稳定与发展，甚至全国的稳定与发展的一个重要不稳定因素。

　　在《刑法修正案（九）》通过之前，我国《刑法》对恐怖活动犯罪分子一般是按其具体实施的犯罪（如故意杀人、爆炸、绑架等）以及组织、领导、参加恐怖组织罪加以定罪处罚的。但是，当前暴力恐怖犯罪出现了一些新情况、新特点。实践中出现的"独狼"式恐怖活动人员，或者临时结伙准备实施恐怖活动的团伙，由于没有明确的组织形式，因此很难认定为恐怖活动组织，对于他们为实施恐怖活动而进行的预备、培训、与境外恐怖活动组织联络、进行策划等准备工作，很难按照"组织、领导、参加恐怖组织罪"进行处罚。同时，由于他们还没有实施具体的恐怖活动或者没有策划好要实施何种恐怖活动，也很难按照某个具体犯罪的预备行为予以处罚。再者，即使已经准备实施具体的恐怖活动，按照《刑法》第 22 条关于预备犯的规定予以处罚，处罚力度也偏轻。[1] 由此导致刑法难以充分发挥预防和惩治恐怖活动犯罪的功能，大量恐怖活动分子得以逃脱刑法的制裁。故有必要将实施恐怖活动犯罪的预备行为独立出来予以事前打击。

　　第三，恐怖活动犯罪具有不同于其他一般刑事犯罪的特点。首先，恐怖主

---

〔1〕　全国人大常委会法制工作委员会刑法室编著：《中华人民共和国刑法修正案（九）解读》，中国法制出版社 2015 年版，第 36 页。

义多是通过"让更多人死，也让更多人看"的手段来实现其意图。恐怖活动犯罪一旦被实施，不管犯罪分子的意图是否实现，往往会给国家和公共安全、社会稳定、公民人身财产造成极大破坏，引起严重的社会恐慌甚至社会秩序混乱。对此，事后的惩罚措施收效甚微，往往使得反恐怖主义陷入被动。其次，恐怖活动人员极端主义思想严重，多为确信犯，很少因为惩罚或判决而对自己的行为产生悔悟。这就意味着在恐怖活动实施之后再对恐怖活动人员进行惩罚，意图对其进行教育或者改造的效果非常有限。最后，在大多数案件中，一旦公安机关发现为实施暴力恐怖活动而进行准备活动的，往往由于情况非常紧急，时间距离短而很难有效阻止或防止。正是基于恐怖活动犯罪的这一特征，为了更好地惩治恐怖活动犯罪，《刑法修正案（九）》和《反恐怖主义法》均显现出在反恐刑事政策和立法上"以预防为导向"的趋势。

"以预防为导向"的立法趋势，也是风险刑法观的体现。与传统的以规制犯罪结果为核心的结果本位刑法论不同，风险刑法观强调在危险发生之前就预防和控制风险，即风险刑法观主张在法益侵害结果发生前就采取预防措施以防止侵害结果发生。风险控制的核心在于未来，而非当下，安全问题的凸显，使人们更关心如何预防未来可能出现的危险，更重视刑法的一般预防功能。预防需求越强烈，就越容易出现利用刑法手段积极制裁的倾向，对法益的保护前置倾向就越明显，而抽象危险犯就成了对事前控制、预防最为合适的立法手段。[1]依据风险刑法观，刑法不能仅仅作为一种在恐怖活动发生后的处罚手段，它必须要提前出击，将一些预备行为分离出来单独定罪，做到对恐怖活动犯罪的"打小打早"，实现对法益的前置保护。

第二节　准备实施恐怖活动罪的犯罪构成

依据我国《刑法》第 120 条之二的规定，准备实施恐怖活动罪是指为实施恐怖活动准备凶器、危险物品或者其他工具，组织恐怖活动培训或者积极参加恐怖活动培训，为实施恐怖活动与境外恐怖活动组织或者人员联络，为实施恐怖活动进行策划或者其他准备的行为。

一、准备实施恐怖活动罪的客体

本罪的客体是公共安全。但需要注意的是，本罪是为恐怖活动犯罪的实施

---

[1]　付璐："对独立预备罪的立法反思——以准备实施恐怖活动罪为视角"，载《政法学刊》2018 年第 5 期。

进行准备的行为，是"法益保护前置化"的典型表现，为典型的抽象危险犯，其对公共安全只是具有侵害的抽象危险性。

二、准备实施恐怖活动罪的客观方面

本罪的客观方面表现为为了实施恐怖活动进行准备的行为。恐怖活动包括犯罪行为与违法行为，为实施恐怖活动进行准备的行为自然也就包括为实施恐怖活动犯罪行为进行准备的行为和为实施恐怖活动违法行为进行准备的行为。由于恐怖活动违法行为本身不具有刑事可罚性，所以为恐怖活动违法行为进行准备的行为就更不具有刑事可罚性。因此，对本罪涉及的恐怖活动应当作限缩性解释，即只能是指恐怖活动犯罪，只有为犯罪而预备时，该行为才具有刑事可罚性。

迄今为止，我国《刑法》并未明确规定"实施恐怖活动罪"这一独立罪名，因此，在我国，恐怖活动犯罪并非指具体的个罪，而是一类犯罪的统称。也就是说，只要行为人基于恐怖主义实施恐怖活动，符合刑法分则犯罪构成的，均可认定为"恐怖活动犯罪"。除个别专门罪名之外，恐怖活动犯罪与严重危害公民人身、财产安全的刑事犯罪之间呈现"你中有我、我中有你"的复杂情况。[1]恐怖活动犯罪可能涵盖的具体罪名具有不确定性，从司法适用的角度考察，可将其分为纯正的恐怖活动犯罪和不纯正的恐怖活动犯罪——所谓纯正的恐怖活动犯罪，是指罪名设立的目的在于直接惩治恐怖活动犯罪而非其他犯罪，如我国《刑法》规定的组织、领导、参加恐怖组织罪，帮助恐怖活动罪，宣扬恐怖主义、极端主义、煽动实施恐怖活动罪，强制穿戴宣扬恐怖主义、极端主义服饰、标志罪，非法持有宣扬恐怖主义、极端主义物品罪，编造、故意传播虚假恐怖信息罪，拒绝提供间谍犯罪、恐怖主义犯罪、极端主义犯罪证据罪等。而所谓非纯正的恐怖活动犯罪，是指该罪名设立的目的主要是惩治普通刑事犯罪，但其行为是恐怖活动犯罪通常采用的方式。如我国《刑法》规定的故意杀人罪、故意伤害罪，爆炸罪、放火罪、投放危险物质罪，劫持航空器罪、暴力危及飞行安全罪等。[2]由于恐怖活动犯罪的实施方式极其广泛，因此，非纯正的恐怖活动犯罪可能涉及危害国家安全罪、危害公共安全罪、侵犯公民人身权利罪、侵犯财产罪、妨害社会管理秩序罪中的大部分罪名。为实施恐怖活动犯罪进行准备的行为既包括为实施纯正的恐怖活动犯罪进行预备的行为，也包括为实施非纯正的恐怖活动犯罪进行预备的行为，具体来说包括以下四种方式：

---

[1] 陈忠林："我国刑法中'恐怖活动犯罪'的认定"，载《现代法学》2002 年第 5 期。

[2] 参见王利宾："反恐怖犯罪刑事法完善研究——兼论反恐怖系统化立法"，载《政治与法律》2014 年第 10 期。

（一）为实施恐怖活动准备凶器、危险物品或者其他工具的

2018 年 3 月 16 日最高人民法院、最高人民检察院、公安部、司法部联合下发的《关于办理恐怖活动和极端主义犯罪案件适用法律若干问题的意见》中规定，"为实施恐怖活动制造、购买、储存、运输凶器，易燃易爆、易制爆品，腐蚀性、放射性、传染性、毒害性物品等危险物品，或者其他工具的"，可以认定为"为实施恐怖活动准备凶器、危险物品或者其他工具"。

根据 2005 年 6 月 8 日最高人民法院《关于审理抢劫、抢夺刑事案件适用法律若干问题的意见》，以及 2013 年 4 月 2 日最高人民法院、最高人民检察院《关于办理盗窃刑事案件适用法律若干问题的解释》中有关"携带凶器抢夺"和"携带凶器盗窃"的规定可知，我国刑法所谓的"凶器"是指在性质上或者用法上足以杀伤他人的器械，具体可分为两类：一是性质上的凶器。即人类发明此物、制造此物的主要目的就是为了杀伤他人，属于国家管制类器械，包括枪支、弹药、爆炸物、管制刀具等。《中华人民共和国枪支管理法》和《民用爆炸物品安全管理条例》对枪支、爆炸物的认定作了明确规定；关于管制刀具，公安机关也有明确的认定标准，主要包括匕首、三棱刮刀、带有自锁装置的弹簧刀（跳刀），以及其他相类似的单刃、双刃、三棱尖刀等。二是用法上的凶器，即某一物品在性质上不是凶器，但是在用法上可以变成凶器。如并非只要是刀就是管制刀具，菜刀在性质上不是凶器，但完全可以用菜刀杀人，在用法上是凶器；用法上的凶器范围极其宽泛，只要是具有杀伤可能性的器械，均可能成为用法上的凶器，如冰斧头、锤子、长钉，甚至绳索、板砖等，只要被用于实施恐怖活动犯罪的，均可以成为用法上的凶器。

"危险物品"是指具有腐蚀性、放射性、传染性、毒害性的物品；至于"其他工具"，是指危险性与凶器、危险物品相类似的，为实施恐怖活动犯罪所需要的其他物品。从我国常见的恐怖活动犯罪的手段来看，主要包括为实施放火行为准备的燃烧瓶、为进行碾压准备的大型车辆等。

"准备"的方法没有限定，既可以通过外观上合法的手段取得，如购买、制造、租用等，也可以通过违法的手段取得，如盗窃、抢夺、抢劫等，还可以表现为储存、运输等。

（二）组织恐怖活动培训或者积极参加恐怖活动培训的

2018 年 3 月 16 日最高人民法院、最高人民检察院、公安部、司法部联合下发的《关于办理恐怖活动和极端主义犯罪案件适用法律若干问题的意见》中规定，"以当面传授、开办培训班、组建训练营、开办论坛、组织收听收看音频视频资料等方式，或者利用网站、网页、论坛、博客、微博客、网盘、即时通信、通讯群组、聊天室等网络平台、网络应用服务组织恐怖活动培训的，或者积极

参加恐怖活动心理体能培训，传授、学习犯罪技能方法或者进行恐怖活动训练的"，可以认定为"组织恐怖活动培训或者积极参加恐怖活动培训"。

"恐怖活动培训"主要包括精神培训和身体培训两个方面，精神培训主要是指向受训者传授、灌输恐怖主义思想、主张，让他们坚信实施恐怖活动犯罪是"正义的""高尚的"。目前，在我国，"宗教极端势力、暴力恐怖势力、民族分裂势力三位一体，打着民族、宗教的幌子，煽动民族仇视，制造宗教狂热，鼓吹对'异教徒'进行'圣战'，大搞暴力恐怖活动，残杀无辜，挑起暴乱骚乱。他们的目标就是把新疆从中国版图中分裂出来，建立所谓的'东突厥斯坦伊斯兰国'"[1]。而宗教极端主义，是恐怖活动犯罪的思想基础，是旗帜，"以其极端的、激烈或畸形的崇拜和信仰为精神支柱和精神动力，利用其信仰的唯一性和排他性，控制和欺骗一些信仰虔诚、崇拜狂热的宗教组织、团体和人员"[2]。身体培训则是指为实施具体恐怖活动进行的体能、技能训练，增强身体素质，熟悉枪支、爆炸物、危险物品等的使用，传授犯罪方法，熟悉作战方式、遵从纪律等，使他们既能实施"独狼式"恐怖袭击，也能进行有组织的团队作战。

"恐怖活动培训"的具体方式不限，可以是当面讲授，也可以是通过即时通信、通讯群组、聊天室等网络平台、网络应用服务进行讲授，还可以是组织收听收看视频音频资料；可以是开办培训班，组建训练营，也可以是举办论坛。

"组织"和"积极参加"恐怖活动培训的人员才可能构成本罪。"组织恐怖活动培训"主要包括两方面的内容：其一，召集其他人开展或者从事恐怖活动的培训工作，如组织建立恐怖活动训练场所、组织成立恐怖活动培训班等；其二，鼓动其他人积极参加恐怖活动的培训，如利用网站、网页、论坛、博客、微博客等网络平台鼓动、纠集不特定多数人进行体能、技能训练的。"积极参加恐怖活动培训"也包括两方面的内容：一是虽未组织恐怖活动培训，但积极响应组织者，参加恐怖活动培训工作，如积极为恐怖活动培训班的成立奔走呼号、积极为参加恐怖活动培训的人员传播极端主义思想、传授犯罪方法等；二是自觉主动地加入恐怖活动培训并积极训练。不明真相的群众被裹挟参加恐怖活动培训、被胁迫接受恐怖活动培训，或者只是偶然接受恐怖活动培训的，不以本罪论处。

（三）为实施恐怖活动与境外恐怖活动组织或者人员联络的

2018 年 3 月 16 日最高人民法院、最高人民检察院、公安部、司法部联合下发的《关于办理恐怖活动和极端主义犯罪案件适用法律若干问题的意见》中规

---

〔1〕 吴福环："新疆'三股势力'是各族人民的共同敌人"，载《光明日报》2009 年 7 月 25 日，第 2 版。

〔2〕 公安部政治部编：《国内安全保卫学》，中国人民公安大学出版社 2014 年版，第 57 页。

定，"为实施恐怖活动，通过拨打电话、发送短信、电子邮件等方式，或者利用网站、网页、论坛、博客、微博客、网盘、即时通信、通讯群组、聊天室等网络平台、网络应用服务与境外恐怖活动组织、人员联络的；为实施恐怖活动出入境或者组织、策划、煽动、拉拢他人出入境的"，可以认定为"为实施恐怖活动与境外恐怖活动组织或者人员联络"。

"境外"，是指除我国内地以外的香港特别行政区、澳门特别行政区，我国大陆以外的台湾地区，以及其他国家或地区。"境外恐怖活动组织"包括中华人民共和国国（边）境以外的其他国家或地区的恐怖活动组织，也包括境外恐怖活动组织在中国境内的分支机构。因此，判断一个恐怖活动组织是否是"境外恐怖活动组织"，并非仅仅看其地理位置，还要考虑这一组织的主要活动范围，"总部"位于何地，主要成员身处何处等。"境外恐怖活动人员"是指境外恐怖活动组织的成员，或者虽不隶属于境外恐怖活动组织但在中国国（边）境以外的恐怖活动人员；可以是本国公民，也可以是外国公民和无国籍人。境外恐怖组织或人员的认定主要是依据联合国安理会公布的恐怖组织及人员名单，以及我国和其他国家或地区立法或政府权威机构所确定和公布的恐怖组织及人员名单。

"联络"，是指互相之间取得联系。联络的方式多种多样，并无限定，可以是直接联络，如通过各种通讯方式直接进行联络、见面直接联络等，也可以是间接联络，如通过中间人进行传达等；既可以是主动寻求联络，也可以是被动取得联系。联络的内容是实施恐怖活动，可以是寻求境外恐怖活动组织或者人员有关信息、资金、技术、人员等方面的支持、支援或帮助等，也可以是为境外恐怖活动组织或人员实施恐怖活动提供情报，甚至可以是出境参加境外恐怖活动组织或者具体恐怖活动。

（四）为实施恐怖活动进行策划或者其他准备的

"为实施恐怖活动进行策划"，是指就实施恐怖活动的类型、时间、地点、目标、方法等进行筹划、谋划。

对于"其他准备"的理解，学界存在不同认识。有学者认为，"从表述形式上看，'其他准备'似乎只是《刑法》第120之二第1款第4项的兜底性规定。但是，倘若这样理解，那么，第120条之二第1款前3项的规定就没有任何意义。因为相对于'为实施恐怖活动进行策划'而言，前3项的规定都属于'其他准备'。所以，只能认为，'其他准备'实际上是第120条之二第1款的兜底规定，故其他准备行为都能够包括在其中"；[1]有的学者则认为，"对预备犯的

---

〔1〕　张明楷："论《刑法修正案（九）》关于恐怖犯罪的规定"，载《现代法学》2016年第1期。

处罚应保持克制的态势，不宜盲目扩张其适用范畴，若将'其他准备'解释为《刑法》第120之二第1款的兜底规定，无疑会导致'准备实施恐怖活动'的处罚范围迅速扩张，其处罚体系也将变得异常庞大，为实施恐怖活动所进行的任何准备行为都可能会被纳入评价体系，这无疑悖逆了刑法谦抑性、宽严相济的刑事政策等精神。尽量明确并限缩兜底条款的适用范围，明确其行为类型才更可取，将'其他准备'解释为第120条之二第1款第4项的兜底规定则可满足此追求。"[1]还有学者认为，一方面，"'其他准备行为'是刑法关于本罪客观行为的一种兜底性规定，其目的在于应对实践中丰富多样的恐怖活动准备行为，将《刑法》没有明确规定的准备行为都纳入本罪进行处理"；另一方面，"但就其实质而言，其他准备行为也是一种预先安排或者筹划的行为，如行为人在预想实施恐怖活动的场所进行踩点查看的行为，就应当认定为这里的'其他准备行为'"。[2]

　　我国《刑法》第22条虽然规定对所有预备犯原则上均得处罚。但是，普遍处罚预备犯意味着刑罚全面性的提前发动，这既缺乏足够的法理正当性，也没有刑事政策上的必要性，同时还存在着法律适用上的困难。[3]如何在预备犯领域中寻求刑罚膨胀与法益保护之间的平衡，《刑法》中出现了这样的处罚格局：一方面，总则部分虽有普遍处罚的一般性规定，但基本上闲置不用；另一方面，在分则部分，立法者将部分预备犯拟制为正犯独立处罚[4]。预备行为实行化解决了以往针对预备犯处罚的一个常见批评，那就是预备行为不具有实行行为应有的类型性。[5]

　　准备实施恐怖活动罪是预备行为实行化的典型表现形式，为了实现实行行为的"类型性、定型性"属性，《刑法修正案（九）》就准备实施恐怖活动罪进行了"列举＋概括"的规定方式，第120条之二第1款的4项内容各有侧重，或准备凶器、工具，或组织、参加培训，或与境外进行联络，或进行策划。如果认为"其他准备"是针对准备实施恐怖活动罪整个实行行为的兜底规定，无

----

〔1〕 高丽丽："准备实施恐怖活动罪——以预备行为实行行为化为视角的宏观解构"，载《法学论坛》2018年第2期。

〔2〕 胡江："论准备实施恐怖活动罪——以《刑法修正案（九）》为视角"，载《北京警察学院学报》2016年第5期。

〔3〕 梁根林："预备犯普遍处罚原则的困境与突围——《刑法》第22条的解读与重构"，载《中国法学》2011年第2期。

〔4〕 一般将前者称为"从属预备犯"，将后者称为"独立预备犯"。

〔5〕 车浩："刑事立法的法教义学反思——基于《刑法修正案（九）》的分析"，载《法学》2015年第10期。

疑会使《刑法》关于准备实施恐怖活动罪的规定丧失"类型性、定型性"的特质，意味着立法者放弃了刑事立法中通过预备行为实行化实现对预备犯的限缩处罚的理性选择[1]，意味着刑法分则有关独立预备犯的规定等同于刑法总则有关从属预备犯的规定，而这是明显不符合立法精神的。而且，从我国刑事立法技术之惯例角度来看，如果该"其他准备"是第120条之二第1款的兜底规定，那么该"其他准备"一般会单列一项作为第5项，即"（五）为实施恐怖活动进行其他准备的"，与其他4项并列规定，而不是放在第4项内容之中。因此，从刑事立法技术的角度来看，也很难认为第120条之二第1款第4项的"其他准备"突破了传统立法模式，成了整个条款的兜底规定。[2]

因此，对"其他准备"的理解，只能认为是"为实施恐怖活动进行策划"的兜底性条款，就其实质而言，仍是为了实施某一具体的恐怖活动犯罪而进行策划，如为了计划的恐怖活动犯罪能够顺利实施进行事前的踩点、演练，在道路上、建筑内事前设置或排除障碍，以及事后的逃避打击措施等。

三、准备实施恐怖活动罪的主体

本罪的主体是一般主体，即年满16周岁的自然人。单位不可成为本罪的主体。

四、准备实施恐怖活动罪的主观方面

本罪的主观方面表现为故意，即行为人必须明知是恐怖活动培训而参加的，必须明知是境外恐怖活动组织或人员而与之联络的；行为人主观上还必须具有实施恐怖活动犯罪的目的，必须是为了实施恐怖活动犯罪而准备凶器、危险物品或其他工具的，为了实施恐怖活动犯罪而进行策划或者其他准备活动的。但是，需要注意的是，本罪的成立只要求行为人主观上具有将要实施恐怖活动犯罪的一般目的即可，不要求行为人在行为时已经具备实施特定恐怖活动的具体目的。例如，只要行为人主观上为了实施恐怖活动犯罪而组织恐怖活动培训、

---

〔1〕　我国刑法学界即有学者认为，由于兜底条款的出现，意味着立法者放弃了以往刑事立法中通过实质预备犯的形式实现预备行为实行化的理性选择，而首次在刑法分则体系中创制形式预备犯的立法规定。参见阎二鹏："预备行为实行化的法教义学审视与重构——基于《中华人民共和国刑法修正案（九）》的思考"，载《法商研究》2016年第5期；刘天："论准备实施恐怖活动罪——形式预备罪说之展开"，载《辽宁公安司法管理干部学院学报》2018年第1期。

〔2〕　高丽丽："准备实施恐怖活动罪——以预备行为实行行为化为视角的宏观解构"，载《法学论坛》2018年第2期。

积极参加恐怖活动培训，或者与境外恐怖活动组织或者人员联络的即可，不要求行为人已经确定了将要实施的恐怖活动犯罪的类型、时间、地点、对象、方法等。

第三节　准备实施恐怖活动罪的认定

一、罪与非罪的界定

我国"预备行为实行化"的刑事立法重视事前预防，通过法益保护前置化来严打一切形式的恐怖主义。尽管"预备行为实行化"立法具有正当性根据，但鉴于它偏重法的安全价值，有可能造成犯罪圈的扩大而侵犯到人的自由。因此，司法机关在适用《刑法》第120条之二时必须保持谦抑、恪守理性，力戒我国的"预备行为实行化"立法走向异化。[1]

第一，在肯定了准备实施恐怖活动罪的实行行为性之后，随之而来的问题是，为了实行准备实施恐怖活动罪而实施的准备行为（可谓准备实施恐怖活动罪的预备行为），能否适用《刑法》总则第22条关于从属预备犯的规定？例如，为了组织恐怖活动培训而筹措资金的，可否按照《刑法》第22条的规定，以准备实施恐怖活动罪的预备犯从轻、减轻或者免除处罚？

对此问题，全面处罚说的观点认为，"从逻辑上说，独立预备犯的行为是一种实行行为，为了实施独立预备犯而实施的准备行为当然符合刑法总则中为了实行犯罪准备工具、制造条件的成立要件，仍然得以构成其本身的预备犯"；[2]"本罪属于预备行为的实行行为化，因此，本罪存在成立犯罪预备、未遂、中止的情况"；[3]"不能因为准备实施恐怖活动罪规定的是恐怖活动犯罪的预备行为，就否定本罪的犯罪预备形态。"[4]对此，持相反观点的学者不无担忧地指出，"独立预备犯即便因为刑法分则规定被赋予了其独立构成要件，其预备行为已经转化为刑法规范评价上的实行行为，但其本质或本来只是预备行为。它对法益侵害的可能性原本较低，属于刑罚的前置，其是否满足正当性要求就应该进行

〔1〕 王胜华："'预备行为实行化'立法的正当性根据——基于刑法第120条'准备实施恐怖活动罪'的考察"，载《石河子大学学报（哲学社会科学版）》2017年第3期。
〔2〕 参见陈兴良、周光权主编：《刑法总论精释》，人民法院出版社2011年版，第439页。
〔3〕 参见贾宇主编：《刑法学》，中国政法大学出版社2017年版，第256页。
〔4〕 胡江："论准备实施恐怖活动罪——以《刑法修正案（九）》为视角"，载《北京警察学院学报》2016年第5期。

充分论证。至于处罚预备犯的预备犯，其正当性也就微乎其微，基本上不存在了。"[1]持折中说的观点则认为，"从形式上说，既然独立预备罪的行为已经是实行行为，那么，为了实施独立预备罪而实施的准备行为，也符合从属预备罪的为了实行犯罪准备工具、制造条件的成立要件"；但是，"独立预备罪实际上已经扩大了预备罪的处罚范围，如果一概将独立预备罪之前的准备行为认定为犯罪，必然导致处罚范围的不当扩大"；"对于为了实施《刑法》第120条之二规定的准备实施恐怖活动罪而实施的准备行为，只能通过实质判断认定其是否值得科处刑罚，只有当行为对法益具有一定的抽象危险时，才可能认定为预备犯。"[2]

我们认为，刑法理论界对于从属预备犯的处罚根据本来就存在争议，即使将从属预备罪以立法的形式拟制为实行行为，在此前提下，若按照我国刑法总则的规定，独立预备罪的预备行为即"预备的预备"也要受到刑法规制，无疑将导致犯罪圈的二次扩张。为了防止处罚范围的不当扩大，对于独立预备犯的预备行为原则上不应以预备犯来论处。但是，如果独立预备犯的预备行为构成其他犯罪的，则可以以其他犯罪论处。例如，为了组织恐怖活动培训而去打工赚钱的，当然不得以犯罪论处；如果为了组织恐怖活动培训而去实施盗窃、抢劫等行为的，当然可以以相应的罪名论处。

第二，就预备行为外观的基本样态而言，大致可以分为两类：一是明显具有规范违反性的行为，如行为人为了实施故意杀人的行为而实施的购买枪支、弹药、爆炸物或者管制刀具等行为。该类行为本身即被法律禁止或者至少与一般的日常生活行为不同，仅凭借行为的外在表现即可初步确定或拟定其预备性；实施该类行为的，对行为人有迹可循，对其犯罪意图的认定也较容易。二是从外观上看与日常生活中的许多中性行为具有高度类似甚至相同特征的行为，如为了实施抢劫银行的行为而多次踩点的，为了实施故意杀人的行为而购买菜刀、绳索等。该类行为仅从客观层面分析，具有社会相当性；如果不考虑行为人主观上的意图，则无从判断行为人的行为到底是日常生活行为还是犯罪预备中的准备工具行为；而从一个外观上具有社会相当性的行为出发证明行为人具有犯罪的意图是很困难的，稍有不慎即有可能发生侵犯人权的结果。因为无论预备行为所指向的犯罪侵害的法益有多么重要，在尚不清楚行为人主观上是否存有不法意志的情况下，就施以一定的刑罚，恐怕是对于人毫无节制得工具化。[3]

---

[1]　参见蔡仙："论我国预备犯处罚范围之限制——以犯罪类型的限制为落脚点"，载《刑事法评论》2014年第1期。

[2]　参见张明楷："论《刑法修正案（九）》关于恐怖犯罪的规定"，载《现代法学》2016年第1期。

[3]　黄荣坚：《基础刑法学（下）》，中国人民大学出版社2009年版，第310页。

因此，对犯罪预备的处罚范围进行限定尤为重要。[1]准备实施恐怖活动罪虽然将预备行为拟制为实行行为，但其本质仍是预备行为，对其认定也应慎重。

准备实施恐怖活动罪中为实施恐怖活动进行的准备用法上的凶器、其他物品的行为，为实施恐怖活动进行的踩点等其他准备活动，从外观上看也具有社会相当性。对这些行为的认定一定要审慎对待，以免造成犯罪圈的无限度扩张，不仅无法很好地发挥准备实施恐怖活动罪对恐怖活动犯罪"打早打小"的功能，还可能增加新的矛盾点。"不论所保护法益有多重要，立法者和司法者运用扩张解释甚至前置化手段规制预备行为，总不免面临违反刑法谦抑性、罪刑法定原则的质疑。扩张立法和理性限缩的技术运用对立法及司法者处理现实问题的智慧是一大考验。同样，祛魅的手段和方式是否符合刑罚目的和刑法原则，也需要遵循立法原旨和理论根据的司法定量和证明规则来得以进一步实现。"[2]

二、此罪与彼罪的界定

（一）本罪与组织、领导、参加恐怖组织罪的界定

准备实施恐怖活动罪和组织、领导、参加恐怖组织罪的实行行为均可以表现为"组织"和"积极参加"，两罪在行为方式上存在重合的部分，容易产生竞合。例如，行为人为了组织恐怖活动培训而发起、建立恐怖活动组织的，或者行为人为了参加恐怖活动培训而积极参加恐怖活动组织的，此时，行为人的行为既构成准备实施恐怖活动罪，也构成组织、参加恐怖组织罪，属于一行为触犯数罪名的想象竞合，应当从一重罪处断。

需要注意的是，组织或积极参加恐怖活动培训，并不以组织或积极参加恐怖活动组织为必要。行为人一人也可组织恐怖活动培训，行为人也可独立通过网站、论坛，或通信群组、聊天室等积极参加恐怖活动培训，此时，行为人就仅仅构成准备实施恐怖活动罪而不构成组织、领导、参加恐怖组织罪。如果行为人先组织、领导、参加恐怖组织后，为了进一步实施恐怖活动而进行了一系列准备行为，根据《刑法》第120条第2款的规定，此时应当数罪并罚。

（二）本罪与帮助恐怖活动罪的界定

准备实施恐怖活动罪不仅包括为自己实施恐怖活动犯罪进行准备的行为，也包括为了他人实施恐怖活动犯罪而进行准备的行为。当行为人为了他人实施恐怖活动犯罪而进行准备时，就极其容易与帮助恐怖活动罪产生竞合。例如，

---

〔1〕 付璐："对独立预备罪的立法反思——以准备实施恐怖活动罪为视角"，载《政法学刊》2018年第5期。

〔2〕 王新："《刑法修正案（九）》第120条前置化规制的法理探析"，载《北方法学》2016年第3期。

在准备实施恐怖活动罪中，行为人为了组织恐怖活动培训而筹集、提供经费，或者提供器材、设备、交通工具、武器装备等物资，或者提供其他物质便利的；为了组织恐怖活动培训而招募、运送人员的，此时，行为人的行为就不仅构成准备实施恐怖活动罪，还符合《刑法》第120条之一帮助恐怖活动罪的构成要件。由于行为人仅仅实施了一个行为，属于一行为触犯数罪名，应当从一重罪处罚。

三、本罪的特殊形态问题

（一）本罪的停止形态

本罪属于预备行为的实行行为化，因此，从形式上看，本罪存在成立犯罪预备、未遂、中止和既遂的情况。为实施本罪而进行的准备行为，可谓本罪的预备犯；行为人已经着手实行本罪的准备行为，由于意志以外的原因而没有完成准备行为的，成立本罪的未遂犯；在实施本罪的过程中自动停止下来的，成立本罪的中止犯；完成本罪的实行行为的，即构成本罪的既遂。

但是，从本质上来讲，本罪仍然属于恐怖活动犯罪的预备行为，对本罪停止形态的认定仍有其特殊之处。例如，如前文所述，本罪原本就属于法益保护前置化的典型表现，对本罪的预备犯如果也加以处罚，将导致犯罪圈的二次扩张，因此，原则上应认为本罪的预备犯不可罚；又如，就本罪中止和既遂的认定而言，行为人为实施恐怖活动制造出足量的炸弹，后因悔悟在尚未实行恐怖活动前将炸弹销毁，或者在发生爆炸前主动拆除爆炸装置，从而解除了危险状态，避免了因恐怖活动造成严重后果发生的，对于该种情况，是应当认定为准备实施恐怖活动罪的既遂，还是爆炸罪的中止（预备阶段的中止或者实行阶段的中止）——行为人实施准备行为的目的是为了实施恐怖活动犯罪，但准备行为完成之后，行为人也有可能随时放弃犯意，而根据我国《刑法》第24条的规定，即使是实害犯的中止，其处罚也有可能远远轻于独立预备犯的既遂，这时，准备实施恐怖活动罪的既遂形态就会与相应的恐怖活动犯罪的中止形态产生冲突。中止犯的规定是"一条促使罪犯悔悟的黄金大桥"，如果广泛地处罚独立预备犯，反而可能促使行为人着手实施具体的恐怖活动犯罪。因此，对于危险犯的既遂和实害犯的中止相竞合时，应认定为行为人成立实害犯的中止——没有造成实害结果的，免除处罚；造成实害结果的，减轻处罚。由此可见，预备行为的实行行为化导致故意犯罪停止形态在形式上的丰富，准备实施恐怖活动罪亦不例外。

（二）本罪的共犯形态

由于本罪属于预备行为的实行行为化，所以，对于教唆、帮助他人实施本罪行为的，应当以本罪的教唆犯、帮助犯论处。例如，甲明知乙为了实施恐怖活动欲与境外恐怖组织联系而将联系方式提供给乙，此时甲成立准备实施恐怖活动罪的帮助犯；丙教唆丁积极参加恐怖活动培训的，此时丙成立准备实施恐怖活动罪的教唆犯。

（三）本罪的罪数形态

对于本罪的罪数认定问题，实施本罪行为同时构成其他犯罪的，依照处罚较重的规定定罪处罚。除了上文所述的本罪与组织、领导、参加恐怖组织罪和帮助恐怖活动罪想象竞合的情形外，还主要包括以下两种情形：

第一，行为人已经着手实施了具体的恐怖活动犯罪。准备实施恐怖活动罪的行为原本是恐怖活动犯罪的预备行为，行为人的主观目的不在于实施准备工具等准备行为，而是为了实施危害性更大的具体恐怖活动犯罪行为。因此，实践中很可能出现行为人在被抓获时已经着手实施恐怖活动犯罪的情况。对此，有观点认为，"此种情况行为人的预备行为与实行行为构成刑法理论上的吸收犯，吸收犯的处断原则是依照吸收行为所构成的犯罪论处，不实行数罪并罚，但要注意法律另有规定的除外。本罪就属于法律另有规定的情况"。但也有观点认为，"当预备行为被规定为独立的犯罪，其本身就已经具备了实行行为的属性，同时，也就自然具备了刑法总则中规定的各种犯罪形态。在这种情况下，行为人在实施了恐怖活动的预备行为以后又继续实施了相关恐怖活动的实行行为时，应该数罪并罚。因为预备行为被规定为独立的犯罪后，在罪的构成上就切断了与后续犯罪的联系，不再依赖后续犯罪的成立，只要满足自身的犯罪构成要件就能构成犯罪，不能继续以吸收犯的理论对预备行为进行评价"。[1]

我们认为，刑法分则虽然将准备实施恐怖活动罪规定为独立的罪名，但其本质仍然是具体的恐怖活动犯罪的预备行为，行为人的主观目的并不仅仅在于实施预备行为，而在于继续实施具体的恐怖活动犯罪。将主观上出于同一犯意，具有前后衔接紧密联系的行为评价为性质不同的两个行为，分别予以不同评价从而数罪并罚，是不符合准备实施恐怖活动罪的本质的。此时，应当认为是出于同一犯意的一行为触犯数罪名，属于想象竞合，从一重罪处断。

第二，行为人准备实施恐怖活动的行为同时构成其他犯罪。行为人在实施本罪时，其准备行为可能同时又触犯了其他罪名。例如，行为人为了实施恐怖

---

[1] 参见孙智慧："准备实施恐怖活动罪若干问题研究"，苏州大学 2017 年硕士学位论文；王全伟："准备实施恐怖活动罪探究"，河南财经政法大学 2018 年硕士学位论文。

活动而准备枪支、弹药、爆炸物、危险物品的行为，其在构成本罪的同时，又可能同时触犯了非法制造、买卖、运输、邮寄、储存枪支、弹药、爆炸物罪等，非法制造、买卖、运输、储存危险物质罪，盗窃、抢夺枪支、弹药、爆炸物、危险物质罪，抢劫枪支、弹药、爆炸物、危险物质罪，非法持有、私藏枪支、弹药罪等。此时，应当对行为人所触犯的罪名进行具体判断，按照处罚较重的罪名定罪处罚。又如，行为人组织恐怖活动培训的行为，有可能同时触犯了传授犯罪方法罪，宣扬恐怖主义、极端主义罪；行为人为实施恐怖活动与境外恐怖活动组织或人员当面联络的行为，也可能同时触犯了偷越国（边）境罪。此时，也均属于想象竞合，从一重罪处断。

第四节　准备实施恐怖活动罪的刑事责任

根据《刑法》第120条之二的规定，犯本罪的，处5年以下有期徒刑、拘役、管制或者剥夺政治权利，并处罚金；情节严重的，处5年以上有期徒刑，并处罚金或者没收财产。

本罪的"情节严重"，主要指长期、纠集多人、多次策划准备，准备的犯罪工具数量大、危险性高，培训的人员众多，与境外联系频繁，为实施重大恐怖活动犯罪而作准备，以学校、医院、幼儿园、养老院、监管场所、枪支、弹药库房等为攻击目标进行策划准备等。

第四章　宣扬恐怖主义、极端主义、煽动实施恐怖活动罪

第一节　宣扬恐怖主义、极端主义、煽动实施恐怖活动罪的立法沿革

一、本罪的立法背景

约翰·华生是行为主义心理学的创始人，他认为行为不是由本能或无意识决定的，而是由环境决定，尤其是学习。他说："给我一打健康的婴儿，一个由我支配的特殊环境，让我在这个环境里养育他们，我可以担保，任意选择一个，不论他父母的才干、倾向、爱好如何，他父母的职业及种族如何，我都可以按照我的意愿把他们训练成为任何一种人物——医生、律师、艺术家、大商人，甚至乞丐或强盗。"[1]还有学者提出，归因和其他社会认知过程并不是犯罪的唯一社会原因，人们在社交场合的相互影响也对犯罪行为起着重要作用，这些社会影响包括挫折、去个性化、从众、遵从和服从权威。[2]由此可以看出，周边环境及其所接触、学习到的东西是影响个体行为的决定因素之一，而宣扬恐怖主义、极端主义、煽动实施恐怖活动的行为，正是通过宣扬、煽动等行为，让受众接受其恐怖主义、极端主义思想，进而实施恐怖活动犯罪。

恐怖组织和人员通过各种方式大肆宣扬恐怖主义、极端主义，煽动实施恐怖活动。"基地"组织煽动失去丈夫、子女的妇女实施自杀式爆炸。我国部分地区，暴力恐怖活动中自爆和被击毙的暴力恐怖活动人员的家属也是境内外"三

---

〔1〕 ［美］伊莱恩·卡塞尔、道格拉斯·A. 伯恩斯坦：《犯罪行为与心理》，马皑、户雅琦主译，中国政法大学出版社2015年版，第83页。

〔2〕 ［美］伊莱恩·卡塞尔、道格拉斯·A. 伯恩斯坦：《犯罪行为与心理》，马皑、户雅琦主译，中国政法大学出版社2015年版，第104页。

股势力"煽动的重点对象。[1]虽然宣扬恐怖主义、极端主义、煽动实施恐怖活动并不会即刻直接造成极其严重的社会危害，但其所埋下的隐患却是不容忽视的。恐怖主义、极端主义的观念、主张和意识形态是恐怖活动、极端主义行为的思想基础，也是其滋生蔓延的土壤和催化剂。宣扬恐怖主义、极端主义的行为是为各种恐怖活动犯罪所作的前期准备，其可以实现对他人思想的影响、异化和控制，进而培植恐怖主义、极端主义新生力量，扩大恐怖主义、极端主义影响，以便恐怖组织、极端主义组织日后获得丰富的人力、物力、财力资源，从而不断发展壮大，而煽动实施恐怖活动的行为更是对恐怖主义犯罪起到直接的促进效果。所以刑法不仅禁止恐怖活动的实施犯罪，而且禁止宣扬、煽动恐怖主义的行为。宣扬恐怖主义、极端主义、煽动实施恐怖活动的行为将会严重影响社会秩序，动摇公众对社会安全的信赖，极易误导与蛊惑文化水平较低的人群和心智未发育成熟的青少年，使他们相信恐怖主义、极端主义，甚至加入恐怖组织、极端主义组织，实施恐怖活动犯罪。

　　近年来，随着新型媒体的广泛适用，使得恐怖组织及个人广泛运用新型媒体宣扬恐怖主义、极端主义、煽动实施恐怖活动的犯罪趋势日益明显，其行为类型具体可分为以下六种：威胁实施恐怖活动；煽动、宣传、美化以及合法化恐怖主义；训练恐怖分子；招募恐怖分子；恐怖主义募资与融资；散布种族主义和仇外主义材料，否认、支持或者为种族灭绝寻找正当借口。[2]以网络为例，因其具有传播速度快、波及范围广、匿名程度高、地域限制小、成本低廉等特点，再加之对其查获难度极大，即便事后被查获，也往往因为发布者身份难以查清或者远在他国等原因，使得相关部门难以对犯罪行为人实施相应的打击处理。恐怖组织和个人通过网络来宣扬恐怖主义、极端主义的方式是多种多样的，例如，建立自己专门的门户网站，利用多样的公共网络平台，利用公共网络的存储空间等。

二、国际领域有关本罪的立法规制

　　面对日益严峻的反恐怖主义形势，刑法前置保护和"去边界化"成为世界反恐怖立法的趋势，越来越多的国家将宣扬恐怖主义、极端主义、煽动实施恐怖活动的行为规制为犯罪。联合国安理会先后通过了一系列决议，要求各国将

---

〔1〕　皮勇、杨森鑫："论煽动恐怖活动的犯罪化——兼评《刑法修正案（九）（草案）》相关条款"，载《法律科学（西北政法大学学报）》2015年第3期。

〔2〕　皮勇："全球化信息化背景下我国网络恐怖活动及其犯罪立法研究——兼评我国《刑法修正案（九）（草案）》和《反恐怖主义法（草案）》相关反恐条款"，载《政法论丛》2015年第1期。

煽动恐怖主义行为纳入法律惩治框架，推进了煽动恐怖主义行为的犯罪化进程。并且，由于恐怖活动组织和人员越来越多地利用新的信息和通信技术尤其是互联网来实施恐怖活动，联合国安理会通过了第 1963 号决议、第 2129 号决议和第 2133 号决议予以回应。其中，对于煽动实施恐怖活动犯罪的行为，联合国安理会第 1624（2005）号决议第 1 款第 a 项规定，所有国家有义务"采取必要和适当的措施……在法律上禁止煽动实施一种或多种恐怖行为"。该决议中并未明确规定煽动是否包括间接煽动，而前联合国秘书长潘基文在作"在打击恐怖主义的同时保护人权和基本自由：秘书长报告"时认为，"必须把煽动和颂扬两者区别开来""各国必须遵守对言论自由的国际保护原则，法律只应允许对直接煽动恐怖主义进行刑事诉讼，即煽动言词直接鼓励犯罪"。2006 年联合国大会通过的《联合国全球反恐战略》中也明确要求各成员国以法律规定禁止煽动实施恐怖主义行为。

　　除了联合国的法律文件，多数国家也在本国刑法或者反恐怖主义法中明令禁止煽动恐怖主义行为。"截至 2015 年 11 月 1 日，全世界至少有 76 个国家已在其国内法中明确将煽动实施一种或多种恐怖行为定为独立存在的罪行"，"至少有 135 个国家已有效地依法禁止煽动实施恐怖行为"。[1] 例如，英国于 2006 年通过的《反恐法案 2006》第 1 条"煽动恐怖主义罪"第 1 款同时规定了直接煽动和间接煽动两种犯罪，如果一项言论可能被部分或全部公众理解为直接或间接煽动了恐怖行为的实施，则该行为构成煽动恐怖主义罪。然后，该条第 3 款规定了"赞扬恐怖主义"，明确指出，该款的"赞扬恐怖主义"行为应当被视为第 1 款所指的间接煽动恐怖活动的行为。[2]

三、我国关于本罪的立法沿革

　　我国为了依法防范和惩治宣扬恐怖主义、极端主义、煽动实施恐怖活动的行为，也根据反恐怖主义工作需要，在《反恐怖主义法》中对恐怖活动组织和人员的认定、安全防范、情报信息、调查、应对处置、保障措施以及国际合作等领域作了相关规定，其中在第一章总则中专门针对恐怖主义、恐怖活动等重要概念作了明确规定，并且明确规定对各种恐怖活动依法追究刑事责任，宣示了国家对恐怖活动严厉惩处、绝不妥协的态度。此外，我国《刑法》历来重视惩处恐怖活动犯罪，1997 年《刑法》根据当时反恐怖主义斗争的实际情况和需要，规定了组织、领导、参加恐怖组织的犯罪，随后又根据实践中的情况变化，

---

〔1〕　联合国《2016 年 1 月 18 日安全理事会关于反恐怖主义的第 1373（2001）号决议所设委员会主席给安全理事会主席的信》，附件第 15 条。
〔2〕　李哲、张一："中英煽动恐怖主义犯罪比较"，载《国家检察官学院学报》2016 年第 5 期。

不断加以补充完善，特别是 2001 年通过的《刑法修正案（三）》和 2015 年通过的《刑法修正案（九）》，对恐怖活动犯罪作了重要的补充和完善，为依法惩处各种恐怖活动犯罪提供了法律依据。

我国反恐怖主义法律体系中，法律责任种类包括刑事责任和行政责任等类型，各类法律责任在反恐怖主义斗争中各有其独特的作用和功能，只有相互协调、相互配合，才能有效发挥各自作用。我国《反恐怖主义法》出台之前，现有法律体系对涉及恐怖活动、恐怖主义活动相关主体的责任规定尚存不足，其主要通过刑法修正案的形式对恐怖活动行为人的法律责任在《刑法》中予以规定。反恐怖主义相关立法的匮乏，不仅造成了反恐怖主义实务部门在执法和司法中的困惑，也使得反恐怖主义相关的不同社会主体在日常工作中权责不清、无所适从，严重阻碍了反恐怖主义工作的顺利开展。考虑到上述情况，为了准确打击宣扬恐怖主义、极端主义、煽动实施恐怖活动的犯罪行为，也为紧跟国际社会的反恐步伐，《刑法修正案（九）》对宣扬恐怖主义、极端主义、煽动实施恐怖活动的犯罪行为进行了明确规制。

《刑法修正案（九）》颁布之前，宣扬恐怖主义、极端主义、煽动实施恐怖活动罪在我国《刑法》、单行刑法及刑法修正案中均未涉及，为其新增罪名。2014 年 10 月 27 日，第十二届全国人民代表大会常务委员会第十一次会议提出的《刑法修正案（九）（草案）》第一次审议稿第 6 条规定："以制作资料、散发资料、发布信息、当面讲授等方式或者通过音频视频、信息网络等宣扬恐怖主义、极端主义的，或者煽动实施暴力恐怖活动的，处 5 年以下有期徒刑、拘役、管制或者剥夺政治权利，并处罚金；情节严重的，处 5 年以上有期徒刑，并处罚金或者没收财产。"

该草案第一次审议后，国家立法机关征集到的改进意见中，有意见提出，尽管部分极端主义行为在煽动颠覆国家政权罪（《刑法》第 105 条第 2 款）中已有规定，但其余相关犯罪行为在我国现行《刑法》中并未得到规制，因此仍需在该条文中保留"极端主义"罪状，以便打击宣扬极端主义的行为；"分裂主义"由于在煽动分裂国家罪（《刑法》第 103 条第 2 款）中有所规定，则没有必要再纳入该条文之中。此外，还有意见提出，条文中的"当面"和"暴力"将该条所涉及的犯罪行为限定得过于狭隘，不利于惩治相关犯罪。因为"讲授"的方式除了当面之外，还可以通过电话、网络音视频等"非当面"方式进行，行为人煽动实施的恐怖活动也可以仅仅是以制造恐怖气氛来达到其政治和其他目的的非暴力行为。故此，应将"当面讲授"中的"当面"及"煽动实施暴力恐怖活动"中的"暴力"删除。此后，在《刑法修正案（九）（草案）》第二次审议稿中，该条文增加了"宣扬恐怖主义、极端主义的图书""或者其他物品"

等罪名描述，删除了"当面讲授"中的"当面"以及"煽动实施暴力恐怖活动的"中的"暴力"等词语，并将其作为我国《刑法》第120条之三进行规制。此后，直至《刑法修正案（九）》正式通过，本法条均未再作修改。

第二节　宣扬恐怖主义、极端主义、煽动实施恐怖活动罪的犯罪构成

根据《刑法》第120条之三的规定，宣扬恐怖主义、极端主义、煽动实施恐怖活动，是指实施以制作、散发宣扬恐怖主义、极端主义的图书、音频视频资料或者其他物品，或者通过讲授、发布信息等方式宣扬恐怖主义、极端主义的，或者煽动实施恐怖活动的行为。在论述本罪犯罪构成之前，需要先对恐怖主义与极端主义、宗教极端主义的关系予以厘清。

第一，2018年10月修改后的《新疆维吾尔自治区去极端化条例》第3条第2款规定，极端主义"是指以歪曲宗教教义或者其他方法煽动仇恨、煽动歧视、鼓吹暴力的主张和行为"。一方面，从内容来讲，极端主义包括极端思想和极端行为两部分。在不同历史时期、不同地域，极端主义表现出的内容有所不同，有时主要表现为极端主义思想的传播，有时主要表现为极端主义行为的实施，有时二者兼而有之。其发展规律也是一般先有极端思想形成，发展到一定阶段后衍变为外在的极端行为。另一方面，从类型来讲，极端主义可以分为宗教极端主义、民族极端主义、政治极端主义、种族极端主义、个人极端主义等不同类别。我国《反恐怖主义法》将视野拓展到极端主义的广阔范围内，这既为当前的反恐怖斗争实践提供了坚实的法律基础，也为将来防控和打击其他极端主义预留了法律空间，具有一定的前瞻性。[1]

我国《反恐怖主义法》第4条第2款规定的"极端主义"采用广义范畴，并未将极端主义仅限定为宗教极端主义，只是由于宗教极端主义影响力大，是目前《反恐怖主义法》遏制的重点，而其他形式的极端主义目前在我国尚不存在或者影响力较小，并非《反恐怖主义法》遏制的重点而已。很多学者在学术研讨过程中，直接将"极端主义"等同于"宗教极端主义"，对二者并没有进行明确的区分，这种认知是错误的。总之，极端主义活动（言论主张和行为表现）多种多样、极为复杂，包括但不限于以歪曲宗教教义或者其他方法"煽动仇恨、煽动歧视、鼓吹暴力"；除此之外，还存在着大量其他极端主义言论主张和行为

---

[1] 师维等：《中国反恐怖主义研究》，中国人民公安大学出版社2016年版，第126页。

表现。[1]当然，该条款所规定的"极端主义"也并非指所有的极端主义，而是指以"歪曲宗教教义或者其他方法"为手段，以"煽动仇恨、煽动歧视、鼓吹暴力等"为目的的极端主义。此处的"歪曲宗教教义"，是指故意曲解宗教思想和仪式含义，迷惑、引诱他人对宗教教义等产生错误认识的行为。"煽动仇恨、煽动歧视、鼓吹暴力"，是使不同民族、宗教、地域、群体的人之间产生心理上、感情上的歧视和仇恨，渲染鼓吹使用极端暴力手段解决问题，进而最终陷入暴力恐怖主义的泥沼。司法实践中，只有同时满足上述手段和目的的极端主义才是《反恐怖主义法》打击遏制的极端主义。例如，2018年9月12日，湖南衡东一辆红色SUV轿车闯入衡东县洣水镇滨江广场，并冲撞休闲人群，导致3人死亡，43人受伤。该极端行为的目的只是宣泄个人对于社会的不满情绪，并不符合"煽动仇恨、煽动歧视、鼓吹暴力"的目的规定，故其并不属于《反恐怖主义法》及《刑法》第120条打击的"极端主义"，而只是一种极端个人主义犯罪。

第二，宗教极端主义，是指披着宗教外衣的个人或者组织利用宗教信仰的唯一性和排他性，通过煽动宗教狂热、煽动歧视、鼓吹仇恨和暴力等手段，以建立本教教法统治的、政教合一的国家为目的的主张和行为。[2]宗教极端主义是社会问题投射到宗教后产生的结果，一部分信徒从宗教中寻找精神慰藉，而另一部分人却试图从宗教中寻找社会问题的解决方案，这便导致宗教工具化，进而为达成某种政治目标服务。[3]宗教极端主义可能会发展演变为否定现有的政治法律制度，甚至试图通过暴力等手段来支持自身主张。宗教极端主义的特征具体有以下三个方面：①手段极端性。一般而言，宗教极端主义者为达目的不择手段，他们往往采用曲解宗教教义、散布非科学思想、非法集会等方式误导信徒，传播极端思想，或者通过自杀、爆炸、绑架、杀人、恐吓等极端手段制造社会恐慌，严重危及国家安全和社会公共安全，进而给政府施压，以达到其在政治领域、意识形态、民族、个人利益等方面的特殊要求。②目的特殊性和反人类性。宗教极端主义者虽然在极端主义手段上形式多样，但其一系列的极端思想和极端行为背后，必然存在一个明确一致的目的，要么是宗教的，要么是政治的，抑或是其他特定目的。而且这个特定目的必然是与当下主流文化

[1] 肖建飞、孙志敏："'极端主义'与'极端化'含义分析——基于《反恐怖主义法》与新疆《去极端化条例》的文本考察"，载《实事求是》2018年第4期。
[2] 王政勋、程杰："关于极端主义的概念分析"，载《北京科技大学学报（社会科学版）》2017年第5期。
[3] 丁隆："'去极端化'系列之十九——'去极端化'概念、范畴、路径"，载《中国宗教》2018年第10期。

所倡导的社会价值格格不入，具有反人类、反社会属性。③形式欺骗性。以伊斯兰宗教极端主义为例。作为对历史和现实问题的回应，伊斯兰复兴主义运动或原教旨主义成为席卷伊斯兰世界的社会思潮和运动。伊斯兰复兴主义或原教旨主义，是伊斯兰教教义在现代条件下的转换，是为其政治社会主张而作的重新解释，用于动员和组织群众、批判和否定现实，因此呈现出政治宗教化、宗教政治化的趋向。伊斯兰宗教极端主义可以说是伊斯兰复兴运动或原教旨主义运动的一部分走向畸形发展道路的产物。伊斯兰宗教极端主义分子，主要是伊斯兰各国的政治反对派或原教旨主义组织分化出来的激进派别，其所表现出来的形式特征就是具有极大的欺骗性或迷惑性，他们的观念和行为有着强烈的宗教色彩，但更加远离伊斯兰教教义本身，是对伊斯兰教的利用和曲解。伊斯兰教的基本教诲和教法原则要求穆斯林行事处世时宽厚仁慈，反对滥施暴力，禁止伤害无辜平民，那些以伊斯兰教名义实施极端主义和恐怖活动的行为，不可能从《古兰经》中找到相关依据，他们在宗教的名义下犯下种种罪行，其目的是政治而非宗教，可以说是在利用、曲解宗教的同时损害、破坏宗教，因此应将作为宗教的伊斯兰教及宗教界与被极端主义曲解的教义及极端组织区分开来。[1]

第三，就恐怖主义与宗教极端主义的关系而言，当前宗教极端主义与恐怖主义在很多方面都存在共性，且在某些区域和国家内二者高度趋同，往往宗教极端主义与恐怖主义交织在一起，难以分割。[2]宗教极端主义往往是恐怖主义的根源之一和前期表现，恐怖主义则往往是宗教极端主义的高级表现形式之一和最终归宿，宗教极端主义和民族分离主义思潮会推动一些人走上恐怖主义的道路。极端主义，尤其是宗教极端主义，作为恐怖主义的重要背景、思想根源和首要诱因，在政界和学界已成共识。[3]恐怖主义通过宗教"话语"动员恐怖能量，"宗教动员"不仅是当代全球恐怖主义的一个重要特征，而且也是当代国际恐怖主义泛滥的路径。在中东地区，阿拉伯民族和犹太民族之间为了各自的生存和民族利益，多年来斗争不断，其中个别利益集团和小部分宗教狂热分子鼓吹宗教极端化和民族极端化，成为中东地区长期动荡不安的重要因素；在我国部分地区，"东突"组织、"藏独"组织等极端势力，打着宗教的旗号，不断进行分裂国家的非法活动，也是宗教极端主义的典型表现；在东南亚、南美、欧洲、非洲等世界其他地区，也不同程度地存在宗教极端主义的身影。

---

〔1〕　师维等：《中国反恐怖主义法研究》，中国人民公安大学出版社 2016 年版，第 127 页。

〔2〕　师维等：《中国反恐怖主义法研究》，中国人民公安大学出版社 2016 年版，第 128 ~ 129 页。

〔3〕　转引自肖建飞、孙志敏："'极端主义'与'极端化'含义分析——基于《反恐怖主义法》与新疆《去极端化条例》的文本考察"，载《实事求是》2018 年第 4 期。

　　要想阐述宗教极端主义与恐怖主义的关系，需要先厘清两个关键问题：①正确认识宗教及其本源。从人类文明进程来讲，宗教作为一种社会历史文化现象，其社会功能是多种多样的，但其最主要的功能是通过共同的信仰以及相关的宗教感情和认同意识，使不同群体和个人凝聚为统一的整体，并且以教义或传统的力量，使现存社会秩序合法化和神圣化，也就是所谓的社会整合和控制功能。一般来讲，宗教以继承文化传统、缓解社会矛盾、维护既有秩序为使命，在政治上偏于保守、温和，在行动上崇尚中庸而抵制极端，大多数宗教在社会生活中谴责暴力、关爱生命。所以，从根源上讲，宗教与恐怖主义是存在清晰界限的。②认清宗教与宗教极端主义的区别。从二者关系来讲，宗教极端主义虽然与宗教存在关联，但也只是利用与被利用的关系。从二者本质来讲，宗教极端主义并不属于宗教范畴而应归于政治范畴。以伊斯兰教为例，其反对杀害无辜，而且反对自杀，教义中完全没有极端主义的内容，相反，其经典中有许多反对极端主义的内容。《古兰经》中指出："凡枉杀一人，如杀众世人；凡救活一人，如救众人。"恐怖分子残害无辜生命的行为，践踏了伊斯兰教尊重生命的精神，其杀害无辜，或以自杀方式进行袭击等行为，都是伊斯兰教教义所不容许的。可见，宗教与宗教极端主义是完全不同的两回事，宗教极端主义只是打着宗教的幌子，宣扬和实现其政治目的而已，明确这一点，是我们正确理解宗教极端主义和恐怖主义关系的重要前提之一。

　　在我国，暴力恐怖势力、宗教极端势力、民族分裂势力"三股势力"沆瀣一气、同流合污，实施危害国家安全、公共安全和人民生命财产安全的罪恶活动，从这一意义上讲，三股势力的本质是一致的。具体而言，宗教极端主义与恐怖主义既有联系又有区别：①从概念来讲，二者的共性表现为强烈的目的性和手段的偏执性，但区别在于，宗教极端主义行为含有一定的宗教因素，而恐怖主义则既包含宗教因素，也包含其他政治、经济、社会因素。②从特征来讲，宗教极端主义和恐怖主义都具有政治性、暴力性等特点，但区别在于，宗教极端主义行为是单纯的政治性行为，而恐怖主义行为却是综合行为，其既有政治性又有经济性或文化性。并且，宗教极端主义行为表现为团体性，而恐怖主义行为既可能是团体行为也可能是个人行为。③从产生根源与条件来讲，宗教极端主义行为与恐怖主义行为产生的根源与条件多有相似之处。例如，意识形态格局的变化、经济发展的不平衡、国家政治当局政策和舆论执行双重标准等，既是宗教极端主义产生的根源，也是恐怖主义产生的根源，但二者区别在于，宗教极端主义行为多数根源于原教旨主义倾向的超自由发展，其宗教因素占据绝对地位，而恐怖主义中宗教因素仅是其中一部分。

一、本罪的客体

本罪侵害的客体为公共安全，即不特定多数人的生命、健康、重大公私财产安全以及和谐的公共生活秩序。

二、本罪的客观方面

宣扬恐怖主义、极端主义罪，表现为以制作、散发宣扬恐怖主义、极端主义的图书、音频视频资料或者其他物品，或者通过讲授、发布信息等方式宣扬恐怖主义、极端主义的行为。煽动实施恐怖活动罪，主要有编制并煽动恐怖活动与不编制仅散布两种形式，此外还有对已经发生的恐怖活动或者恐怖活动人员进行赞美、美化、开脱以及对其罪行进行否认，后者被称为"间接煽动"。[1]具体而言，2018 年 3 月 16 日，最高人民检察院联合最高人民法院、公安部、司法部下发的《关于办理恐怖活动和极端主义犯罪案件适用法律若干问题的意见》中对两罪的客观方面进行了详细规定。意见规定，实施下列行为之一的，依照《刑法》第 120 条之三的规定，以宣扬恐怖主义、极端主义、煽动实施恐怖活动罪定罪处罚：

第一，编写、出版、印刷、复制、发行、散发、播放载有宣扬恐怖主义、极端主义内容的图书、报刊、文稿、图片或者音频视频资料的。本项是关于制作、散发等相关宣扬行为以及书籍、报刊等思想载体的规制。"制作"，是指设计、剪接、编写、出版、印刷、复制载有宣扬恐怖主义、极端主义思想内容的图书、音频视频资料或者其他物品的行为。

第二，设计、生产、制作、销售、租赁、运输、托运、寄递、散发、展示带有宣扬恐怖主义、极端主义内容的标识、标志、服饰、旗帜、徽章、器物、纪念品等物品的。本项是关于相关象征性标准物品的制作、散发等行为的规制。该项与第 1 项中规定的相关物品构成了宣扬、煽动思想的载体。图书、音视频资料等其他物品，是恐怖主义、极端主义观念和主张的具体承载物，包括图书、报纸、期刊、音像制品、电子出版物，载有恐怖主义、极端主义思想内容的传单、图片、标语等，以及在手机、移动存储介质、电子阅读器、网络上展示的图片、文稿、音频、视频、音像制品，此外还有带有恐怖主义、极端主义标记、符号、文字、图像的服饰、纪念品、生活用品等。

---

[1]　皮勇、杨淼鑫："论煽动恐怖活动的犯罪化——兼评《刑法修正案（九）（草案）》相关条款"，载《法律科学（西北政法大学学报）》2015 年第 3 期。

　　第三，利用网站、网页、论坛、博客、微博客、网盘、即时通信、通信群组、聊天室等网络平台、网络应用服务等登载、张贴、复制、发送、播放，演示载有恐怖主义、极端主义内容的图书、报刊、文稿、图片或者音频视频资料的。本项是对利用网络等新媒体信息平台进行宣扬、煽动、发布信息的行为进行规制。行为人通过手机短信、电子邮件、网络平台等方式宣扬恐怖主义、极端主义，使特定或者不特定人看到这些信息的行为，符合本罪"发布信息"的规制。

　　截至 2018 年 4 月 30 日，在我国"裁判文书网"公布的案件中，以"宣扬恐怖主义、极端主义罪"定罪的案件共有 21 件（包括并罚案件）。一个值得注意的现象是，构成宣扬恐怖主义、极端主义罪的 21 起案件均毫无例外地发生于网络空间领域，此现象表明互联网正日益取代传统宣传媒介，成为宣扬恐怖主义、极端主义最为重要的手段。[1]

　　第四，网站、网页、论坛、博客、微博客、网盘、即时通信、通信群组、聊天室等网络平台、网络应用服务的建立、开办、经营、管理者，明知他人利用网络平台、网络应用服务散布、宣扬恐怖主义、极端主义内容，经相关行政主管部门处罚后仍允许或者放任他人发布的。本项是对于互联网等信息网络平台的相关主体的相关行为进行处罚规制。需要注意的是，对于上述相关主体的行为，只有其在被"相关行政主管部门处罚后仍允许或者放任他人发布"的行为才以此罪定罪。

　　第五，利用教经、讲经、解经、学经、婚礼、葬礼、纪念、聚会和文体活动等宣扬恐怖主义、极端主义、煽动实施恐怖活动的。本项是对相关集会中涉嫌宣扬、煽动行为的规制。"讲授"，是指为宣扬对象讲解、传授恐怖主义、极端主义思想、观念、主张的行为，当然，此处的讲授，既可以通过本项规定的行为方式进行，也可以通过第 3 项规定的行为方式进行，即讲授既可以当面进行，也可以是通过电话、网络、音视频等方式进行。

　　第六，其他宣扬恐怖主义、极端主义，煽动实施恐怖活动的行为。

　　需要注意的是，该六项行为以及《刑法》第 120 条之三下规制的行为对象都是不特定人。此外，在本罪的认定过程中，还应当准确把握"宣扬""煽动"的认定：

　　"宣扬"，是指通过现场演讲、网络平台传输、音视频播放、手机短信等各种媒介方式散布、传播恐怖主义理念与行径的行为。宣扬恐怖主义、极端主义

〔1〕 梅传强、臧金磊："网络宣扬恐怖主义、极端主义案件的制裁思路——对当前 20 个样本案例的考察"，载《重庆大学学报（社会科学版）》2019 年第 5 期。

是恐怖活动中的初始阶段行为，其不像暴力恐怖活动会直接造成严重的有形损害后果，但对包括暴力恐怖活动在内的各种恐怖活动行为、极端主义行为起着重要的引起、促成和支持作用。宣扬的目的在于通过宣扬行为让他人接受恐怖主义、极端主义的思想主张，进而为暴恐活动奠定基础。例如，行为人自己故意在公共场所穿着、佩戴宣扬恐怖主义、极端主义服饰、标志的行为，就是在宣扬恐怖主义、极端主义。对于"宣扬"行为的评价并不以受众接受为标准，只要行为人实施了宣扬行为，就构成宣扬恐怖主义、极端主义犯罪，宣扬效果以及受众是否接受其思想在所不问。

"煽动"，是指以口头、书面、音视频等方式面向不特定多数人公然进行鼓动、怂恿，意图使他人产生犯意，去实施恐怖活动行为。煽动的内容，既包括参加恐怖活动组织、实施具体暴力恐怖活动，如杀人、爆炸、放火、投放危险物质等，也包括资助或者以其他方式帮助暴力恐怖活动。煽动型犯罪的成立不以他人实施被煽动行为为前提，不要求达到引起他人实际实施暴恐犯罪结果的程度，煽动本身就属于犯罪的实行行为，只要其实施了煽动行为，无论被煽动人有没有实行被煽动行为，都构成本罪。虽然本罪并没有情节上的要求，但也要综合考虑情节以确定行为的社会危害性，并非一旦实施就一律构成犯罪。对其评价可从行为的次数，煽动的内容、场所，影响范围和波及受众等方面进行综合评价。

值得关注的是，目前，关于家庭成员或者亲属能否成为被煽动对象存在争议。有学者认为，由于家庭成员的特定性，实践中一般是一对一或者一对多的煽动、鼓励行为，故此类行为是一种教唆行为。还有学者认为，应将同居的直系亲属与其他旁系亲属区别对待，同居直系亲属间是教唆关系，而旁系亲属之间是煽动行为。[1]我们认为，无论是同居的直系亲属还是其他旁系亲属，只要其行为不指向具体恐怖活动而只是进行概括性地煽动，都应构成煽动恐怖活动罪而非恐怖活动犯罪的教唆犯。这是因为，当前我国恐怖活动具有显著的家族成员之间相互煽动影响的特征，家族成员之间的煽动活动是我国部分地区暴力恐怖犯罪高发的重要原因之一，行为人往往召集家庭成员集体观看暴力恐怖音视频，并向其他亲戚朋友进行流传，由于组织观看、传播暴力恐怖音视频不直接涉及具体的恐怖活动，不符合教唆行为的特征，不能按照教唆犯进行处理，对其行为按照煽动恐怖活动行为定性处罚是必要的、适当的。[2]

---

[1] 皮勇、杨淼鑫："论煽动恐怖活动的犯罪化——兼评〈刑法修正案（九）（草案）〉相关条款"，载《法律科学（西北政法大学学报）》2015 年第 3 期。

[2] 皮勇、杨淼鑫："论煽动恐怖活动的犯罪化——兼评〈刑法修正案（九）（草案）〉相关条款"，载《法律科学（西北政法大学学报）》2015 年第 3 期。

在司法实践过程中，对于宣扬恐怖主义、极端主义音视频的定性问题也是一大重点。判定是否属于"宣扬恐怖主义、极端主义物品"的依据首先是法律规范，同时应将包括民族宗教规范在内的社会事实作为重要依据。在判定方法上，不能借助目的解释超越用语的含义范围来判定宣扬恐怖主义、极端主义物品，而应当坚持客观解释的立场，采取从包括案件事实在内的社会事实到刑法规范的方法来判定宣扬恐怖主义、极端主义物品。[1]宣扬恐怖主义、极端主义的图书、音视频资料、服饰、标志等相关物品的认定，应当根据《反恐怖主义法》等法律法规中有关恐怖主义、极端主义的规定，从其记载的内容、外观特征等因素进行综合分析判断。以上海市浦东新区人民检察院办理的首例宣扬恐怖主义案为例：犯罪嫌疑人杨某在自己手机中下载保存了两段暴恐视频，并且将其中一段视频发送到含有十几人的微信群内，且又在群内发送了查看暴恐音视频及图片等相关信息的网站链接。该案件的首要争议焦点就在于该视频是否符合宣扬恐怖主义视频的规制。犯罪嫌疑人杨某辩解称："我不认罪，因为我不是恐怖分子，并没有宣扬恐怖主义，我只是把该视频当作血腥视频。另外，我完全是出于好奇、炫耀的心态才保存和发送这些视频，丝毫没有美化、宣传、支持这种行为的意图。"[2]我们认为，界定上述视频是否属于宣扬恐怖主义的视频时，不应以视频是否来源于恐怖组织为界定标准，而应该以其内容是否是以暴力等手段制造社会恐慌进而达到其政治诉求的目的为标准。以此标准对上述视频进行判断，其视频相关内容符合宣扬恐怖主义的物品标准，故杨某的辩解明显是不能成立的。

三、本罪的主体

本罪的主体为一般主体，即年满16周岁且具有刑事责任能力的自然人，既可以是中国人，也可以是外国人或者无国籍人士。单位不能构成本罪。

实践中，存在企业明知所制作、印刷的是宣扬恐怖主义、极端主义的图书、音频视频资料而仍然制作的，以及快递公司明知所投递的是宣扬恐怖主义、极端主义的图书、音频视频资料而仍然寄递等行为，此类行为表面上与单位有关，但实质为自然人所为，依据我国《刑法》第120条之三规定，应对相关自然人予以相应刑罚，单位不构成本罪。

---

〔1〕　苏永生："在刑法规范与社会事实之间——宣扬恐怖主义、极端主义物品之司法判定问题研究"，载《河南大学学报（社会科学版）》2018年第1期。

〔2〕　"微信视频中的恐怖主义"，载 https://www.sohu.com/a/248751129_389790，访问时间：2019年10月19日。

四、本罪的主观方面

本罪的主观方面为故意，且只能为直接故意，即行为人具有宣扬、煽动的故意，其明知自己的行为是宣扬恐怖主义、极端主义、煽动实施恐怖活动的行为而积极为之。如果行为人由于自己认知水平有限而受蒙蔽进行宣扬的，则不构成本罪。

第三节　宣扬恐怖主义、极端主义、煽动实施恐怖活动罪的认定

一、罪与非罪的界限

宣扬恐怖主义、极端主义、煽动实施恐怖活动罪属于行为犯，即行为人只要实施了相关宣扬、煽动的行为就构成犯罪，不管有没有受众看到宣传内容，也不管受众是否接受其思想，以及被煽动人是否实际接受行为人的煽动行为，是否实施了恐怖活动犯罪，都不影响犯罪的成立。对于此类行为，因为其客观上实施了教唆、怂恿行为，而该行为又是刑法所不允许的抽象危险行为，并且行为人主观上希望被煽动人通过自己的宣传、传播、怂恿去实施犯罪行为，故此，根据主客观相一致原则，这些直接宣扬、煽动行为触犯我国《刑法》，应受刑法制裁。

当然，刑法的谦抑性抵制法律万能主义，反恐怖主义打击必须在合理的范围内划定范围，严格适用相关罪名的犯罪构成要件，使得受刑法规制的犯罪处于必要且最小限度范围内，只有那些社会危害性大并且确有必要由刑法规制处罚的行为才纳入刑法调整的范围。我国《刑法》第13条规定，情节显著轻微危害不大的，不认为是犯罪。故此，在打击宣扬恐怖主义、极端主义、煽动实施恐怖活动的犯罪行为时，要从宣扬、煽动行为的次数、内容、受众量、场所、客观造成的危害后果以及其主观动机等多方面进行综合评价。此外，引起恐怖活动发生的现实危险程度也是关键的指标。[1]

现实生活中不乏恶作剧或者只是一时出于兴趣转发、评论、分享恐怖主义、极端主义信息的人，其行为虽然客观上造成了恐怖主义、极端主义信息的传播，但是对于此类人员，他们主观上不存在故意，而恐怖活动类犯罪均为故意犯罪，

---

[1]　皮勇、杨淼鑫："论煽动恐怖活动的犯罪化——兼评《刑法修正案（九）（草案）》相关条款"，载《法律科学（西北政法大学学报）》2015年第3期。

不存在过失犯，故不能只考虑其客观方面而将此类行为也入罪处罚。例如，某人使用本·拉登照片作为自己的微信头像，并在群聊过程中发送一条信息称："你可以加入 ISIS（'伊斯兰国'）。"此后，公安机关以涉嫌宣扬恐怖主义罪将其移送检察机关审查起诉。经审查，犯罪嫌疑人发送该条消息的目的并非出于宣扬恐怖主义，只是在聊天过程中的一种戏谑行为，并且客观上微信群内成员也并没有人对该条消息进行响应。行为人日常表现良好，与恐怖组织、恐怖主义并无联系，事后对自己的行为也表示后悔。对该行为人的行为，就其形式而言已符合《刑法》第 120 条之三的犯罪行为客观方面规定，但对行为人的辩解以及客观上其行为的社会危害性进行深入分析后不难发现，该行为的社会危害性较小，给予行政处罚便可实现对其处罚教育目的，并无必要动用刑罚这一重器。[1]

需要注意的是，由于制作、散发宣扬恐怖主义、极端主义的图书、音频视频资料或者其他物品的行为，也是宣扬恐怖主义、极端主义活动的重要环节。故此，即使只实施了制作、寄递、出售等行为，也应当依照相关法条规定定罪处罚。例如，企业明知所制作、印刷的是宣扬恐怖主义、极端主义的图书、音频视频资料而仍然制作的；快递公司明知所投递的是宣扬恐怖主义、极端主义的图书、音频视频资料而仍然寄递的；书店明知是宣扬恐怖主义、极端主义的图书、音频视频资料而仍然出售的；网络平台明知是恐怖活动的内容而仍然登于网页的，同样可以构成本罪。

针对与本罪客观方面行为相关但并不构成本罪的违法行为，我国《反恐怖主义法》第 80 条第 1 项规定，参与宣扬恐怖主义、极端主义或者煽动实施恐怖活动、极端主义活动，情节轻微，尚不构成犯罪的，由公安机关处 10 日以上 15 日以下拘留，可以并处 1 万元以下罚款。实践中，认定宣扬、煽动行为是否属于"情节轻微，尚不构成犯罪"，应当结合具体行为的社会危害性、行为人的人身危害性、行为人在违法活动中发挥的作用以及事后的表现等进行综合判断。如果行为人既触犯了《反恐怖主义法》相关规定，同时又触犯了《治安管理处罚法》相关规定的，在法律适用上依据"特别法优于一般法"的原则，依照《反恐怖主义法》规定予以认定和处罚。[2]对于借助网络等新媒体实施的宣扬、煽动行为，我国《反恐怖主义法》中规定，相关部门、网络服务提供平台对于发现涉恐相关信息的，应当及时采取措施予以打击处理，避免其扩散流传，造成更大的社会消极影响。对其违法行为，由公安机关、主管部门等予以相应处罚。例如，第 86 条对网络等新媒体领域进行了相关规定，其中，对于电信、互

〔1〕　张润平："办理宣扬恐怖主义犯罪案件应注意的问题"，载《人民法治》2017 年第 4 期。
〔2〕　师维等：《中国反恐怖主义法研究》，中国人民公安大学出版社 2016 年版，第 232 页。

联网、金融业务经营者、服务提供者未按规定对客户身份进行查验，或者对身份不明、拒绝身份查验的客户提供服务的，应当依法予以处罚。第90条对新闻媒体等单位编造、传播虚假恐怖事件信息，以及在报道中的违法行为进行了相应的处罚规制。

此外，在本罪认定适用过程中也需注意其与合法传教的界定。合法传教是指经政府部门批准成立的宗教团体，在法定的宗教活动场所，向自愿信教的民众传播特定宗教思想的行为，其为法律所允许的行为。宣扬恐怖主义、极端主义是为我国法律所禁止的行为，因为恐怖主义与极端主义是为了达到个人或者小部分人的某些目的，而不惜一切后果地采取极端手段对公众或政治领导集团进行威胁。二者的主要区别在于：其一，主观目的不同。宣扬恐怖主义、极端主义的目的是为了制造社会混乱，扰乱社会秩序，以期向政府施压，进而获取不合理利益。合法传教的主要目的则在于宣扬某一合法宗教的思想，比如天主教或者基督教教义，这些教义往往是引导人们止恶扬善。其二，内容不同。极端主义、恐怖主义的思想基础主要是极端宗教主义、狭隘民族主义。马克思主义认为，狭隘的民族主义是放大了的利己主义，宗教主义与狭隘民族主义结合，将会为恐怖主义这种非理性、反人类行为披上神圣的外衣。合法传教所宣扬的教义则是国家承认和保护的教义，这些教义并不会使信徒走向极端、实施侵犯民众财产、人身安全等合法权益的行为。其三，行为方式不同。宣扬恐怖主义、极端主义是通过各种方式进行宗教极端思想渗透，大肆歪曲、篡改宗教教义，鼓吹异教徒论、宗教至上主张以及"圣战殉教进天堂"的极端思想，利用宗教极端思想怂恿、煽动民众抵制政府管理，实施暴力恐怖活动和分裂破坏活动。合法传教则是在寺院、清真寺、教堂等固定、合法的传教场所开展宗教活动，管理方式民主，不会强制发展教徒或者向教徒灌输异端邪说，有助于保护公民的宗教信仰自由，维护民族团结，对于社会稳定也大有裨益。

二、此罪与彼罪的界限

(一) 本罪与煽动分裂国家罪的界限

煽动分裂国家罪是我国《刑法》中与恐怖活动相关的煽动型犯罪。刑法学理论通说认为，煽动分裂国家罪是举动犯、抽象危险犯，在直接故意的情况下，只要行为人实施了煽动行为就构成犯罪，被煽动人是否接受煽动而实施分裂国家、破坏国家统一的行为不影响犯罪构成。

两罪的相同之处在于：其一，客观来讲，两罪均可通过出版、印刷、复制、发行、传播图书、音视频制品，组织、利用非法组织，制造传播谣言，通过建立、开办、经营、管理网络、网页、论坛、电子邮件等方式登载、张贴、复制、发送、播放载有颠覆国家政权、宣扬恐怖主义、极端主义的思想。其二，主观来讲，两罪都要求行为人主观上具有故意，即明知其行为会发生危害社会的结果，仍不计后果地积极追求其结果发生。对于过失而产生危害结果的，则按照其他具体触犯的罪名定罪处罚。

两罪的不同之处在于：其一，侵犯的法益不同。本罪的行为侵犯的法益是公共安全，即社会公共利益。而煽动分裂国家罪的行为侵犯的法益则是国家安全，即国家领土、主权的完整性。其二，客观方面不同。本罪的行为人是以口头、书面、音视频等方式面向不特定多数人公然进行怂恿、鼓励，意图使他人产生犯意去实施所煽动的行为。而煽动分裂国家罪的行为人组织、教唆、煽动、实施的行为内容则为分裂国家的思想、言论，无论其以何种媒介实施，行为人的目的是煽动分裂国家、破坏国家统一。其三，入罪的危险程度标准不同。煽动分裂国家罪设置在危害国家安全罪一章中，作为最严重的煽动型犯罪，在煽动行为的危险标准上采取抽象危险标准，入罪的危险程度低。而本罪则规定在危害公共安全罪一章中，其采取的入罪危险程度标准比前者高。[1]

在两罪的司法适用过程中，如果行为人宣扬恐怖主义、极端主义、煽动实施恐怖活动的目的和内容是分裂国家，则构成煽动分裂国家罪，而非煽动实施恐怖活动罪。此处需要注意的是，煽动分裂国家罪的适用必须坚持行为人具有"煽动分裂国家、破坏国家统一"的犯罪目的，不能把所有宣扬宗教极端、暴力恐怖思想的行为都按煽动分裂国家罪定罪处罚。实践中，确有部分行为人宣扬分裂国家的意图表现得较为明显，例如，扬言要在新疆建立"哈里发国家"，对此便可作为存在分裂国家的犯罪目的的证据。但是，还有大量案件中没有直接指向分裂国家的言行证据，只有以宗教极端思想煽动暴力恐怖活动的证据，对其按煽动分裂国家罪定罪便存在明显的法律障碍。

（二）本罪与煽动民族仇恨、民族歧视罪的界限

实践中，当有人试图通过培育民族仇恨等方式来煽动民众实施恐怖活动时，就可能会存在煽动实施恐怖活动罪与煽动民族仇恨、民族歧视罪的界限认定问题。此两个罪的区别主要有：其一，两罪保护的法益不同。煽动民族仇恨、民族歧视罪被规定在《刑法》分则第四章侵犯公民人身权利、民主权利罪之中，而煽动实施恐怖活动罪则被规定在《刑法》分则第二章危害公共安全罪之中。

---

[1]　皮勇："全球化信息化背景下我国网络恐怖活动及其犯罪立法研究——兼评我国《刑法修正案（九）（草案）》和《反恐怖主义法（草案）》相关反恐条款"，载《政法论丛》2015 年第 1 期。

公共安全的社会危害性相较于公民的人身权利、民主权利而言，其波及范围更广，往往人数上也更多，也常包含了公民的人身权利、民主权利遭到侵害的现象，因此其危害性更重。其二，两罪的客观方面不同。煽动民族仇恨、民族歧视罪仅能适用于对不同民族的煽动行为，例如煽动少数民族人群仇恨汉族人，或者煽动汉族人仇恨、歧视少数民族。当前，部分宣扬宗教极端思想、煽动"圣战""殉教"的煽动内容并不针对具体哪个民族，只要不符合宗教极端思想所谓的"教规""教法"，包括维吾尔族民众在内的被标注为"异教徒"的各族群众都是其伤害、杀害的对象。[1]当然，如果行为人利用民族之间的差异，鼓动民族之间产生仇恨，进而实施恐怖活动的，同时构成煽动民族仇恨、民族歧视罪和煽动实施恐怖主义活动罪，此时应从一重罪处罚。其三，两罪的法定刑不同，这也是由其行为的社会危害性不同而决定的。在法定最高刑的设置上，煽动民族仇恨、民族歧视罪的法定刑分为两档，较低一档的法定刑最高为3年有期徒刑，较高一档的法定刑最高为10年有期徒刑。而煽动实施恐怖活动罪的法定刑也分为5年以下和5年以上两档。在法定刑的刑种设置上，煽动民族仇恨、民族歧视罪没有设置财产刑，而本罪设置了并处罚金甚至没收财产的财产刑和自由刑并施的法定刑。由此可见，煽动民族仇恨、民族歧视罪的法定刑比本罪低。

（三）本罪与非法持有宣扬恐怖主义、极端主义物品罪的界限

宣扬恐怖主义、极端主义罪处罚的是"宣扬"行为，而非法持有宣扬恐怖主义、极端主义物品罪处罚的是"非法持有"行为。对此，正确区分"宣扬"与"非法持有"是区分两罪适用的关键。"宣扬"是将恐怖主义、极端主义思想向他人传播的行为，而"非法持有"是指明知其为宣扬恐怖主义、极端主义的图书、音视频资料或者其他物品而将其非法掌管，但未向他人传播的行为。

需要注意的是，实践中存在这样一种情形，即行为人既实施了散发宣扬恐怖主义、极端主义物品的行为，又实施了持有宣扬恐怖主义、极端主义物品的行为，对于部分宣扬、部分持有的罪数认定问题，应当按照宣扬恐怖主义、极端主义罪一罪定罪处罚还是应当数罪并罚，实践中存在不同观点。第一种观点认为，对于散发的物品与持有的物品为同一物品的部分，因其属于吸收犯，按照刑法"从一重罪处罚"的原则，应当仅认定其构成宣扬恐怖主义、极端主义罪，从重处罚；对于持有的其他物品，仍应认定构成非法持有宣扬恐怖主义、极端主义物品罪，然后对二者进行数罪并罚。第二种观点认为，只要认定犯罪嫌疑人已经实施了散发的行为，即可认定其目的是宣扬恐怖主义、极端主义，

〔1〕 皮勇、杨森鑫："论煽动恐怖活动的犯罪化——兼评《刑法修正案（九）（草案）》相关条款"，载《法律科学（西北政法大学学报）》2015年第3期。

不论其持有的物品与所散发物品是否一致，均符合吸收犯的条件，按照"从一重罪处罚"的原则，应当认定仅构成宣扬恐怖主义、极端主义罪，从重处罚。我们赞同第一种观点。刑法规定的非法持有型犯罪，"是一种补充性犯罪，即刑法为了惩治某类犯罪或者控制某类物品，而将与某类犯罪相关的物品或者意欲控制的物品的不法状态规定为犯罪"。

此外，对于非法持有宣扬恐怖主义、极端主义物品的，如果能够证实物品为持有人制作或者散发的，应当以宣扬恐怖主义、极端主义罪一罪定罪处罚，不再对持有、散发行为单独定罪处罚。其一，如果持有人持有的物品为其自己制作，则持有属于制作行为的一种延伸状态，按照吸收犯的理论，制作行为吸收持有行为，以宣扬恐怖主义、极端主义罪定罪处罚。其二，如果持有人已经将部分物品用于散发，剩余物品尚未散发、传播，但根据已经查证的事实确定其目的就是为了散发这些物品，持有行为与宣扬行为之间具有吸收关系，以宣扬恐怖主义、极端主义罪定罪处罚。其三，如果现有证据无法查证剩余物品系持有人制作或者为了散发、传播而持有，即持有行为的意图与宣扬行为的意图不同，由于持有行为与宣扬行为之间不存在吸收关系或者牵连关系，对这一部分物品只能以非法持有宣扬恐怖主义、极端主义物品罪定罪处罚，对于持有与散发物品一致的部分，则属于吸收犯，以宣扬恐怖主义、极端主义物品罪定罪处罚，然后再进行数罪并罚。[1]

三、本罪的特殊形态问题

（一）本罪的停止形态问题

以典型恐怖活动实施为界限，本罪属于反恐罪名中的周边罪名，其直接指向核心恐怖活动实施前的领域。一般而言，恐怖活动周边行为又可分为独立预备犯、独立帮助犯、组织类犯罪，其处置规则存在相应的特殊规定。[2]具体到本罪而言，本罪的既遂状态并不以被宣扬、煽动的对象实施了相关恐怖活动为条件，而是只要行为人已经实施了宣扬、煽动的行为，并且其行为足以危害公共安全，则构成本罪既遂；若行为人因意志以外的原因未能实施宣扬、煽动行为，或其行为的危害性还不足以危害到公共安全，则构成本罪未遂状态；当然，如果在宣扬、煽动的行为过程中，行为人主动放弃了宣扬、煽动行为，或者有效防止了已实施行为可能带来的危害结果的发生，则构成本罪的中止状态。

---

〔1〕　张润平："办理宣扬恐怖主义犯罪案件应注意的问题"，载《人民法治》2017年第4期。

〔2〕　梅传强、李洁："我国反恐刑法立法的'预防性'面向检视"，载《法学》2018年第1期。

（二）本罪的共犯问题

实践中，本罪的犯罪分子往往都不是单独的个人，而是有组织、有预谋的团体，对于存在共谋的，则构成本罪的共同犯罪。因而，本罪的共同犯罪情形，应当包括以下几种：其一，如果明知相关信息是宣扬恐怖主义、极端主义而提供中介、帮助服务的，则构成共犯。行为人明知书籍、音像制品、资料、移动存储介质等涉及恐怖主义、极端主义却提供出版、打印、仓储、邮寄、运输及其他服务的，构成本罪的共同犯罪。此处的服务应当是行为人主观故意下，且期望或者放任这些书籍、信息的流通、传播，此种情形构成本罪的共同犯罪。当然，对于行为人不知情的情形，即行为人由于认知能力或合法其他原因，不知道或是没有意识到这些书籍、影像制品等涉及恐怖主义、极端主义而提供中介服务或帮助服务的情形，则不构成共同犯罪。其二，网络、网络应用软件及其他网络应用服务的创始人、开发者、建立者、维护者、管理者等，明知他人发布、传播、宣扬恐怖主义、极端主义信息而允许或放任他人发布信息的情形，以本罪的共同犯罪论处。这里的网络应当包括网站、网页、论坛等，其中，公共网络和私人网络都涵盖在内，也就是说公共网站或者私人网站的建立者、管理者、维护者等工作人员，对于明知他人发布涉恐信息而放任不管的，究其具体情况可能构成共同犯罪。若行为人不知情，则一般不构成本罪的共同犯罪。其三，为煽动实施恐怖活动的犯罪分子提供专业、技术服务等其他情形的，构成本罪的共同犯罪。

（三）本罪的罪数问题

就本罪的罪数问题而言，宣扬恐怖主义、极端主义、煽动实施恐怖活动罪是规制在一个刑法条文下的选择性罪名。虽然其构成要件存在一定区别，但行为人若既实施了宣扬恐怖主义、极端主义的行为，又实施了煽动实施恐怖活动的行为，也只能成立一罪，在量刑上予以从重处罚。如果行为人既宣扬了恐怖主义、极端主义或煽动实施恐怖活动，又实施其他具体的恐怖活动犯罪，或组织、领导、参加恐怖活动组织的，则依照处罚较重的规定定罪处罚。此外，为宣扬恐怖主义、极端主义或者实施恐怖主义、极端主义活动提供信息、资金、物资、劳务、技术、场所等支持、协助、便利的，其实际上是宣扬恐怖主义、极端主义或者实施恐怖主义、极端主义活动的帮助行为，属于共同犯罪，但是立法为严厉打击此类行为，将其单独规定为一种违法行为，即帮助恐怖活动罪。[1]除此之外行为，如果符合相关罪名的帮助犯规定，则以其帮助犯定罪处罚。在反恐怖主义司法适用过程中，不能将帮助恐怖活动罪的范围作扩大化解释，如果

---

〔1〕 师维等：《中国反恐怖主义法研究》，中国人民公安大学出版社 2016 年版，第 232 页。

一律将涉及恐怖活动的帮助行为都直接归入帮助恐怖活动罪中，对很多帮助行为的处罚将会过重，这与刑法罪刑相适应原则以及刑法谦抑性的原则相悖。

第四节　宣扬恐怖主义、极端主义、煽动实施恐怖活动罪的刑事责任

根据我国《刑法》第 120 条之三的规定，本罪的刑罚设有两个量刑档次：一是基本量刑档次。符合本法条规定的犯罪行为，处 5 年以下有期徒刑、拘役、管制或者剥夺政治权利，并处罚金。二是加重量刑档次。情节严重的，处 5 年以上有期徒刑，并处罚金或者没收财产。这里的"情节严重"，包括对未成年人煽动、多次煽动、在公共场所煽动、引起暴力恐怖活动、利用互联网等进行宣扬、煽动等情形，具体有待于相关法律或者司法解释作出界定。就宣扬恐怖主义、极端主义罪而言，对于那些认同恐怖主义、极端主义思想，意在宣扬恐怖主义、极端主义的人员，应当从严处罚，而对于那些只是出于寻求刺激、猎奇心理、戏谑心理等并不是真正为了宣扬恐怖主义、极端主义的人员，应当从宽处罚。[1] 相较我国《刑法》所规定的其他恐怖活动犯罪而言，本罪的量刑相对较轻，这是由于本罪行为虽然为恐怖活动犯罪，但并非直接暴力恐怖活动犯罪，社会危害性相对较小。

---

[1]　张润平："办理宣扬恐怖主义犯罪案件应注意的问题"，载《人民法治》2017 年第 4 期。

第五章　利用极端主义破坏法律实施罪

第一节　利用极端主义破坏法律实施罪的立法沿革

一、本罪的立法背景

虽然《刑法修正案（九）》的主要目标之一是预防与惩治恐怖主义犯罪，但是极端主义给我国的社会秩序、公众生命财产安全带来的危害也不容小觑。一些不法行为人虽然没有实施恐怖活动，但是利用极端主义实施了其他危害社会的行为。这些行为本身并不像杀人、爆炸、放火等暴力恐怖活动那样造成直接的人员伤亡、财产损失以及社会治安的恶化，但会引起不同宗教、民族、群体之间的敌视和对抗，以及在人们心中引起恐慌，造成社会的不安定，进而破坏国家法律实施和社会管理秩序，对人们的正常生活甚至国家安全、政权稳定造成极大危害。

数据统计显示，比重最大的仇恨性犯罪是基于受害者的种族或宗教因素，而个体心理、社会影响、政治影响、文化因素、种族特征、罪犯信念（错误认为是在执行社会规范）、经济压力都可以触发对一个仇恨群体的犯罪行为。仇恨性犯罪，一般需要汇集"憎恨氛围""一时冲动""有利时机""特定对象"等多重因素后才会发生，大多数仇恨性犯罪源于刻板印象和偏见，心理学家把刻板印象定义为按照种族、宗教、性别、性取向、年龄、残疾或其他一些确定的因素进行社会分类，从而形成对该类人的固定印象。刻板印象产生了错误印象，即各类人的所有成员都具有那些负面的特征。偏见是对已经形成的刻板印象的成员持有不合理的负面态度，当判定一个人时不是基于其自身的实际行为和特征，而是看其所属那一类成员所谓的共有特征时，这种简单的判断就形成了偏见。[1]

---

〔1〕　[美]伊莱恩·卡塞尔、道格拉斯·A.伯恩斯坦：《犯罪行为与心理》，马皑、户雅琦主译，中国政法大学出版社2015年版，第200～202页。

当然，仇恨性犯罪也与外部事件相关联，例如，在1990年海湾战争期间发生俄克拉荷马城爆炸，以及2001年9月11日在美国发生恐怖袭击事件之后，由于民众（错误地）认为阿拉伯人应该对此负责，因此在美国针对阿拉伯裔美国人的仇恨性犯罪显著增加。极端主义也是如此，故对其要从根源上采取针对性打击对策，力求实现标本兼治，真正解决其对社会的威胁。故此，对利用极端主义破坏法律实施的行为极有必要予以刑法规制完善。

极端主义总是和宗教思想有着"剪不断、理还乱"的联系，极端主义狂热分子利用宗教的外衣做掩盖，实施带有政治目的的暴力性、欺骗性、极端性的行为，其本质是反社会、反人类的。极端主义是孕育恐怖活动犯罪的温床，极端主义者奉行极端思想，鼓吹采用极端的手段实现其不可告人的政治目的，对宗教教义进行歪曲和篡改，利用不同教派之间的不睦煽动宗教狂热，离间民族感情，挑起民族仇恨，制造大规模的暴力冲突。从根源来看，宗教保守思潮是伊斯兰极端主义形成的思想基础；经济边缘化和贫困化处境是极端主义产生的经济根源；霸权主义和强权政治是催生极端主义的外部根源。从现实困境来看，伊斯兰极端主义的复古主义倾向与复杂现实难以对接，无力承担经济复兴重任，难以推动国际秩序的变革。从长远来看，伊斯兰极端主义不会轻易退出历史舞台，有关各方仍需保持警惕。[1]

近年来，我国宗教狂热分子显著增加，公安部的两名研究人员提供了以下事实加以证明：地下宗教学校和学生迅速增加，前往麦加朝圣盛行，以及宗教极端出版物泛滥等。[2]由于受到宗教极端思想的影响，部分地区极端主义势力猖獗、活动频繁，利用极端主义破坏法律实施的现象较为突出，其行为方式多表现为借助宗教的外衣，蛊惑群众，利用所谓的"教义"，煽动、胁迫群众进行破坏国家法律确立的各项制度实施的行为。例如，极端主义者肆意破坏我国九年义务教育制度，强迫教众将子女送往他们非法设置的"经文学校"等场所接受恐怖主义、极端主义思想教育；扰乱社会正常秩序，禁止民众购买特定商品，强迫企业、单位更改工作内容、工作时间，以服从做礼拜（乃麻孜）的时间安排；干涉我国《民法典》实施，要求教众不得到民政部门领取结婚证或办理离婚手续，结婚、离婚时必须按照所谓的"宗教仪式"进行，部分极端主义者还倡导一夫多妻制；将计划生育政策扭曲为民族压迫与种族灭绝手段；煽动群众不认可身份证等政府证件等。

---

〔1〕　田文林："伊斯兰极端主义的表现、根源和困境"，载《阿拉伯世界研究》2018年第4期。

〔2〕　［新加坡］维克托·V.拉姆拉伊等主编：《全球反恐立法和政策》，杜邈等译，中国政法大学出版社2016年版，第301～302页。

为了确保社会架构不被动摇，我国严厉、果断打击被视为严重威胁国家安全的"三股势力"（即暴力恐怖势力、民族分裂势力和宗教极端势力）。"三股势力"之间存在着密切联系，其中，民族分裂是三股势力的终极目标，宗教极端为之提供了文化基础，而暴力恐怖则是实现这一终极目标的手段、工具。极端主义是恐怖主义的思想基础，其通过歪曲宗教教义或者其他方法煽动仇恨、煽动歧视、鼓吹暴力，使得很多人受到极端主义的蛊惑和驱使，最终衍变成为恐怖分子。在我国反恐怖机制中，反恐怖斗争和宗教事务是息息相关的，我国政府把宗教极端主义作为恐怖主义的诱因来对待，把极端宗教团体作为潜在的恐怖组织来看待。

二、国际领域关于本罪的立法规制

极端主义犯罪的社会危害性可能从直观上不如恐怖主义犯罪的危害性大，然而也同样不容忽视。很多国家通过立法禁止各种利用极端主义干扰人们正常生活、扰乱社会管理秩序的行为，对这类行为规定了相应的处罚。禁止利用宗教、民族等极端主义干预国家管理，干涉教育、政治、商业经济等世俗生活，在世界范围内已经形成重要的趋势，是世界各国与恐怖主义、极端主义作斗争的一个重要举措。例如，埃及法律规定，清真寺伊玛目的宗教宣讲必须符合宗教规定和精神，进行非法宗教极端主义讲经的，处 3 个月至 1 年监禁及罚金。俄罗斯刑法规定，组织、领导、参加、资助极端主义组织的，处 6 年以下拘禁或者强制劳动，并处罚金。美、德、英、法等国家没有针对极端主义进行专门立法，而是采用将极端主义与恐怖主义混同规制的立法模式。但是，这些国家已经认识到极端主义与恐怖主义虽有联系但迥然有异，并逐步采取有针对性的措施遏制极端主义。2002 年 7 月，俄罗斯《反极端主义法》颁布实施。2011 年，俄罗斯专门成立了反极端主义部际协调委员会，该委员会的职责是保障国家打击极端主义政策的实现，对联邦和各联邦主体的执行权力机关打击极端主义的行动进行协调领导。该委员会的任务是编制并提交俄罗斯极端主义年度报告、讨论制定打击和消除极端主义的具体措施等。[1]

在伊斯兰国家与非伊斯兰国家，由于伊斯兰教在本国的地位不同，对伊斯兰极端主义的态度与应对也会有所不同。在伊斯兰国家中，进行"去极端化"改造与预防效果最为突出的就是沙特阿拉伯。该国建立了自己的一整套完整的

---

[1] 王磊："借鉴与启示：其他国家遏制宗教极端主义的法治实践比照"，载《新疆社会科学》2018 年第 4 期。

"去极端化"策略——"预防、康复和善后关注（Prevention Rehabilitation and After-Care，PRAC)"，即"PRAC战略"，这套体系兼具预防、矫治、善后三位一体，形成了具有鲜明特色的综合治理体系。在非伊斯兰国家中，如上述英国、美国、俄罗斯等国家均制定了相关应对措施，其他众多国家也都结合自己的国情，制定出一系列相应的策略，在"去极端化"方面展开各种应对工作。

三、我国关于本罪的立法沿革

我国《反恐怖主义法》第4条第2款明确规定了国家反对一切形式的极端主义的鲜明立场和态度。极端主义是恐怖主义的思想基础，不根除极端主义，恐怖主义就会像癌细胞一样不断繁衍。因此，要做好反恐怖主义工作，就要反对一切形式的极端主义，消除恐怖主义的思想基础。《新疆维吾尔自治区去极端化条例》是我国第一部去极端化的专门性地方法规，也是全面推进依法治疆、建设法治新疆、提升新疆治理体系和治理能力的一项重要立法。[1]该条例第3条第1款对"极端化"的概念进行了清晰界定，第4条对"去极端化"的工作方针进行了相应规制，第9条详细规定了15种具体的极端化言论和行为，第6章也对相关法律责任进行了规制。

我国《刑法》对极端主义犯罪的规制，目前其涉及的专有罪名有危害公共安全罪中的"宣扬极端主义罪""利用极端主义破坏法律实施罪""强制穿戴宣扬极端主义服饰、标志罪""非法持有宣扬极端主义物品罪"。关联罪名有危害国家安全罪中的"分裂国家罪""煽动分裂国家罪""颠覆国家政权罪"，危害公共安全罪中的"放火罪""爆炸罪""投放危险物质罪"，妨害社会管理秩序罪中的"聚众扰乱社会秩序罪""煽动暴力抗拒法律实施罪"等罪名，对相关极端主义犯罪行为从刑法领域进行了规制。

《刑法修正案（九）》颁布之前，只有扰乱社会管理秩序行为的情节特别严重时，才会以妨害公务罪或者以煽动暴力抗拒法律实施罪进行处罚；利用极端主义破坏法律实施罪在我国《刑法》、单行刑法及刑法修正案中均未涉及。这使得对于破坏法律实施、扰乱社会管理秩序等行为不能起到很好的打击效果，并且在司法机关依法宣判后，应对社会舆论也较为被动。因此，《刑法修正案（九）》对我国《刑法》第120条之四的修改颁布，为婚姻、司法、教育、社会管理等一系列相关法律、法规的贯彻落实铺平了道路，切实打击了宗教极端思

---

〔1〕　顾华详："论去极端化的法治措施——兼解读《新疆维吾尔自治区去极端化条例》"，载《科学与无神论》2018年第6期。

想等极端主义的嚣张气焰。[1]

根据《刑法修正案（九）（草案）》第一次审议稿第 6 条规定，本罪作为刑法典第 120 条之三："利用极端主义煽动、胁迫群众破坏国家法律确立的婚姻、司法、教育、社会管理等制度实施的，处 3 年以下有期徒刑，并处罚金；情节严重的，处 3 年以上 7 年以下有期徒刑，并处罚金；情节特别严重的，处 7 年以上有期徒刑，并处罚金或者没收财产。"此后，在草案第二次审议稿中，由于修改了资助恐怖活动罪，又增设了招募、运送恐怖活动人员的犯罪行为及准备实施恐怖活动罪，本罪在草案中的位置随之变更为第 7 条第 4 款，而在《刑法》中的位置则相应变为第 120 条之四。此后，直至《刑法修正案（九）》正式通过，本罪所涉及的相关条文及内容都未再作任何改动。

第二节　利用极端主义破坏法律实施罪的犯罪构成

根据我国《刑法》第 120 条之四规定，利用极端主义破坏法律实施，是指利用极端主义煽动、胁迫群众破坏国家法律确立的婚姻、司法、教育、社会管理等制度实施的行为。

一、本罪的客体

本罪侵犯的客体为公共安全，即国家法律确立的婚姻、司法、教育、社会管理等制度下公众生活的和谐与有序进行。

二、本罪的客观方面

本罪的客观方面表现为行为人实施利用极端主义煽动、胁迫群众破坏国家法律确定的婚姻、司法、教育、社会管理等制度实施的行为。"煽动"，是指行为人以语言、文字、图像或者其他各种方式对他人进行鼓动、怂恿、引导、唆使，意图使他人产生违法的意图，去实施所煽动的行为。"胁迫"，是指通过暴力、威胁或者以给被胁迫人或者其亲属等造成人身、心理、经济等方面的损害为要挟，对他人形成心理强制，进而迫使其实施胁迫者所希望其实施的特定行为。胁迫的方式可以是通过暴力手段，也可以是通过言语威胁或者对被胁迫者的利益进行限制、剥夺的方式。需要注意的是，本罪在罪状描述中特别列举了"婚姻、司法、教育、社会管理"这四类国家法律确立的制度，但并不意味着行

---

〔1〕　师维等：《中国反恐怖主义法研究》，中国人民公安大学出版社 2016 年版，第 256～257 页。

为人只有利用极端主义煽动他人实施破坏这四类法律制度的实施才构成犯罪，而是只要行为人利用极端主义煽动他人实施破坏任何国家法律确立的制度实施，都可构成本罪。具体而言，2018年3月16日，最高人民检察院联合最高人民法院、公安部、司法部下发的《关于办理恐怖活动和极端主义犯罪案件适用法律若干问题的意见》中对本罪行为进行了详细规定。

第一，煽动、胁迫群众以宗教仪式取代结婚、离婚登记，或者干涉婚姻自由的。"取代"，是指以念"尼卡"[1]和"塔拉克"[2]等宗教仪式替代、排除和放弃依照《民法典》进行的结婚、离婚登记。我国《民法典》第1049条规定，"要求结婚的男女双方应当亲自到婚姻登记机关申请结婚登记。符合本法规定的，予以登记，发给结婚证。完成结婚登记，即确立婚姻关系。未办理结婚登记的，应当补办登记。"第1076条规定，"夫妻双方自愿离婚的，应当签订书面离婚协议，并亲自到婚姻登记机关申请离婚登记。离婚协议应当载明双方自愿离婚的意思表示和对子女抚养、财产以及债务处理等事项协商一致的意见。"婚姻家庭制度是关系到人民群众切身利益和社会安宁的重要保障，对婚姻家庭制度侵害的行为必须予以严厉打击。

第二，煽动、胁迫群众破坏国家法律确立的司法制度实施的。"司法制度"，是指国家体系中司法机关及其他司法性组织的性质、任务、组织体系、组织与活动原则以及工作制度等方面规范的总称。我国的司法制度包括侦查制度、检察制度、审判制度、监狱制度、律师制度、公证制度、国家赔偿制度等。行为人通过罔顾事实、编造谎言、曲解原意、抹黑栽赃等行为，歪曲、诋毁国家政策、法律、行政法规的，应当依法予以严厉打击。

第三，煽动、胁迫群众干涉未成年人接受义务教育，或者破坏学校教育制度、国家教育考试制度等国家法律规定的教育制度的。本项规定的犯罪行为具体表现为：不让未成年人入学接受国家义务教育，让已入学的未成年人辍学，放弃接受义务教育；不允许未成年人学习汉语等特定学科；让未成年人外出学经、习武、接受极端主义培训；拒绝参加国家规定的中考、高考等国家教育考试以及各类资格选拔考试等。根据《中华人民共和国义务教育法》的规定，适龄儿童、少年有接受义务教育的义务。未成年人是国家的未来，对其进行正确教育引导的重要性不言而喻，胁迫或者诱骗应当接受义务教育的适龄儿童、少年失学、辍学的，破

---

[1] 念尼卡，是伊斯兰教的一种结婚仪式，具体指阿訇对着新人念诵《古兰经》中关于尼卡（结婚）的证婚词、祈祷词、祝贺词等经文，从而承认男女双方婚姻关系。

[2] 塔拉克，是维吾尔语译音，指丈夫有提出离婚的特权，只要对妻子说了"塔拉克"，就算断绝夫妻关系。

坏了我国法律规定的国家义务教育制度，应当依法予以处罚。

第四，煽动、胁迫群众抵制人民政府依法管理，或者阻碍国家机关工作人员依法执行职务的。本项行为是通过煽动、胁迫的各种方式对群众进行要求、鼓动、怂恿、引导、唆使，意图使群众产生违法犯罪的意图，进而去实施其所煽动的行为。行为人在歪曲、诋毁国家政策、法律、行政法规的基础上，煽动、教唆他人"抵制人民政府依法管理"，包括抵制人民政府依据法律、行政法规、部门规章、地方性法规、规章、自治条例、单行条例等行使社会管理的职能。这里的"抵制"，表现为排斥、抗拒和不服从，使人民政府依法进行的行政管理工作无法实施。"阻碍国家机关工作人员依法执行职务"，是指以非暴力或者轻微暴力、威胁等方式，阻碍国家机关工作人员执行职务。此处的"国家机关工作人员"，包括各级权力机关、党政机关、司法机关、军事机关工作人员。"依法执行职务"，包括国家机关工作人员依照法律、法规规定所进行的职务活动。如果行为人虽然实施了阻碍行为，但阻碍的并不是国家机关工作人员的职务活动，或者不是依法进行的职务活动，则不符合本项规定。

第五，煽动、胁迫群众损毁居民身份证、居民户口簿等国家法定证件以及人民币的。这里的"损毁居民身份证、户口簿等国家法定证件"，包括采取焚毁、毁坏、丢弃等方式毁损居民身份证、户口簿、护照、结婚证、军官证、法律职业资格证等国家法定证件等。上述证件是国家机关颁发的公民从事社会活动、民商事活动以及法律规定的特定活动和从事特定职业用以证明身份的国家法定证明性文件。损毁人民币的行为包括焚毁、毁坏人民币，在人民币上打印极端主义图案、标语、文字等，目的是干扰民众的生产生活秩序，破坏区域的金融秩序，抵制国家对社会经济秩序的管理。法定证件和人民币代表着国家的权威和公信力，是国家进行社会治理及公民进行生活和社会活动的重要凭证。损毁国家法定证件和人民币的行为，不仅传达了极端主义者对国家法律制度实施的抵制态度，而且阻碍了国家依法进行的社会管理活动，以及群众的正常生产生活秩序，侵犯了人民群众的合法权益。

第六，煽动、胁迫群众驱赶其他民族、有其他信仰的人员离开居住地，或者干涉他人生活和生产经营的。"其他民族或者有其他信仰的人员"，包括与行为人是不同民族、不同信仰的人员以及不信仰任何宗教的人员。行为人通过恐吓、骚扰等方式，以要挟的语言或行为威胁他人、扰乱他人正常生活。例如，邮寄凶器、粉末状物品等用以警示人身危险；喷涂标语、图案、展示动物尸体用以警示人身危险；通过打电话、按门铃、砸玻璃等方式持续骚扰等。"干涉他人生活和生产经营"的目的是干涉他人既有的生活习俗、生活方式和生产经营行为，要求他人的生活习俗、生产方式等符合极端主义要求。例如，限制饭店、商店等场所的营业时间；干涉他人穿着现代或者民族传统服饰；干涉他人接触现代或者民族传统音乐、舞蹈及诗歌等。该类行为违背了他人的意志，通过恐吓、骚扰等方式干涉他人既有的生活习俗、方式和生产经营，以达到其极端主义的目的。此外，还有通过恐吓、骚扰等方式干涉他人与其他民族或者有其他信仰的人员交往、共同生活的。由于本项行为的受害者有的与行为人属于相同民族或者持有相同信仰，因此，这里的行为方式也包括歪曲宗教教义，以"入地狱"等宗教惩罚为由，对受害者施加精神恐吓。该不法行为的目的是干涉他人与其他民族或者有其他信仰的人员交往、共同生活，包括不让与之进行交谈、通信，不让共同就餐、学习、工作，不让恋爱、结婚等，以破坏他人与不同民族、不同信仰人员之间共同交往、共同生活的愿望，实现民族或者不同信仰人群之间的隔阂，在一定区域内形成极端主义氛围和生活方式。当然，如果行为人仅是以建议、劝阻等合法方式让他人自愿停止与其他民族或者有其他信仰的人员进行共同交往、共同生活的，则不构成本法规定的违法行为。

第七，其他煽动、胁迫群众破坏国家法律制度实施的行为。本项是兜底性规定，实践中出现前述六项以外，利用极端主义破坏法律实施或者以歪曲宗教教义等方法煽动仇恨、煽动歧视、鼓吹暴力破坏国家法律制度实施等其他行为的，适用本项规定依法予以处罚。如《反恐怖主义法》第81条第1项规定的"强迫他人参加宗教活动，或者强迫他人向宗教活动场所、宗教教职人员提供财物或者劳务"，足以构成犯罪的行为。"宗教活动"，包括合法的宗教仪式和活动，也包括带有宗教色彩的非法仪式、集会、学经班等活动。"财物或者劳务"，包括资金、物品、体力劳动、技术服务等。我国《宪法》第36条规定，"中华人民共和国公民有宗教信仰自由"，这不仅表明公民有信教和不信教的自由，而且也意味着信教公民有按照自己的意愿理解和实践某一宗教教义的自由。任何人都不能利用或者歪曲宗教教义来煽动仇恨和歧视，不得强制他人信教或者不信教，不得歧视信教或者不信教的公民，不得利用宗教来进行破坏社会秩序，否则构成违法犯罪行为。

三、本罪的主体

本罪的主体为一般主体，即年满16周岁具有刑事责任能力的自然人。其既可以是中国公民，也可以是外国公民或者无国籍人士。单位不可以构成本罪。

四、本罪的主观方面

本罪的主观方面表现为故意，且只能为直接故意，即行为人具有破坏国家法律确立的婚姻、司法、教育、社会管理等制度实施的直接目的。

第三节　利用极端主义破坏法律实施罪的认定

一、罪与非罪的界限

根据我国刑法罪刑相适应原则，从量刑起点与幅度便可看出，本罪属于较为严重的恐怖活动犯罪。故此，在司法实践中，应当严格注意适用本罪的犯罪构成要件，把握罪与非罪的界限。具体而言，本罪在司法实践中应当注意以下4个方面：

第一，行为人在客观上必须利用了极端主义。实践中，新疆等部分偏远地区的群众中存在大量"文盲、法盲、教盲"人员，其由于狭隘思想或者愚昧无知，对宗教教义、民族风俗习惯等产生了不正确理解，并进而破坏国家相关法律制度实施的，这种情况下不能成立本罪。当然，如果该行为触犯了其他法律法规，则应按照其他法律法规的规定予以相应处罚。

第二，行为人破坏的必须是国家法律所确立的婚姻、司法、教育、社会管理等制度的实施。"破坏"，既包括积极的暴力抗拒行为，也包括消极的不遵守、不履行法定义务的行为。如若行为人虽然利用了极端主义，但煽动、胁迫他人破坏的只是地方风俗，或行为人仅是利用宗教冲突，煽动他人阻碍了宗教活动的实行，其行为并未涉及破坏国家法律确定的社会管理制度实施，就不能成立本罪。实践中，一些群众为了某些涉及自身利益的法律实施，如对《中华人民共和国税法》的实施发牢骚、闹情绪，在公共场所有过激的言论，但并不具备破坏法律制度实施的故意，故不构成本罪。

第三，被煽动者必须是基于行为人的煽动行为，进而产生破坏国家法律确立的婚姻、司法、教育、社会管理等制度实施的犯意。行为人在歪曲、诋毁国家政策、法律、行政法规的基础上，煽动、教唆他人"抵制人民政府依法管理"，包括抵制人民政府依据法律、行政法规、部门规章、地方性政府规章、自治条例、单行条例等行使社会管理的职能。这里的"抵制"，表现为排斥、抗拒和不服从，使人民政府依法进行的行政管理工作无法实施。当然，如果"被煽动者"本身就具有极强的破坏国家法律确立的婚姻、司法、教育、社会管理等制度实施的意愿，行为人只是声援了这些"被煽动者"破坏法律实施的行为，这种情况下也不能成立本罪。此外，还需注意区分本罪的煽动行为与他罪的教唆行为。一般来讲，煽动的对象和所实施的行为并不特定，而教唆的对象和所实施的行为则有具体的指向，如果行为人只是对"被煽动人"进行非具象化的怂恿、鼓励行为，则成立本罪，但如果行为人煽动的对象和行为具有特定性，则构成相应罪名的教唆犯。

第四，本罪属于典型的行为犯，即行为人只要实施了本罪所规定的特定煽动、胁迫行为，即可成立本罪，并不需要危害结果的发生。煽动可以通过无中生有、编造事实的方式，也可以通过造谣、诽谤对事实进行严重歪曲的方式，还可以挑拨被煽动对象的情绪，使被煽动者丧失对事实的正常感受和判断能力，一时失去理性，进而从事违法犯罪行为。胁迫的方法既可以是暴力，也可以是以暴力相威胁或者对被胁迫者的利益进行限制、剥夺等方式。实践中，还出现以关爱朋友、亲情等为借口，或者以孤立、排斥等方法施加压力的情况。[1]

本罪在认定适用过程中，需要注意本罪行为与不积极参加、配合政府相关活动的普通不配合行为之间的区分，虽然二者在行为方式上均表现出不配合状态，但是二者之间存在诸多不同之处：①本罪行为人实施的是煽动、胁迫行为，其破坏法律实施的行为由群众实行，而普通不配合行为的行为人是其本人，为其直接实施的不配合行为。②本罪破坏的是国家法律确立的婚姻、司法、教育、社会管理等制度实施，而普通不配合行为的对象是反恐怖主义工作的进行，并非法律制度实施。③本罪中的"破坏"行为，既包括积极的暴力抗拒行为，也包括消极的不遵守、不履行法定义务行为，而普通不配合行为的抗拒程度远不及此处的"破坏"程度。④本罪主要通过利用极端主义煽动、胁迫群众进行破坏行为，而普通不配合行为并非以利用极端主义为前提。

针对与本罪相关的非罪行为，我国《反恐怖主义法》第81条予以了详细规定，对于利用极端主义破坏法律实施，符合本法条规定的10种行为之一，情节轻微，尚不构成犯罪的行为，由公安机关处5日以上15日以下拘留，可以并处1万元以下罚款。实践中，对该类违法行为的认定，应当严格把握"利用极端主义"这一要件，对于实施本条行为但是没有利用极端主义的行为，应当根据具体情况分别认定处理。通过对情节轻微、尚不构成犯罪的上述违法行为进行行政处罚，实现了与恐怖活动犯罪、极端主义犯罪的对应与衔接，填补了对恐怖主义、极端主义违法行为人进行违法追责的法律空白，完善了恐怖主义、极端主义违法行为人的法律责任体系。对不同程度、不同情节的恐怖主义、极端主义行为，可以适用不同强度和梯级的法律处罚手段，追究相关违法行为人的行政责任或者刑事责任，从而为反恐怖斗争建立起坚实的法律保障。

---

[1] 雷建斌主编，全国人大常委会法制工作委员会刑法室编著：《〈中华人民共和国刑法修正案（九）〉释解与适用》，人民法院出版社2015年版，第86页。

应当注意的是，在打击处理利用极端主义破坏法律实施行为的过程中，要严格按照我国《刑法》《反恐怖主义法》《关于办理恐怖活动和极端主义犯罪案件适用法律若干问题的意见》等相关法律及司法解释的规定，坚持以事实为依据、以法律为准绳，确保实体与程序的公正有序进行。在实体方面，要全面审查犯罪嫌疑人、被告人的犯罪动机、主观目的、客观行为和危害后果，准确把握罪与非罪、此罪与彼罪、一罪与数罪的界限，厘清宣扬、煽动的准确定性，不可妄自扩大适用范围。在程序方面，要坚持分工负责、相互配合、相互制约的原则，严格依照法定程序，准确、及时、全面收集、固定证据，并且要严格执行党和国家的宗教、民族政策，保护正常宗教活动，维护民族团结，严禁干涉公民信仰宗教和不信仰宗教的自由，尊重犯罪嫌疑人、被告人的人格尊严、宗教信仰和民族习俗。

二、此罪与彼罪的界限

（一）本罪与宣扬恐怖主义、极端主义罪的界限

司法实践中，对两罪的区分关键在于把握两罪的主观心态及具体客观行为：其一，两罪的主观方面都是直接故意，但故意的内容不同。本罪的行为人希望利用极端主义煽动、胁迫群众，进而可以破坏国家法律所确立的制度实施。而宣扬恐怖主义、极端主义罪的行为人则是希望把恐怖主义、极端主义的理念、事迹宣扬出去。其二，两罪的客观前提不同。本罪必须要利用宗教极端主义实施煽动、胁迫行为。而宣扬恐怖主义、极端主义罪所实施的宣扬行为则并不需要任何的客观前提。其三，两罪的客观行为不同。本罪虽然在客观上存在着讲解与宣传所谓"教义"的行为，但行为人这样做的目的，最终是为了利用极端主义煽动、胁迫群众破坏法律制度的实施。而宣扬恐怖主义、极端主义罪所宣扬的内容则包括恐怖主义与极端主义，其行为是对恐怖主义、极端主义思想的一种宣扬、传播。此外，本罪在量刑层面设立了三个量刑档次，为了能更好应对司法实践中较为复杂的犯罪情况，并且本罪的法定刑明显重于宣扬恐怖主义、极端主义罪，这是由于本罪所煽动、胁迫群众实施的是具体破坏国家法律实施的行为，而宣扬恐怖主义、极端主义只是一种宣扬行为，相比较而言，本罪的社会危害性更大。

（二）本罪与煽动暴力抗拒法律实施罪的界限

司法实践中，二者的犯罪构成存在一定重合性，表现为煽动群众暴力抗拒法律实施，煽动对象为不特定多数人，煽动方法一般为以文字、图画、演说等方式进行，但二者认定之间仍存在明显不同：其一，侵犯客体不同。本罪侵犯

的客体为公共安全，即国家法律确立的婚姻、司法、教育、社会管理等制度下公众生活的和谐与有序进行，具体规定于我国《刑法》中危害公共安全罪一章。而煽动暴力抗拒法律实施罪侵害的是国家对社会秩序的管理活动，规定于《刑法》中妨害社会管理秩序罪一章。其二，行为不同。本罪的行为是通过利用极端主义，进而煽动群众进行破坏法律实施的行为，并且被煽动者行为的表现方式为抗拒、抵触等，并非仅限暴力。而煽动暴力抗拒法律实施罪的行为并不以利用极端主义为前提，其是通过鼓动性、挑唆性言论对群众进行情绪煽动，进而通过暴力的方式抗拒法律实施。其三，紧迫性不同。本罪利用极端主义进行煽动、胁迫的行为，并不要求被煽动、胁迫的群众存在具有现实紧迫性的违法行为，其于后者相比直接紧迫性相对较弱。而煽动暴力抗拒法律实施罪中，只有当不特定或者多数人因为被煽动而立即通过暴力抗拒特定法律、行政法规具体实施时，才能认为有紧迫性。[1]

（三）本罪与组织、利用会道门、邪教组织、利用迷信破坏法律实施罪的界限

司法实践中，两罪在犯罪构成要件方面存在一定的相同之处：行为人在主观上都是出于直接故意，都希望能够破坏法律实施，客观上也都会利用一些所谓的"宗教教义"，但两罪的认定适用仍存在着诸多不同：其一，两罪所利用的对象不同。本罪利用的是极端主义，且主要是宗教极端主义。而组织、利用会道门、邪教组织、利用迷信破坏法律实施罪所利用的对象则是会道门、邪教组织、封建迷信等。其二，两罪的客观表现不同。本罪更多表现为一种煽动行为，行为人大多数时候并不直接参与破坏国家法律实施的行为。而组织、利用会道门、邪教组织、利用迷信破坏法律实施罪的行为人则实施的是一种组织、聚众行为，在煽动他人破坏法律实施时往往也会亲自参加行动。其三，两罪侵害的客体不同。本罪侵害的客体是公共安全，而组织、利用会道门、邪教组织、利用迷信破坏法律实施罪所侵害的客体是法律实施秩序。

三、本罪的特殊形态问题

（一）本罪的停止形态

以典型恐怖活动实施为界限，我国反恐罪名可分为核心犯罪与周边犯罪。核心犯罪，即恐怖活动组织及成员实施的杀人、爆炸、绑架、放火、非法制造爆炸物、抢劫等犯罪，它们直接对国家安全和人民的生命、财产安全等造成了现实危害。周边犯罪，是指为实施核心犯罪而展开的前期思想基础、组织基础、

---

[1] 张明楷：《刑法学》，法律出版社 2016 年版，第 1036 页。

物质基础、人员准备、工具准备等有助于核心犯罪实施的准备、帮助行为及状态持续的犯罪，包括宣扬、煽动实施、强制穿戴、非法持有、帮助、准备实施以及组织、领导、参加等行为模式，它们直接指向核心恐怖活动实施前的领域。恐怖活动核心犯罪具有严重社会危害性和逆转的不可能性，对其入罪并无争议，而对周边犯罪类型的规制则不然。一般而言，恐怖活动周边行为又可分为独立预备犯、独立帮助犯、组织类犯罪，其处置规则存在相应的特殊规定。[1]

具体而言，如行为人已经实施了煽动、胁迫群众干涉未成年人接受义务教育的行为，让已入学的未成年人辍学，放弃接受义务教育的，则成立本罪既遂；如行为人煽动群众不让未成年人学习汉语等特定学科但并未成功的，则构成本罪的未遂形态；再如行为人已经着手实施利用极端主义破坏法律实施的行为，但因自己的意志控制而中止行为的，依照我国《刑法》第24条关于中止犯的规定进行处罚。

（二）本罪的共犯形态

从本罪的客观方面来看，本罪处罚的是利用极端主义煽动、胁迫群众破坏国家法律确立的婚姻、司法、教育、社会管理等制度实施的行为，简言之即处罚相关煽动、胁迫行为。如果被煽动、胁迫对象实施了相关犯罪行为，依据刑法总则有关共犯的规定，其行为可能与被煽动、胁迫对象之间构成相关犯罪的间接正犯、教唆犯等情形。但是，由于教唆犯等规制于刑法总则之中，而本罪是刑法分则条文中已单独明文规定的犯罪，故只要符合本罪规定的利用极端主义实施的煽动、胁迫行为，则应以本罪论处，而不再以被煽动、胁迫对象实施的相关犯罪的教唆犯等论处。

此外，针对本罪的共犯形态问题，对于教唆、帮助他人实施本罪行为的，应当以本罪的教唆犯、帮助犯论处。例如，行为人明知他人实施利用极端主义煽动、胁迫群众抵制人民政府依法管理，但仍然为其提供支持与帮助的，成立本罪的帮助犯。

第四节　利用极端主义破坏法律实施罪的刑事责任

本罪设有三个档次的法定刑：一是基本量刑档次，犯本罪的，处3年以下有期徒刑、拘役或者管制，并处罚金。二是犯罪情节严重的，处3年以上7年以下有期徒刑，并处罚金。"情节严重"，是指利用极端主义，多次煽动、胁迫群众破坏国家法律确立的各项制度实施；造成公私财产重大损失；造成社会公众

---

〔1〕 梅传强、李洁："我国反恐刑法立法的'预防性'面向检视"，载《法学》2018年第1期。

的生命安全受到严重威胁，或者人员重伤；国家法律确立的各项制度无法顺利实施，社会秩序严重混乱；造成一定的国际恶劣影响；造成其他严重后果等。三是犯罪情节特别严重的，处 7 年以上有期徒刑，并处罚金或者没收财产。"情节特别严重"，是指利用极端主义，多次煽动、胁迫大量群众通过暴力手段破坏、阻碍国家法律确立的各项制度实施；造成公私财产损失特别巨大；造成大量社会公众受伤甚至死亡；造成国家法律确立的各项制度受到严重破坏，长时间无法恢复，严重丧失调节社会秩序的功能，社会秩序严重混乱，甚至出现暴乱情况；造成特别重大的国际恶劣影响；造成其他特别严重后果。

第六章　强制穿戴宣扬恐怖主义、极端主义服饰、标志罪

第一节　强制穿戴宣扬恐怖主义、极端主义服饰、标志罪的立法沿革

一、强制穿戴宣扬恐怖主义、极端主义服饰、标志罪立法的必要性

恐怖主义和极端主义犯罪是一个全球性的问题，它们的活动范围已经逐渐遍布全球，造成的影响和危害也开始逐渐全球化，其存在已不是一个孤立或者局部性的威胁，已不仅仅是某几个国家所需要解决的问题，而是全人类所共同面对的一大威胁，因此对其打击和制止离不开国际间的相互合作。对于人口占世界 1/5 的我国而言，不仅要很好地配合国际反恐合作，而且还要尽自己最大的努力参与到打击恐怖主义犯罪之中。恐怖主义最早诞生于国外，但是我国也深受其害。

近年来，我国恐怖主义和极端主义犯罪呈现出新的特点，主要表现为地域上由边疆向内地延伸、手段上呈现多样化、组织上与国外恐怖组织相勾结等。据统计，2014 年全国各级法院审结煽动分裂国家、暴力恐怖袭击等案件共计 558 件，比 2013 年上升 14.8%，判处犯罪分子 712 人，比 2013 年上升 13.3%。[1]到了 2015 年，全国各级法院审结危害国家安全、暴力恐怖犯罪案件共计 1084 件，同比上升 94.3%，判处犯罪分子 1419 人，同比上升 99.3%。[2]由此可见，近年来恐怖主义、极端主义犯罪在我国呈上升趋势。恐怖主义和极端主义的危害已经超出了公民的人身权利和财产权利，上升到了社会安定、国家统一和民族团结

---

〔1〕　参见周强：《最高人民法院工作报告（2015）》，载人民网，http：//legal. people. com. cn/n/2015/0423/c188502 - 26894970. html，访问时间：2019 年 8 月 20 日。

〔2〕　参见周强：《最高人民法院工作报告（2016）》，载人民网，http：//legal. people. com. cn/n/2015/0313/c42510 - 26688031. html，访问时间：2019 年 8 月 20 日。

的高度。因此，亟需国家加大惩处力度，扩大打击范围，对于一切企图颠覆国家政权，制造民族矛盾的行为，我们的对策是打早打小，不能任其蔓延，不能让恐怖主义和极端主义获得任何生存的机会。因此，即使只是强制穿戴这样的行为，只要其目的在于宣扬恐怖主义和极端主义，就应当上升到刑事犯罪的高度，予以严厉打击，让其没有任何蔓延的机会。

在强制穿戴宣扬恐怖主义、极端主义服饰、标志罪中，刑法保护受害人的人身自由权和信仰自由权。首先，民众对于宗教服饰、标志的穿戴有其自身的自由，而强制穿戴的行为明显违背了民众人身自由权，所以将此行为入罪能更好地保护受害人的人身自由权。其次，本罪的强制行为是一种对受害人信仰自由的不尊重，同时也是对受害人信仰自由权的一种侵害，所以该行为入罪还能够更好地保护受害人的信仰自由权。当然，我们都知道刑法对于人权的保护并不局限于受害人，对于犯罪嫌疑人的人权保障也极其重要，这也是罪刑法定原则正当性基础之一。因为刑法的实施者、刑罚权的拥有者是相对于个人而言拥有绝对优势的国家，因此国家在运用刑罚的时候必须予以制约，否则可能侵害无辜者的合法权益。在反恐形势如此严峻的情况下，对于恐怖主义和极端主义犯罪行为如果不在《刑法》中予以明确规定，司法机关在处理此类行为时就没有一个明确标准，那么在面对此类犯罪的时候，对于罪与非罪的把控将会出现较大的随意性，很容易将一些不是恐怖主义或者不是极端主义行为的犯罪直接判定为恐怖主义或者极端主义犯罪，因此很有必要将该行为入罪以明确其标准，并且该行为入罪也是罪刑法定原则的一个当然体现。

二、强制穿戴宣扬恐怖主义、极端主义服饰、标志罪相关国际立法

恐怖主义最早诞生于国外，深受其害的英、法、俄等国家在与恐怖主义斗争的漫长过程中为我国反恐怖主义、反极端主义提供了良好示范和经验。

《俄罗斯联邦反恐怖主义法》第 3 条第 2 款规定，"宣传恐怖主义思想，散布煽动恐怖活动或为恐怖活动必要性进行论证或辩护的材料或信息"的行为也是一种恐怖活动。在明确宣传行为也是一种恐怖活动的前提下，该法还有与之相对应的规定，如明确"预防为主"的原则，并禁止在公共场所举行群众性集会、游行、示威或实施纠察警戒等。

英国以 2005 年 7 月 7 日伦敦连环爆炸案为背景，在 2006 年颁布了《反恐法案》，其中史无前例地增加了 5 类恐怖主义犯罪，这些新罪名的引入拓宽了恐怖主义犯罪的范围。法国参议院于 2010 年 9 月通过了禁止穆斯林妇女在公共场合穿"将全身都遮盖起来的长袍"（博卡）的议案，其不仅进一步加深了反恐行

动，也阻断了宗教极端主义利用蒙面罩袍来进行表面上的正当宗教信仰的掩护，实际却是进行恐怖犯罪活动的道路。虽然这一做法引起了广大穆斯林的不满，认为"禁袍令"剥夺了他们的宗教自由，并诉至欧洲人权法院，请求撤销这一法令。2014 年 7 月，欧洲人权法院作出判决：法国罩袍禁令没有违反人权原则，没有侵犯宗教自由权利，相反，该禁令促进了社会凝聚。[1]这对于解决强制穿戴宣扬恐怖主义、极端主义服饰、标志行为入罪与宗教信仰自由的矛盾提供了示范和依据。

三、我国强制穿戴宣扬恐怖主义、极端主义服饰、标志罪的立法沿革

强制穿戴宣扬恐怖主义、极端主义服饰、标志罪，在《刑法修正案（九）》之前的 1979 年《刑法》和 1997 年《刑法》，以及一系列单行刑法及八个刑法修正案中都未有涉及。《刑法修正案（九）（草案）》一审稿开始规定本罪，当时规定于第 15 条，"在刑法第 251 条中增加一款作为第 2 款：'以暴力、胁迫等方式强制他人在公共场所穿着、佩戴宣扬恐怖主义、极端主义服饰、标志的，依照前款的规定处罚'"。我国《刑法》第 251 条非法剥夺公民宗教信仰自由罪、侵犯少数民族风俗习惯罪规定：国家机关工作人员非法剥夺公民的宗教信仰自由和侵犯少数民族风俗习惯，情节严重的，处 2 年以下有期徒刑或者拘役。

在《刑法修正案（九）（草案）》第一次审议结束后，国家立法机关向社会征集的意见中，有单位指出：本罪依照罪状描述应属于恐怖主义、极端主义犯罪，在本次修正案草案与《刑法》的位置却远离其他同类犯罪，并不妥当，建议调整其位置。[2]我们赞同这一观点，本罪的罪状虽然与非法剥夺公民宗教信仰自由罪、侵犯少数民族风俗习惯罪有些许联系，但本罪的罪状描述中明确出现了"恐怖主义""极端主义"，显然属于恐怖主义犯罪的范畴，强行将本罪规定为我国《刑法》第 251 条第 2 款，与其他相关恐怖主义、极端主义犯罪相分离，在刑法体系的构筑上实属不妥。

上述单位的意见被我国立法机关所采纳，《刑法修正案（九）（草案二次审议稿）》中，本罪的位置被调整为第 7 条第 2 款，作为我国《刑法》第 120 条之五，罪状描述方面并没有改变；刑罚规定上由于不再作为《刑法》第 251 条第 2 款，故法定刑不能再参照前款规定，改为犯本罪的，"处 3 年以下有期徒刑、拘

---

〔1〕 王彭钰："法国'罩袍禁令'之解析"，载《吉林省教育学院学报》2015 年第 12 期。
〔2〕 参见："全国人民代表大会法律委员会关于《中华人民共和国刑法修正案（九）（草案三次审议稿）》修改意见的报告"，载全国人大网，http://www.npc.gov.cn/wxzl/gongbao/2015 - 11/09/content_1951901.html，访问时间：2019 年 10 月 17 日。

役或者管制，并处罚金"。由于恐怖主义、极端主义犯罪是极其严重的犯罪，修改之后的法定刑虽有少许提高，但并不会产生畸重情况。况且本罪修改之后的法定刑，与其他恐怖主义、极端主义犯罪的量刑幅度更为协调。自此，直至《刑法修正案（九）》正式通过，本罪都未再作任何修改。

第二节　强制穿戴宣扬恐怖主义、极端主义服饰、标志罪的犯罪构成

根据我国《刑法》第120条之五规定，强制穿戴宣扬恐怖主义、极端主义服饰、标志罪，是指以暴力、胁迫等方式强制他人在公共场所穿着、佩戴宣扬恐怖主义、极端主义服饰、标志的行为。

一、强制穿戴宣扬恐怖主义、极端主义服饰、标志罪的客体

犯罪客体是刑法所保护的被犯罪行为侵害的社会利益，或者说是指《刑法》规定的，行为成立犯罪所必须侵犯并且已被侵犯的合法权益。本罪虽然被规定在我国《刑法》分则第二章"危害公共安全"罪中，但并不能由此得出本罪是单一客体的结论。判断某个犯罪行为侵犯的客体是单一客体还是复合客体的标准并不是看它在《刑法》中所处的位置，这只能表明立法者认为其主要侵害了这一类客体。

本罪主要侵犯的客体为公共安全和个人的意思自由。行为人借用宗教名义、歪曲宗教教义，以是否为虔诚教徒或者是否拥护恐怖主义、极端主义主张为标准，以暴力、胁迫等方式强制他人在公共场所穿着、佩戴宣扬恐怖主义、极端主义服饰、标志，目的是扩大恐怖主义、极端主义的社会影响力，同时剥夺他人的意思自由，将其作为宣扬恐怖主义、极端主义的手段之一。恐怖主义、极端主义往往与宗教信仰和民族风俗习惯有密切的联系。在我国某些地区的特定时期，在公共场所穿戴宣扬恐怖主义、极端主义服饰、标志的人数多少成为该地区宗教极端的气氛是否浓厚的标志之一，这种服饰也成为暴力恐怖犯罪分子的特定装扮，其出现在公共场所足以引起民众的恐慌与不安，具有造成侵害公共安全的抽象危险。

二、强制穿戴宣扬恐怖主义、极端主义服饰、标志罪的客观方面

强制穿戴宣扬恐怖主义、极端主义服饰、标志罪的客观方面主要是指以暴力、胁迫等方式强制他人在公共场所穿着、佩戴宣扬恐怖主义、极端主义服饰、

标志的行为。具体而言，2018 年 3 月 16 日最高人民检察院、最高人民法院、公安部、司法部联合下发的《关于办理恐怖活动和极端主义犯罪案件适用法律若干问题的意见》中对其进行了详细规定：①以暴力、胁迫等方式强制他人在公共场所穿着、佩戴宣扬恐怖主义、极端主义服饰的；②以暴力、胁迫等方式强制他人在公共场所穿着、佩戴含有恐怖主义、极端主义的文字、符号、图形、口号、徽章的服饰、标志的；③其他强制他人穿戴宣扬恐怖主义、极端主义服饰、标志的情形。对于本罪客观方面要件的理解，应当注意以下几个方面：

第一，本罪的强制方式主要是"暴力""胁迫"等方式。本罪中的暴力，是指行为人非法对被强制者的身体施加的一种有形的强制力，使被害人处于一种不能反抗、不敢反抗状态的行为，如殴打、捆绑、烧伤等。[1]需要注意的是，暴力只能针对被害人本人，而不能针对其近亲属或者相关的人，而且暴力只能是侵犯人身权，对于财物的侵犯不能认为是暴力，只能认为是胁迫。当然，这只是大多数学者的观点，也有人对此持否定态度。张明楷教授认为，本罪中的暴力应当是指最广义的暴力，这种最广义的暴力也就是指包含了不法使用有形力的所有情况，其对象既包括人也包括物。[2]我们认为这样会把暴力的范围定义得过于宽泛，本罪中的暴力只能是有限地针对人身实施暴力的行为，不包括对物的暴力。

关于本罪中的胁迫，学者之间得出了一致的意见。"胁迫"是指对他人进行心理上的强制，以恶意相通告使之产生恐惧心理，不限于暴力为内容，比如恐吓的质问——"你是不是穆斯林？"[3]我们认为这样对本罪的胁迫的解释过于狭隘。假如当事人受到胁迫，没有产生恐惧的心理，而是自愿地穿戴宣扬恐怖主义、极端主义服饰、标志的，那行为人是否符合强制穿戴宣扬恐怖主义、极端主义服饰、标志罪？我们认为答案还是肯定的。只要行为人实施了胁迫的行为，无论当事人是否产生恐惧心理，都符合强制穿戴宣扬恐怖主义、极端主义服饰、标志罪。

"等的方式"是指与暴力、胁迫的强制力相等的行为。[4]假如行为人采取哄骗、利诱、激将、劝说等非强制方法让他人在公共场所穿着、佩戴宣扬恐怖主义、极端主义服饰、标志的，不成立本罪。具体常见的就是利用职权关系、从属关系命令被强制者穿戴，或者利用灌醉、麻醉等方式使得被强制者无法反抗。

---

〔1〕 余乐："论强制穿戴宣扬恐怖主义、极端主义服饰、标志罪"，西南大学 2017 年硕士学位论文。
〔2〕 张明楷：《刑法学》，法律出版社 2016 年版，第 707 页。
〔3〕 贾宇主编：《刑法学》，中国政法大学出版社 2017 年版，第 259 页。
〔4〕 贾宇主编：《刑法学》，中国政法大学出版社 2017 年版，第 259 页。

第二，关于本罪的强制对象，主要有以下几个方面要思考清楚：①强制的对象是否包括恐怖主义组织内部的成员。组织内部人员是本人自愿加入的，可能没有受到胁迫就有宣扬恐怖主义、极端主义的义务。为了更有利地惩治和防范恐怖主义、极端主义犯罪，对于强制内部人员穿戴和宣扬恐怖主义、极端主义的也要定为本罪。②强迫的对象是否有数量上的要求。在《反恐怖主义法》第 80 条中规定，"强制他人在公共场所穿戴宣扬恐怖主义、极端主义的服饰、标志的，情节轻微，尚不构成犯罪的，由公安机关处 10 日以上 15 日以下拘留，可以并处 1 万元以下罚款"。其中并未对"情节轻微"作出解释，例如，仅仅强制 1 人是否是情节轻微，法律对此并不明确。再加上本罪中并没有"情节严重"的限制，因此出现了理解和适用上的困难。我们认为强迫 1 人也可构成强制穿戴宣扬恐怖主义、极端主义服饰、标志罪，其中"情节轻微"并不限制在人数上。在实践当中，认定是否属于"情节轻微，尚不构成犯罪"的，应当结合其行为的社会危害性、行为人的人身危险性、行为人在进行各种活动中发挥的作用以及事后的表现来综合判断。[1]强制的对象是 1 人，但是强制的方式十分残暴恶劣，对社会造成极其严重的影响，那么也就不能认定其"情节轻微"。本罪立法的目的不仅仅是更好地保护社会公共安全，在保护社会公共安全的同时也要保护个人的安全。因此，我们认为只要手段极其残暴恶劣，无论强制对象为几人都应该将其认定为"情节严重"的情况加以定罪量刑。

第三，对于穿戴的理解。①穿戴的形式。贾宇教授认为，"穿着、佩戴方式必须有明显的辨识度，足以使不特定的人或者多数人发现该服饰、标志的，才构成本罪"。[2]而张明楷教授则认为，"强迫他人留有宣扬恐怖主义、极端主义发型的，或者强迫他人将宣扬恐怖主义、极端主义的标志作为文身图案的，因为不符合'穿着、佩戴'的条件，难以认定为本罪"。[3]对此我们认为这二者并不全面，如果采用上述观点，则无法将通过强制使用文身的形式把恐怖主义、极端主义标志文在身上隐秘部位的行为予以入罪处罚。其实我们可以把穿戴的行为予以扩大解释，把文身的行为等同于穿戴行为。因为近几年来出现的文身方式除了有刻在肉体上之外，还有粘贴式文身，也即若将具有宣扬恐怖主义、极端主义标志图案的文身强迫他人粘贴在身上，也应成立本罪。②穿戴时间的长短。我们认为穿戴持续的时间长短并不是本罪成立所必然考虑的因素，成立本罪的重点应该为是否采取了强制手段。例如，在人来人往的商场强制他人穿

---

[1]　郎胜、胡康生主编：《中华人民共和国刑法释义》，法律出版社 2006 年版，第 294 页。
[2]　贾宇主编：《刑法学》，中国政法大学出版社 2017 年版，第 259 页。
[3]　张明楷：《刑法学》，法律出版社 2016 年版，第 707 页。

戴一刻，达到了宣传的效果，也应当成立本罪。

第四，宣扬恐怖主义、极端主义服饰、标志的认定。穿戴宣扬恐怖主义、极端主义服饰、标志其实就是强制的内容。主要是指含有宣扬恐怖主义、极端主义符号、旗帜、徽记、口号、标语、图形的服饰、标志。典型如昆明火车站砍杀事件中，恐怖分子身着全身通黑只露双眼的蒙面罩袍；再如印有某极端组织旗帜的衣服、象征某恐怖组织的帽子、某极端组织制作的以其图腾为原型的吊坠等，都可以认定为本罪中的服饰和标志。至于什么样的服饰和标志具有恐怖主义、极端主义的内容，则需要根据实际情况进行认定，甚至需要专家进行鉴定。

第五，宣扬与公共场所的认定。在现代汉语中，"宣扬"是指大力宣传，广而告之，简而言之就是让不特定的人或者多数人所知晓。宣扬的地点必须在公共场所，贾宇教授认为"公共场所就是不特定的人或者多数人可以自由出入的，满足其工作、生活需求的场所或设施"。[1]根据我国《公共场所卫生管理条例》规定，公共场所是提供公众进行工作、学习、经济、文化、社交、娱乐、体育、参观、医疗、卫生、休息、旅游和满足部分生活需求所使用的一切公用场所及其设施的总称，具体包括：①宾馆、饭馆、旅店、招待所、车马店、咖啡馆、酒吧、茶座；②公共浴室、理发店、美容店；③影剧院、录像厅（室）、游艺厅（室）、舞厅、音乐厅；④体育场（馆）、游泳场（馆）、公园；⑤展览馆、博物馆、美术馆、图书馆；⑥商场（店）、书店；⑦候诊室、候车（机、船）室、公共交通工具。

从传统意义来看，公共场所主要是指实体的、现实的人类活动空间，但就现代社会而言，对于"公共场所"如此理解过于狭隘。随着网络时代的到来，网络空间是否能成为刑法中的公共场所已经引起了人们的注意。网络空间有着数目庞大的网站和数以亿计的网页，因此所包含的信息量也是极为丰富的，几乎所有的信息都能够在网络空间上搜索到，而且这些信息大多是免费的，人们可以随意地登录网络空间，随意地搜索任何想要得到的信息，甚至有的信息会自动弹出来。[2]并且由于网络空间上的信息传播速度之快是我们所不能想象的，也是我们日常生活的信息传播速度所不能比的，所以在 2013 年最高人民法院、最高人民检察院颁布的《关于办理利用信息网络实施诽谤等刑事案件适用法律若干问题的解释》中，将公共场所的范围扩展到网络空间，这一与时俱进的扩展获得了广大的认同，因为网络空间满足公共场所空间的开放性、人员的不特

---

〔1〕　贾宇主编：《刑法学》，中国政法大学出版社 2017 年版，第 259 页。
〔2〕　余乐："论强制穿戴宣扬恐怖主义、极端主义服饰、标志罪"，西南大学 2017 年硕士学位论文。

定性、功能的社会性等三个特征。[1]

受此司法解释影响，学者武诗敏曾提出对于强奸罪中的"在公共场所当众强奸妇女"也应当作相同解释，即公共场所包括网络虚拟空间。可见现代刑法中的公共场所从现实世界扩展到虚拟世界已经是一种趋势，公共场所的含义宜表述为公众从事社会生活、进行社会活动的各种场所的总称，包括公众可以相对自由出入的现实世界和虚拟世界。[2]所以，本罪中的公共场所也应当包括网络公共场所，因为行为人也可能通过强制他人在网络公共空间穿戴宣扬恐怖主义、极端主义的服饰、标志以达到宣扬的目的。

三、强制穿戴宣扬恐怖主义、极端主义服饰、标志罪的主体

就本罪而言，其并没有对犯罪主体作出特别规定，因此应当认为是一般主体，也即年满 16 周岁，具有完全刑事责任能力的自然人。多数情况下，行为人都是恐怖分子或宗教极端主义者，但其身份如何并不影响本罪的成立。单位不构成本罪。

四、强制穿戴宣扬恐怖主义、极端主义服饰、标志罪的主观方面

本罪的主观方面为故意，且只能为直接故意。具体而言，行为人明知自己以暴力、胁迫等方式强制他人在公共场所穿着、佩戴宣扬恐怖主义、极端主义服饰、标志的行为会危害社会的公共安全，仍希望这种危害结果发生的主观心态。

第三节　强制穿戴宣扬恐怖主义、极端主义服饰、标志罪的认定

一、罪与非罪的界限

按照《刑法》第 120 条之五的规定，强制穿戴宣扬恐怖主义、极端主义的服饰、标志罪，是指行为人以暴力、胁迫等方式强制他人在公共场所穿着、佩戴宣扬恐怖主义、极端主义的服饰、标志的行为，即本罪并未要求情节严

---

〔1〕　邓婕："网络空间何以为'公共场所'？——关于刑法解释限度的思考"，载《法律方法》2015 年第 1 期，第 332～333 页。

〔2〕　武诗敏："'在公共场所当众强奸'的解释逻辑与未来适用"，载《法学论坛》2014 年第 3 期。

重的才构成犯罪。但是应当认识到，对这类刑法上没有构成犯罪的情节程度之明确要求的犯罪，绝不是说构成犯罪就可以不看情节。[1]我国刑法界定罪与非罪的一个基本的标准，就是以刑法所惩罚的犯罪行为不仅要具有社会危害性，而且其危害要达到较为严重的危害程度。因此，《刑法》第13条在载明一切危害社会的、触犯刑法且为刑罚所处罚的行为都是犯罪之后，特别以"但书"提示和强调："但是情节显著轻微危害不大的，不认为是犯罪。"对于这类法律上没有明文规定构成犯罪之情节要求的犯罪，在司法适用上绝不能不看情节，只要有法定的行为就一律认定为犯罪。如果行为人实施了强制他人穿着、佩戴宣扬恐怖主义、极端主义的服饰、标志的行为，但是根据某一方面突出的情况或者综合全案情况看，行为人的涉案行为确属情节显著轻微危害不大的，当然应当依据《刑法》第13条"但书"的规定，依法不认定为犯罪。

应当指出，2015年通过的我国《反恐怖主义法》作为与《刑法》相衔接的前提性的反恐行政法，也就此有明确的规定。按照我国《反恐怖主义法》第80条的规定，行为人实施强制他人在公共场所穿戴宣扬恐怖主义、极端主义的服饰、标志的行为，"情节轻微，尚不构成犯罪的，由公安机关处10日以上15日以下拘留，可以并处1万元以下罚款"。我国《反恐怖主义法》也确认，绝不是凡实施强制他人穿戴宣扬恐怖主义、极端主义的服饰、标志的行为就一律构成犯罪，而是存在罪与非罪区分的余地和实际需要。其中如果属于情节轻微的可以不认定为犯罪而以行政违法予以处罚。结合本罪考察，我国《反恐怖主义法》第80条所规定的"情节轻微"，与我国《刑法》第13条"但书"所规定的"情节显著轻微"是一致的，也可以说二者的含义和指向是相同的。因此，司法实务中处理此类案件时，必须注意贯彻我国《刑法》和我国《反恐怖主义法》规定的相关要求与精神，正确区分罪与非罪的界限。

实践中，认定涉本罪案件的行为是否属于《反恐怖主义法》第80条所规定的"情节轻微，尚不构成犯罪"，或者说是否属于《刑法》第13条"但书"所说的"情节显著轻微危害不大的，不认为是犯罪"的情形，应当结合涉案行为的社会危害性、行为人的人身危险性，行为人在涉案活动中发挥的作用及其事后的表现等全案情况，综合予以判断。[2]

---

[1] 赵远："关于强制穿戴宣扬恐怖主义、极端主义服饰及标志罪的认定"，载《南都学坛》2019年第4期。
[2] 郎胜、胡康生主编：《中华人民共和国刑法释义》，法律出版社2006年版，第294页。

二、此罪与彼罪的界限

（一）本罪与侮辱罪的界限

《刑法》第246条规定的侮辱罪，是指以暴力或者其他方法公然贬低他人人格，破坏他人名誉，情节严重的行为。本罪与侮辱罪在客观上都可以暴力为实施手段，在行为性质和危害上都可以说是对他人人格的侮辱，由此而言两罪有相似之处。两罪的区别在于以下三方面：

第一，两罪的犯罪性质不同。本罪属于危害公共安全罪章节中的涉恐犯罪类型；侮辱罪属于侵犯公民人身权利、民主权利罪章节中的侵犯公民人格权、名誉权的犯罪类型。

第二，两罪的主观内容不同。本罪的主观内容是行为人通过实施强制他人在公共场所穿戴宣扬恐怖主义、极端主义的服饰、标志的特定行为而追求达到其宣扬恐怖主义、极端主义之目的的故意心态；侮辱罪的主观内容是行为人通过实施侮辱行为而达到其贬低他人人格、破坏他人名誉的目的。

第三，两罪的客观行为不同。本罪行为人以暴力、胁迫或者其他方式实施的是强制他人在公共场所穿戴宣扬恐怖主义、极端主义的服饰、标志的行为，这里有强制内容的要求，即穿戴必须在"公共场所"和穿戴物必须是"宣扬恐怖主义、极端主义的服饰、标志"的限制；而侮辱罪的行为人以暴力或者其他方法实施的是公然贬低他人人格、破坏他人名誉的行为，此外并无其他客观限制。

2. 本罪与非法剥夺公民宗教信仰自由罪的界限

我国《刑法》第251条规定的非法剥夺公民宗教信仰自由罪，是指国家机关工作人员非法剥夺公民的宗教信仰自由和侵犯少数民族风俗习惯，情节严重的行为。由此可见两罪最大的不同就是犯罪主体不一样，前者的犯罪主体没有限制，后者的犯罪主体是有限制的，只能是国家机关工作人员。但是有些宗教极端分子认为穿着恐怖主义、极端主义服饰、标志是宗教活动之一，以宗教信仰自由为辩解理由，甚至无理地指控司法机关工作人员犯非法剥夺公民宗教信仰自由罪。

我们有必要把非国家机关工作人员纳入到非法剥夺公民宗教信仰自由罪当中。明确宗教和极端主义的区别。我国《宪法》第36条规定："任何国家机关、社会团体和个人不得强制公民信仰宗教或者不信仰宗教，不得歧视信仰宗教的公民和不信仰宗教的公民。国家保护正常的宗教活动。任何人不得利用宗教进行破坏社会秩序、损害公民健康、妨碍国家教育制度的活动。"但是我国的法律不保护反社会、反人类、反国家的极端主义形式宗教。我国新疆地区颁布了"禁袍令"禁止穿着佩戴里切克、吉里巴甫服，这也是新疆贯彻我国"去极端化"政策的体现。尽管维吾尔族人民是信仰伊斯兰教，但是有自己本民族的传统服饰文化（如图6-1、图6-2所示），[1]没有对穆斯林所特有的蒙面罩袍进行盲目的跟从。所以由此我们可以看出，蒙面罩袍的本质属性既非新疆维吾尔族民族服饰，也非新疆穆斯林的宗教服饰，其实质就是极端主义者为了给自己实施的暴力行为进行一种掩护。这些极端主义者极有目的性地将民族文化和宗教文化相混淆，希望将本民族的民族文化逐渐在人们的心中、生活中慢慢磨灭掉，使宗教文化，更准确地说是极端宗教文化成为主流，否认宗教文化与中华传统文化之间的关系，不认同中华传统文化，想要更进一步实现他们破坏民族团结和祖国统一的目的。

图6-1　金丝绒花帽

（三）本罪与宣扬恐怖主义、极端主义、煽动实施恐怖活动罪的界限

《刑法》第120条之三规定的宣扬恐怖主义、极端主义、煽动实施恐怖活动罪，是指以制作、散发宣扬恐怖主义、极端主义的图书、音频视频资料或者其他物品，或者通过讲授、发布信息等方式宣扬恐怖主义、极端主义，或者公然煽动不特定的多数人实施恐怖活动的行为。《刑法》第120条之五规定的本罪，是指以暴力、胁迫等方式强制他人在公共场所穿着、佩戴宣扬恐怖主义、极端主义的服饰、标志的行为。两罪均属涉恐怖主义、极端主义的犯罪，而且本罪

[1]　维吾尔族有自己非常传统的服饰与着装习俗，而且历史悠久、文化灿烂。比如艾特莱斯丝绸裙、金丝绒花帽、各种刺绣的衬衫和各种艳丽的头巾以及老母亲的白纱巾等，都是维吾尔族人民特有的着装与服饰特点。

图 6 - 2　艾特莱斯丝绸裙

与第 120 条之三罪名中的宣扬恐怖主义、极端主义的犯罪行为近似，本罪的强制他人在公共场所穿戴宣扬恐怖主义、极端主义的服饰、标志的行为，从广义上讲当然也是一种宣扬恐怖主义、极端主义的行为，本罪行为人实施强制他人在公共场所穿戴宣扬恐怖主义、极端主义的服饰、标志的行为，其主观上就是怀有宣扬恐怖主义、极端主义的目的。正因二者的近似，在《刑法修正案（九）》（草案）征求意见的过程中，曾有学者建议将本罪的行为归于宣扬恐怖主义、极端主义罪中。[1]《刑法修正案（九）》之所以最终仍然确立本罪，国家立法机关是把本罪之强制他人在公共场所穿戴宣扬恐怖主义、极端主义的服饰、标志的行为作为宣扬恐怖主义、极端主义的特定行为以特殊法条和独立罪名予以规制，而区别于具有普通意义的宣扬恐怖主义、极端主义罪。因此，如果行为人实施的是符合第 120 条之五规定的强制他人在公共场所穿戴宣扬恐怖主义、极端主义的服饰、标志的行为的，当然应当以特殊法条优于普通法条之原则认

---

〔1〕　周洪波：“《刑法修正案（九）》新增恐怖犯罪的理解与适用”，载《中国检察官》2015 年第 19 期。

定为本罪；而行为人若实施的是以制作、散发宣扬恐怖主义、极端主义的图书、音频视频资料或者其他物品的方式，或者通过讲授、发布信息等方式宣扬恐怖主义、极端主义的行为的，则构成《刑法》第 120 条之三罪名中的宣扬恐怖主义、极端主义罪。

三、本罪的特殊形态问题

（一）本罪的停止形态

就本罪的既遂形态来看，只要行为人在强制方式上是暴力、胁迫，在强制的内容上是穿戴宣扬恐怖主义、极端主义的服饰、标志，在地点上是公共场所，不需要任何情节和后果的发生，也不要求实现宣扬的目的，就可以认定本罪既遂。从刑法的理论当中讨论，本罪属于抽象危险犯。要以暴力、胁迫等方式强制他人在公共场所穿着、佩戴宣扬恐怖主义、极端主义服饰、标志的行为，能够引起一般民众心理上的不适与压力，即可判定存在侵害公共安全的抽象危险，判定的标准以一般的社会生活经验来判定。因为恐怖主义在社会中能够引起各种不确定的、不可预知的风险，所以对于法益保护的问题刑法有必要在时间上进行适当提前，这种适当的提前是为了消除风险社会给我们带来的不安，也即一旦行为人有存在法定危险的情况，我们便可将其推定为存在客观的抽象危险，刑法也就能在危险变为现实之前介入其中，将危险能更早的控制，从而避免风险变为现实灾害。[1]

当代恐怖主义和极端主义适用暴力手段，视无辜群众的生命为草芥，因此对我们而言也是一种风险，并且抽象危险犯其实最早就是出现在打击恐怖主义犯罪的过程中。[2]在本罪当中强制他人穿着恐怖主义、极端主义服饰、标志这种行为其本身只是对他人行为自由的侵犯，绝不至于对公共安全即个人的生命、身体、财产有什么具体威胁，但是由于这种行为还带有恐怖主义、极端主义性质，使得不特定多数人感到惶惶不安，因此应当适用抽象危险犯予以规制。

（二）本罪的罪数形态问题

行为人实施本罪而又同时触犯其他罪名的，就涉及罪数形态问题，需要正确认定。按照，2018 年 3 月 16 日最高人民检察院、最高人民法院、公安部、司法部联合下发的《关于办理恐怖活动和极端主义犯罪案件适用法律若干问题的意见》文件的规定，行为人犯《刑法》第 120 条之一至之六规定的犯罪，同时

〔1〕　黎宏："《刑法修正案（九）》中有关恐怖主义、极端主义犯罪的刑事立法——从如何限缩抽象危险犯的成立范围的立场出发"，载《苏州大学学报（哲学社会科学版）》2015 年第 6 期。
〔2〕　王雯汀："风险社会下抽象危险犯的理论境域"，载《河北法学》2013 年第 2 期。

构成其他犯罪的，依照处罚较重的规定定罪处罚。结合本罪贯彻该司法文件的要求，关于本罪罪数形态的认定应把握两个要点：

第一，行为人实施了强制他人穿戴宣扬恐怖主义、极端主义的服饰、标志的行为，仅触犯本罪法条的，依法仅构成本罪。

第二，行为人构成本罪的行为同时又触犯其他罪名（指《刑法》第 120 条之一至之六外的非涉及恐怖主义和极端主义的其他类型的犯罪）的，如行为人以暴力强制他人在公共场所穿戴宣扬恐怖主义、极端主义的服饰、标志的行为导致他人受伤、死亡的，这种情况下行为人的行为可能还触犯了故意伤害罪或者过失致人死亡罪的罪名，这种犯罪情况属于想象竞合，应当按照想象竞合犯情况下适用法律的原则，择一重罪定罪处罚。[1]

如果行为人实施本罪的过程中或者之前或之后，又以另外的行为触犯其他罪名的，包括另行触犯其他类型的犯罪，也包括另行触犯《刑法》第 120 条之一至之六的涉及恐怖主义和极端主义的犯罪，因为此种情况下行为人是以数个犯意和行为触犯数个罪名，原则上就应当认定为数罪并罚。例如，行为人在实施本罪之强制行为的过程中，由于其中某个被强制者不从甚至有所反抗，行为人怒而将其杀害的，或者行为人在实施暴力、胁迫之强制行为的过程中见色起意而强奸被强制人的，即应以本罪和故意杀人罪或者以本罪和强奸罪实行数罪并罚。

第四节　强制穿戴宣扬恐怖主义、极端主义
服饰、标志罪的刑事责任

我国《刑法》第 120 条之五规定，以暴力、胁迫等方式强制他人在公共场所穿着、佩戴宣扬恐怖主义、极端主义服饰、标志的，处 3 年以下有期徒刑、拘役或者管制，并处罚金。由此可见本罪是《刑法》所规定的涉及恐怖主义和极端主义的犯罪中处罚较轻的罪名之一，这主要是由于相比于其他严重的恐怖主义、极端主义犯罪，本罪的行为毕竟只是强制他人穿戴宣扬恐怖主义、极端主义的服饰、标志，其距离实施恐怖主义、极端主义的犯罪活动较远，其行为的社会危害性相对较轻。

---

〔1〕　高铭暄、马克昌主编：《刑法学》，北京大学出版社 2017 年版，第 45 页。

第七章 非法持有宣扬恐怖主义、极端主义物品罪

第一节 非法持有宣扬恐怖主义、极端主义物品罪的立法沿革

一、国际社会的相关立法

恐怖主义犯罪的惩治是一个全球性问题，任何一个国家都难以置身事外。为了合作应对恐怖主义犯罪，国际社会先后通过了一系列国际条约或国际文件，如《关于防止和惩处侵害应受国际保护人员包括外交代表的罪行的公约》（1973年）《反对劫持人质国际公约》（1979年）《制止恐怖主义爆炸事件的国际公约》（1997年）《制止向恐怖主义提供资助的国际公约》（1999年）《制止核恐怖主义行为国际公约》（2005年）等。此外，一些区域性国际组织也通过了相应的区域性反恐合作条约，如《上海合作组织反恐怖主义公约》（2009年）。这些国际公约或国际文件明确了各国在惩治恐怖主义犯罪方面的义务，在恐怖主义犯罪的管辖等方面达成了共识。[1]虽然并未明确规定将非法持有宣扬恐怖主义、极端主义物品作为犯罪处理，但从合作应对恐怖主义的精神来看，将此类行为作为犯罪处理体现了国际社会的共同意愿，例如，《上海合作组织反恐怖主义公约》第9条第1款规定，各方应当将公开煽动或公开怂恿恐怖主义，即为唆使实施本款第1项至第3项，第5项至第10项所指的犯罪而传播某些言论，或公开呼吁支持和效仿恐怖主义等行为认定为刑事犯罪。事实上，在国际公约层面也有关于持有型犯罪的明确规定，例如，1988年通过的《联合国禁止非法贩运麻醉药品和精神药物公约》明确要求各缔约国将"占有或购买任何麻醉药品或精神药物"的行为规定为刑事犯罪。因此，非法持有宣扬恐怖主义、极端主义

---

〔1〕 阮传胜：《恐怖主义犯罪研究》，北京大学出版社2007年版，第30页。

物品罪的设立，契合了惩治恐怖主义犯罪国际义务的要求。

二、我国相关立法沿革

《刑法修正案（九）》之前，非法持有宣扬恐怖主义、极端主义物品罪在我国 1979 年、1997 年两部《刑法》以及一系列单行刑法及前八个刑法修正案中都未有涉及。1997 年《刑法》中，直接规制恐怖主义犯罪的罪名只有一个，即组织、领导、参加恐怖组织罪，此后在 2001 年通过的《刑法修正案（三）》中增设了资助恐怖活动罪。在相当长的一段时期内，这两个罪名成了我国刑法中直接规制恐怖主义犯罪的主要罪名。但是，面对严峻的恐怖主义犯罪形势，特别是由于在惩治恐怖主义犯罪中面临种种困难，《刑法修正案（九）》基于从严惩治恐怖主义犯罪的精神，新增了非法持有宣扬恐怖主义、极端主义物品罪等 5 个罪名。如此一来，我国《刑法》中直接规制恐怖主义犯罪的罪名就达到了 7 个，这些罪名与其他间接规制恐怖主义犯罪的罪名如放火罪、爆炸罪、劫持航空器罪、绑架罪等罪名，共同组成了我国惩治恐怖主义犯罪的罪名体系，使我国惩治恐怖主义犯罪的刑事法网更加严密，为应对恐怖主义犯罪提供了有力的法律保障。

此外，对持有型犯罪本身具有严密刑事法网的价值。在我国刑法中，持有型犯罪是一种兜底性犯罪类型，即立法者为了从严惩治某一类犯罪，通常会在直接规定一些罪名之后，将持有型犯罪作为一种兜底性条款予以规定。一般情况下，只要行为人实施了相应的犯罪行为，就直接按照相应的罪名进行惩处即可。但是，对于毒品犯罪等少数严重犯罪，由于在实践中要证明行为人实施了相应的犯罪存在一定困难，即对其直接实行行为的认定惩处存在一定难度，而对于其持有特定物品的事实却容易证明，此时就可以相应的持有型犯罪予以定罪处罚，从而能够防止犯罪分子逃避处罚。正因为如此，有学者明确指出，持有型犯罪"反映了立法者严密刑法法网、严厉打击某些严重犯罪、充分发挥刑法社会保护功能的价值追求"。[1]《刑法修正案（九）》增设非法持有宣扬恐怖主义、极端主义物品罪，意味着对恐怖主义犯罪也有了一个兜底性罪名，对于行为人持有宣扬恐怖主义、极端主义物品的行为，如果有证据证明其已经实施了其他恐怖主义犯罪行为，原则上就应当以相应的其他恐怖主义犯罪罪名定罪处罚。但是，如果没有证据证明犯罪分子实施了其他恐怖主义犯罪行为的，也能够以非法持有宣扬恐怖主义、极端主义物品罪予以处罚，这是由

---

[1] 杨春洗、杨书文："试论持有行为的性质及持有型犯罪构成的立法论意义——以持有假币罪为理论起点"，载《人民检察》2001 年第 6 期。

本罪系持有型犯罪这一性质所决定的，体现了严密刑事法网、从严惩治恐怖主义犯罪的立法精神。

《刑法修正案（九）（草案）》（一次审议稿）中，本罪规定于第 6 条第 4 款，作为《刑法》第 120 条之四，具体规定为："持有宣扬恐怖主义、极端主义的物品、图书、音频视频资料，情节严重的，处 3 年以下有期徒刑、拘役或者管制，并处或者单处罚金。"在随后的草案二次审议稿中，由于资助恐怖活动罪的修改以及准备实施恐怖活动罪，强制穿戴宣扬恐怖主义、极端主义服饰、标志罪的增设，本罪在草案中的位置调整为第 7 条第 6 款，在内容方面作了两处修改：其一，本罪在"持有"前增加了"非法"一词，这一修改主要是因为国家机关在查处宣扬恐怖主义、极端主义的物品、图书、音频视频资料后可能会需要保存或运输，因而要以"非法持有"这些物品作为本罪成立的必要条件，此处修改填补了原先立法用语上的漏洞，使得本条规定更为严谨。其二，在"音频视频资料"后，增加"或者其他物品"，将前面的"物品"删去。修改后的规定为兜底性条款，用于涵盖日后司法实践中可能出现的图书、音频视频资料以外的其他类似物品，使得本条文所涵盖的外延更加广泛。实际上，任何一条法律在设立之初都很难覆盖到当前司法实践中的所有情况，更不用说预见以后可能会出现的状况了。然而基于刑法的稳定性，对其又不能进行过于频繁的改动，故需要兜底性条款加以概括性规定。草案二次审议稿中，本条规定为："非法持有宣扬恐怖主义、极端主义的图书、音频视频资料或者其他物品，情节严重的，处 3 年以下有期徒刑、拘役或者管制，并处或者单处罚金。"

在《刑法修正案（九）（草案三次审议稿）》中，本罪又作了修改，这次的改动主要在罪状表述上，具体是将"非法持有"调整到"其他物品"之后，以"而"相连接，并在"宣扬恐怖主义"前增加了"明知是"的限定，具体法条表述为："明知是宣扬恐怖主义、极端主义的图书、音频视频资料或者其他物品而非法持有，情节严重的，处 3 年以下有期徒刑、拘役或者管制，并处或者单处罚金。"

长期以来，由于持有型犯罪在同类犯罪中危害相对较小，是否应该将其去犯罪化一直存有争议。[1] 修正案一次审议稿的意见征集过程中，还有单位建议删去本罪。[2] 因此，在司法实践中需要谨慎把握，避免过度犯罪化。实际上，

---

[1] 李立众："持有型犯罪研究"，载《刑事法评论》2002 年第 2 期。

[2] 参见全国人民代表大会法律委员会关于《中华人民共和国刑法修正案（九）（草案三次审议稿）》修改意见的报告，载全国人大网，http://www.npc.gov.cn/wxzl/gongbao/2015 - 11/09/content_1951901.html，访问时间：2019 年 10 月 17 日。

即便不在条文中加入"明知"一词，"明知"仍然应该作为本罪主观要件的要素之一，其之所以要把"明知"特别写入本罪名的罪状，就是立法者特别提醒在司法实践中要注意这一限制。此后，直至《刑法修正案（九）》的正式通过，本罪法条均未再作任何修改。

近年来，随着互联网、快递运输事业的快速发展，图书、音频视频资料或者其他宣传类物品的传播速度已今非昔比。如此便捷的传播方式，也为恐怖主义、极端主义宣扬其理念、主张、意识形态提供了极大便利。恐怖分子通过传播这类物品，可以制造极大的社会危害性，既可以用来宣传恐怖主义、极端主义理念，又可以用来招募恐怖主义、极端主义人员，还可以作为恐怖主义、极端主义培训的资料。青少年由于心智尚不成熟，特别容易受到这些恐怖主义、极端主义宣传品的影响，从而加入到恐怖组织，甚至成为恐怖主义战斗员实施恐怖主义、极端主义犯罪。实践中，有时行为人非法持有大量的宣扬恐怖主义、极端主义的图书、音频视频资料或者其他物品，但难以证明其是否存在转发、散布这些资料的行为，又或者这些人尚未开始实施转发、散布行为，从而不能对其进行处罚。然而，这种非法持有的状态，随时都有可能转化成散发、传播等行为。如果对这类行为不予以惩治，就难以遏制宣扬恐怖主义、极端主义，煽动实施恐怖活动的犯罪势头。《刑法修改案（九）》增加了关于非法持有宣扬恐怖主义、极端主义物品的犯罪规定，以打击上述行为，体现了遏制恐怖主义、重视"打早打小"的刑事政策精神。

第二节　非法持有宣扬恐怖主义、极端主义物品罪的犯罪构成

根据我国《刑法》第 120 条之六的规定，非法持有宣扬恐怖主义、极端主义物品罪，是指明知是宣扬恐怖主义、极端主义的图书、音频视频资料或者其他物品而非法持有，情节严重的行为。

一、非法持有宣扬恐怖主义、极端主义物品罪的客体

本罪规定在危害公共安全罪中，这类罪名侵犯的客体是社会公共安全，即不特定多数人的生命、健康或者重大公私财产安全。从犯罪客体的层级关系上来看，公共安全是同类客体，而作为本罪犯罪构成要件的却是直接客体，同类客体对直接客体具有指导意义，因而本罪的客体一定反映的是公共安全或者具

有公共安全的属性。[1]但是，作为同类客体的公共安全能否直接认定为本罪的客体，却是一个值得讨论的问题。

第一，这样的界定反映了作为具体罪名的直接客体与类罪名的同类客体之间的联系。因为类罪名的犯罪性质、社会危害、侵害客体等都可以通过具体罪名来予以体现，直接客体也必然会反映同类客体的内容。非法持有宣扬恐怖主义、极端主义物品罪作为我国《刑法》中危害公共安全罪一章中的具体罪名，肯定会对公共安全造成侵犯，只不过这种侵犯未必是现实的、直接的侵犯，而只是对公共安全的一种侵犯威胁或危险。

第二，这样的界定忽视了具体罪名和直接客体的特殊性，公共安全虽然系同类客体，但其在具体罪名中的表现形式却存在差异，有的是现实侵害，如交通肇事罪等；有的是侵犯公共安全的威胁或危险，如放火罪、破坏交通工具罪等。非法持有宣扬恐怖主义、极端主义物品罪作为一个具体罪名，本身并不会直接导致公共安全受到现实侵犯，即不会直接导致不特定或多数人生命、健康和重大公私财产损失，但由于行为人持有法律禁止的特定物品，会对公共安全造成侵犯的威胁或危险，这是公共安全这一同类客体在本罪中的具体表现。

第三，由于在本罪中行为人所持有的是宣扬恐怖主义、极端主义的物品，依法属于违禁品，这类物品不得由行为人非法持有，而应由有关机关依法予以收缴、销毁等，这体现了国家对这类违禁品进行管制的要求，因而行为人持有这类违禁品又侵犯了宣扬恐怖主义、极端主义物品的管制秩序。所以，我们认为本罪侵犯的客体是复杂客体，一方面表现为对公共安全造成侵犯的威胁或危险，另一方面表现为对宣扬恐怖主义、极端主义物品管制秩序的侵犯。

二、非法持有宣扬恐怖主义、极端主义物品罪的客观方面

本罪的客观方面表现为明知是宣扬恐怖主义、极端主义的图书、音频视频资料或者其他物品而非法持有，情节严重的行为。

（一）"物品"的认定

根据《刑法》第120条之六的规定，物品种类包括图书、音视频资料或其他物品。传统意义上，极端主义者（组织）持有的物品一般是非法印刷品、宣传单等实体的形态，对于这类传统的有形物品的认定不存在明显问题。但是随着信息技术的发展，物品的表现形态不再拘泥于实体物，更多借助现代通信技

---

[1] 胡江："论非法持有宣扬恐怖主义、极端主义物品罪——对《刑法》第120条之六的解读"，载《西南政法大学学报》2018年第1期。

术，将互联网作为持有物的载体或手段，即通过网站、网页、电子邮件、论坛、博客、微博、即时通信软件、群组、聊天室、移动存储介质、电子阅读器等电子存储媒介持有以宣扬极端主义为导向的文稿、图片、音视频等电子信息。因此，相关部门将电子图书、电子刊物、电子图片、电子音视频等，也纳入了"物品"的范围之内。

当然，也有学者认为，将电子信息解释为物品，已经超出了"物品"可能的含义。[1]物品一般为有体物，特点在于内容和载体的统一性；而存在于网络的宣扬极端主义的电子信息则表现为内容和载体的不统一，其随时可以与载体分离，且不影响载体与内容的属性。换言之，将电子信息认定为物品的表现形式与物品的本质属性不相符。如果通过列举的方式强行将电子信息纳入"物品"内涵，则未免有扩大解释嫌疑。类似的问题曾出现在我国台湾地区对"猥亵物品"的解释中。最初我国台湾地区"刑法"明确规定"猥亵物品"是指实体物和出版物，为了妥善解决这一问题，台湾地区修正了"刑法"相关规定，试图将电子信息纳入物品的范围。[2]显然，台湾地区在分析其与传统文书属性的基础上，将电子信息拟制为"准文书"，从而将其纳入到"物品"范畴。我国最高人民法院和最高人民检察院在2004年联合发布的《关于办理利用互联网、移动通讯终端、声讯台制作、复制、出版、贩卖、传播淫秽电子信息刑事案件具体应用法律若干问题的解释（一）》第9条也指出，"其他淫秽物品"的类型包括互联网、移动通讯终端电子信息和声讯台语音信息。乌尔里希·齐白教授也曾指出，其研究的绝大部分国内法律体系和国际条约在传播非法内容载体上的规定，不再区分利用传统载体或利用有形电子数据载体以及利用类似互联网、无线电广播等无形发射系统传播的数据。[3]由此可知，在对"物品"进行解释时，可以通过分析电子信息同传统实物的本质属性，将电子信息等同于或拟制为"物品"，这满足了信息时代下法律发展和司法实践的需要。因此，对"物品"的解释应当包含电子信息。

然而，当下面临的问题在于随着网络科技的发展，电子信息存在的方式表现出明显多样化和隐蔽化趋势，事实上很难事先预设哪些形式或种类的电子信息属于"物品"范畴。实际生活中，将某类含有极端主义思想的电子信息视为

---

〔1〕　邵立："网络环境下传播淫秽物品罪若干问题研究"，华东政法大学2011年硕士学位论文。

〔2〕　在纸上或物品上之文字，符号，图画，照像，依习惯或特约，足以为表示其用意之证明者，关于本章及本章以外各罪，以文书论；录音、录影或电磁记录，借机器或电脑之处理所显示的声音、影像或符号，足以表示其用意之证明者，亦同。

〔3〕　［德］乌尔里希·齐白：《全球风险社会与信息社会中的刑法：二十一世纪刑法模式的转换》，周遵友、江溯等译，中国法制出版社2012年版，第384页。

宣扬极端主义的物品，是因为此类电子信息往往能够通过较为容易获取的工具，使得物品的宣扬极端主义性得以显现。因此，某些特定的电子信息在常态下，其内容的宣扬极端主义性不能被受众感知，但能够通过并不是很复杂的操作，就能使宣扬极端主义性得以显现，此类物品就应属于宣扬极端主义物品。但如果某原始宣扬极端主义的电子信息，通过难以破解的加密方式（如以特定的复杂算法对电子数据进行重组），生成新的电子信息，此时应当如何认定学界仍在讨论。

对于电子信息"物品化"是否存在一定的判断标准，有学者提出了所谓"易于显现并再现"的标准。[1]"易于显现"是指相关信息所包含的宣扬极端主义的内容，并不需要专门的技术水平和技术工具即可得以显现。网络电子信息、数据在制作产生时可能涉及相关计算机专业技术性的编码压制、转化，但成品只需要用户简单地点击或者下载极易获取的技术工具，即可轻松将数字代码还原成制造者最初包含宣扬极端主义的文本、图片、音视频。"易于再现"标准则用于区分可物品化和无法物品化的电子信息。两者在本质上都属于电子数据，但是前者如包含宣扬极端主义内容的电子书刊、图片、音视频等，可以使用复制、下载的手段随时进行再现，具有可再现性和可操作性，属于"物品"的表现形态；而后者如即时聊天室、通话等，体现为即时性和不可再现性，不属于"物品"的表现形态。当然，如果通过录音的形式将通话固定下来、通过截图的方式将视频固定下来，此时的录音、截图也属于"物品"范畴。通过这一标准，可以将宣扬极端主义的电子信息拟制为本罪中的"宣扬极端主义物品"，避免了刑法再碰到此类物品的疑难问题，也避免了刑法解释的过度扩张，符合刑法谦抑性的要求。

至于电子信息的具体类型，可以参考2016年10月1日最高人民法院、最高人民检察院和公安部联合发布的《关于办理刑事案件收集提取和审查判断电子数据若干问题的规定》第1条中对于电子数据的分类规定，[2]再结合"易于显现并再现"标准，宣扬极端主义物品中包含的具体的电子信息类型包括：网页、博客、网盘等网络平台发布的信息；手机短信、电子邮件、通信软件聊天记录等网络应用服务的通信信息；文档、图片、音视频等电子文件。司法实践中已

---

〔1〕 宋寅亮："网络传播淫秽物品犯罪认定研究"，湖南大学2010年硕士学位论文。

〔2〕 最高人民法院、最高人民检察院和公安部联合下发的《关于办理刑事案件收集提取和审查判断电子数据若干问题的规定》第1条规定，电子数据包括但不限于下列信息、电子文件：①网页、博客、微博客、朋友圈、贴吧、网盘等网络平台发布的信息；②手机短信、电子邮件、即时通信、通讯群组等网络应用服务的通信信息；③用户注册信息、身份认证信息、电子交易记录、通信记录、登录日志等信息；④文档、图片、音视频、数字证书、计算机程序等电子文件。

对"物品"认定进行了上述扩大适用,在以下两则司法实务案例中足以证明。

案例一,被告人朱某通过"翻墙"软件访问在国内被禁的境外网站,浏览、下载关于中东地区宣扬恐怖主义、极端主义的暴力恐怖视频、图片,并保存于自己电脑和百度云盘里。朱某在"百度知道"上发现有帖子称想要暴恐视频,于是通过淘宝、QQ、微信、百度云盘等方式多次交易此前下载的暴恐音视频获利。法院经审理认为,朱某的行为构成非法持有宣扬恐怖主义、极端主义物品罪,处有期徒刑 8 个月,并处罚金 10 000 元。[1]

案例二,被告人樊某通过互联网下载了 37 部视频,内容为斩首、剖腹等血腥恐怖画面,并存于云盘。公安局反恐怖主义支队审查认为,樊某持有物均属暴力恐怖视频。法院经审理认为樊某的行为成立非法持有恐怖主义物品罪,处有期徒刑 8 个月,并处罚金 2000 元。[2]

(二)"持有"的理解

在学理上,对"持有"的界定也不完全一致。有学者认为,"持有"是指以占有、携有、藏有等方式实现实际控制的行为。[3]有学者认为,"持有"是指行为人与物之间事实上的支配与被支配状态,具体表现为行为人对特定物品的占有、收藏、控制、保管等方式。[4]有学者认为,"持有"是指行为人事实上支配、支配法律规定的管制物品。[5]有学者认为,"持有"客观表现为一种"在事实上或法律上对物的支配能力"的状态。[6]有学者认为,"持有"是指违反国家法律规定,擅自对管制物品进行事实上的支配、控制的行为。[7]

归纳上述解释和观点可知,"持有"具有以下特征:①持有客观表现为事实上或法律上的控制、支配行为;②持有表现为一种持续行为,即在一定时间内由持有人支配、控制。这里的时间以行为人可以充分结束控制的时间为基准。如,行为人打开某网页后,该网页自动下载某段暴恐视频,行为人在观看后仍未删除则认定为持有;③持有不要求持有人为该物的所有权人,为他人持有某物,仍为持有;④持有不限于亲自持有,既可以表现为直接占有、携带、私藏、

〔1〕 "男子'翻墙'下载暴恐视频、图片网上售卖",载 https://finance. sina. com. cn/sf/news/2016 – 07 – 20/090037779. html,访问时间:2019 年 2 月 15 日。

〔2〕 "襄阳市首例非法持有宣扬恐怖主义物品案件宣判",https://www. chinacourt. org/article/detail/2017/03/id/2578656. shtml,访问时间:2019 年 2 月 17 日。

〔3〕 林准主编:《中国刑法教程》,人民法院出版社 1994 年版,第 121 页。

〔4〕 陈正云、李泽龙:"持有行为———一种新型的犯罪行为态样",载《法学》1993 年第 5 期。

〔5〕 阮方民:"'持有型犯罪'与'占有型犯罪'辨析",载《政治与法律》1994 年第 1 期。

〔6〕 饶景东:"议持有型犯罪",载《中外法学》1993 年第 6 期。

〔7〕 于英君、张志勇:"论持有型犯罪的立法完善",载《法学》1996 年第 5 期。

复制等直接形式，也可以表现为委托第三人保管的间接形式；⑤持有行为的成立对物品的来源没有特别要求，无论是行为人自己主动购买、复制、下载，还是拾得、赠与、祖传等方式，只要是行为人事实上控制、支配持有物即可。综上，我们认为，刑法意义上的持有是指行为人违反法律，对某一特定物形成事实上或法律上控制、支配的行为。本罪的"非法持有"是指非法占有、支配或者控制宣扬极端主义物品的行为。持有的认定取决于两方面：一是客观上的持有行为，二是持有的"非法性"。

第一，客观持有行为的认定。通常认为，只要行为人形成了对物品的控制，即认定持有。既可以表现为直接对宣扬极端主义物品的控制和支配；也可以表现为行为人借助他人形成对宣扬极端主义物品的间接控制和支配；还可以表现为一种法律上的控制和支配。司法实践中对于行为人客观上是否持有宣扬极端主义物品进行判断时，可采取推定的方式，即只要客观上行为人表现出对宣扬极端主义物品的实际控制和支配状态，即认定客观持有。应注意，现行《刑法》并没有像毒品一样单独规定"制造宣扬极端主义物品罪"。那么，对于制造宣扬极端主义物品的行为什么情况下纳入到本罪的规制范围或者其余相关犯罪的规制范围，或什么情况下不构成犯罪，则需要分类讨论。①成品，考虑物品的制作场所。如果行为人制作的场所位于地下私密加工厂，该物品没有向外界展示，且该场所没有可能被外界所获知，可以将制作行为解释为持有；如果行为人制作物品的场所位于半公开或公开的场合，该物品处于被外界知悉的状态下，则可能成立宣扬行为。②半成品。半成品是介于原材料与成品之间尚未制造完成的产品。如仍在缝制的旗帜，尚未写成的书籍。此时应当以半成品所承载的内容能否被外界感知为标准，结合物品的制作地点确定行为人的行为性质。旗帜上如果行为人已经在布料上缝制了"ISIS组织"的标志，即便旗帜尚未制作完成，该旗帜本身足以使社会公众明确知悉其所传达的内容，宜视为等同成品考虑。如果行为人仅制作了一面黑色的旗帜但尚未进行任何标志、口号的缝制，或仅持有制作旗帜的原材料，外界无法从中获悉其传达的内容，此时行为人的制作行为不宜作为犯罪处理。

第二，持有的"非法性"。对于本罪中的"非法"我们也要加以考虑。非法持有与持有相对，是指持有不符合法律规定或者没有经过相关部门许可、授权而持有的行为。只要持有宣扬恐怖主义、极端主义物品而缺乏合法依据的，均视为"非法"。我们认为，对于法定违禁物品的持有只有通过法律的明确授权，才能使持有具有正当性和合法性。对此，可以通过相关司法解释对"非法"的内容进行"原则例外"规定，法律的授权要考虑以下三方面内容：①持有人的资格。持有人的资格需要立法机关或司法机关在综合考虑持有人的职业、宗教信仰、犯罪前科以及教学、研究、艺术需要与宣扬极端主义物品的关联性等因素后通过法律的形式予以明确授权。②取得的手段。一般来讲，具有合法持有资格的人持有宣扬极端主义的物品必须经正当程序获取，如经过有关机关、学校领导批准，到指定的网站等地点获取。在此过程中，即便是具有合法持有资格的大学教授，为了教学的需要而持有宣扬极端主义的音视频，未经正当程序亦构成持有行为的"非法性"。③持有的具体形式。无持有资格的人以任何形式持有宣扬恐怖主义、极端主义的物品都是非法的，但具有合法持有资格的人也并非任何形式的持有都是合法的。例如，大学教授为了教学需要在授权的网站上（该网站注明在下载后24小时内必须对相关信息予以删除）下载了一定数量宣扬恐怖主义、极端主义的图片、音视频和电子书刊，在教学结束后将所有的资料备份并藏于家中，此行为就构成"非法持有"。而如果其出于教研目的从特定机关借出一本宣扬恐怖主义、极端主义的宣传册，在课堂教学结束后及时归还该宣传册或者将其放置在有加密措施的抽屉或保险箱中，则属于"合法持有"。

三、非法持有宣扬恐怖主义、极端主义物品罪的主体

本罪的主体为一般主体，即已满16周岁具有刑事责任能力的自然人。我国《刑法》中，单位犯罪必须以《刑法》明文规定为依据。考察《刑法》第120条之六就会发现，该条并未规定单位可以构成本罪，《刑法》的其他条文也没有关于本罪可以由单位构成的规定。故此，单位不能构成本罪。对于单位实施的非法储存宣扬恐怖主义、极端主义物品的行为，即便该行为表面上为单位所为，也不能对单位依据本罪追究刑事责任，而只能依照全国人大常委会《关于〈中华人民共和国刑法〉第30条的解释》之规定，追究组织、策划、实施该行为的具体自然人的刑事责任。

四、非法持有宣扬恐怖主义、极端主义物品罪的主观方面

非法持有宣扬恐怖主义、极端主义物品罪系故意犯罪，即行为人明知自己持有宣扬恐怖主义物品的行为会产生危害社会的后果，仍希望或放任这种后果的发生。该罪通常表现为直接故意，即行为人具备主观上的支配意思，运用客观实力达到对宣扬恐怖主义物品的控制。[1]特殊情况下，该罪表现为间接故意形态，如电信业务经营者、互联网服务提供者根据其专业知识、技术水平等，明知他人可能在其运营的网站、网页、网络硬盘及其他网络应用服务上非法持

---

[1]　杜邈、郝家英："网络环境下非法持有宣扬恐怖主义物品罪的司法认定"，载《上海政法学院学报（法治论丛）》2018年第6期。

有宣扬恐怖主义物品，但基于经济利益放任上述物品的制作、储存或传输，后在其缓存服务器内查获大量宣扬恐怖主义物品的，属于间接故意。

（一）行为人不需要具备违法性认识

根据《刑法》规定，犯罪故意的认识因素表现为行为人明知自己的行为会发生危害社会的结果，这要求行为人明知其行为及其结果的社会危害性，没有要求行为人明知行为及其结果的刑事违法性。[1]据此，行为人并不需要认识到违反《反恐怖主义法》等具体规定，否则会不当限缩刑法的处罚范围，使犯罪分子以不知法为借口逃避罪责。只要行为人具有相应的社会经验和常识，能够认识到宣扬恐怖主义物品含有危害公共安全内容，以及反映某种政治或意识形态诉求，具有较强的煽动性、示范性，从社会一般观念即可判断该物品系宣扬恐怖主义物品。正如德国学者麦茨格尔提出的"行为人所属的外行人领域的平行评价"理论指出，在规范的构成要件要素的场合，不要求行为人了解规范概念的法律定义，只要行为人以自己的认识水平理解了具体化在规范概念中的立法者的评价即可。[2]

（二）行为人不需要具有实施具体恐怖活动的意图

在我国反恐罪名体系中，持有型犯罪作为预备行为犯罪化的"兜底"性规定，发挥着禁止任何个人或组织非法保存、浏览涉恐信息的重要作用，成为打击恐怖主义的最后一道刑法防线。这意味着对于非法持有宣扬恐怖主义物品罪的主观证明难度较低，并不需要达到查明行为人利用上述物品实施何种行为的程度。有观点认为，"非法持有"不仅要求行为人对持有的宣扬恐怖主义物品具有主观明知，而且要求行为人主观上具有恐怖主义目的或动机，如提供恐怖活动培训、传播恐怖活动信息、招募恐怖活动人员等。[3]但是随着我国不断加大反恐怖主义工作的力度，一些人员在电脑、手机、网络空间内储存大量宣扬恐怖主义物品被查获，只有在无法查明上述物品的具体来源和用途时，才能以持有型犯罪进行定罪处罚，放弃对更为严重的恐怖活动犯罪的追究。如果能够证明行为人持有宣扬恐怖主义物品，是为了在网络群组、社交媒体上发布，或是创建相应的招募恐怖分子网站，以及接受境内外恐怖组织的任务等，则应按照宣扬恐怖主义罪、准备实施恐怖活动罪等其他犯罪论处。

（三）对行为人的主观明知进行推定

按照主客观相统一的原则，行为人只有明知是宣扬恐怖主义的图书、音视

---

[1]　王作富主编：《刑法》，中国人民大学出版社2004年版，第88页。

[2]　张明楷：《刑法学》，法律出版社2016年版，第260页。

[3]　王志祥、刘婷："恐怖活动犯罪刑事立法评析——以《刑法修正案（九）》为重点的思考"，载《法治研究》2016年第3期。

频资料或者其他物品而非法持有，才会构成犯罪。然而，犯罪分子到案以后，通常辩称不明知相关物品的恐怖主义性质，因为好奇、追求刺激等原因在网络上下载、保存，对于主观明知的证明带来较大挑战。为此，对于"明知"的认定，在《关于办理恐怖活动和极端主义犯罪案件适用法律若干问题的意见》中已进行了明确规定。非法持有宣扬恐怖主义、极端主义物品罪主观故意中的"明知"，应当根据案件具体情况，以行为人实施的客观行为为基础，结合其一贯表现、具体行为、程度、手段、事后态度，以及年龄、认知和受教育程度、所从事的职业等综合审查判断。具有下列情形之一，行为人不能做出合理解释的，可以认定其"明知"，但有证据证明确属被蒙骗的除外：①曾因实施恐怖活动、极端主义违法犯罪被追究刑事责任，或者 2 年内受过行政处罚，或者被责令改正后又实施的；②在执法人员检查时，有逃跑、丢弃携带物品或者逃避、抗拒检查等行为，在其携带、藏匿或者丢弃的物品中查获宣扬恐怖主义、极端主义的物品的；③采用伪装、隐匿、暗语、手势、代号等隐蔽方式制作、散发、持有宣扬恐怖主义、极端主义的物品的；④以虚假身份、地址或者其他虚假方式办理托运，寄递手续，在托运、寄递的物品中查获宣扬恐怖主义、极端主义的物品的；⑤有其他证据足以证明行为人应当知道的情形。

我们还可以借助本罪的主观认识因素来分清行为人的明知。具体在主观认识方面可分为以下四点。

第一，对行为性质的认识。对行为性质的认识包括对其行为内容、作用的认识。行为是犯罪的核心要件，行为人对其行为性质的认识是确定犯罪性质的重要主观前提。[1]如果行为人对自己行为的实际性质缺乏认识，便无法认识到其行为会发生危害社会的结果，从而排除犯罪故意的成立。在本罪当中，行为人对于非法持有的宣扬恐怖主义、极端主义物品的性质、作用缺乏认知，认为是合法物品而持有的行为，没有达到宣扬目的，这显然不构成非法持有宣扬恐怖主义、极端主义物品罪。

第二，对于危害结果的认识。即对行为造成或者可能造成危害社会结果的内容与性质的认识，如故意杀人罪的行为人认识到自己的行为会发生致人死亡的结果。对危害结果的认识是犯罪故意认识因素中最根本的内容，尤其是在一些行为性质相似、造成同样后果的案件中，行为人对结果的认识情况直接决定了行为成立何种犯罪，如故意杀人罪与故意伤害致人死亡。在本罪中，如行为人只是出于兴趣收集而非法持有宣扬恐怖主义、极端主义物品，对于所持物品的危害结果没有认知到的情况下，我们认为也构成本罪，主要为了更有力地打

---

[1]　贾宇："论犯罪故意中的事实认识"，载《法制与社会发展》1997 年第 3 期。

击恐怖主义、极端主义。

第三，对法定行为对象的认识。例如，走私、贩卖、运输、制造毒品罪，要求行为人必须明知其行为对象是毒品。本罪中，行为人必须明知其持有的对象是宣扬恐怖主义、极端主义的物品。

第四，对特定时间、地点、方法的认识。刑法规定某些犯罪以特定的时间、地点及方法、手段为构成要件。对这些犯罪来说，是否具备特定的时间、地点以及方法，决定着行为是否成立犯罪。例如，非法狩猎罪，要求行为人明知是在禁猎区、禁猎期或者使用禁用的工具、方法来实施狩猎的行为。我国某地在一段时间内盛行吉里巴甫服（黑色蒙面罩袍），甚至要将其作为民族服饰来穿戴，行为人当时持有是合法。但是，此后我国把吉里巴甫服作为宗教极端主义的象征，这时行为人没有主动将其上交给有关机关，可认定为本罪。

第三节　非法持有宣扬恐怖主义、极端主义物品罪的认定

对于本罪的犯罪构成有了基本认识之后，更为重要的是本罪的认定方面。非法持有宣扬恐怖主义、极端主义物品罪属于兜底性罪名，由于持有特定物品的事实更容易证明，因而其目的主要在于严密刑事法网，并"减轻公诉机关的证明责任"。[1]这个过程对于罪与非罪、此罪与彼罪、一罪与数罪、单独犯罪与共同犯罪的认定至关重要。

一、罪与非罪的界限

在《反恐怖主义法》第80条和《刑法》第120条之六规定中，对非法持有宣扬恐怖主义、极端主义物品的行为都有规定，该行为只有在"情节严重"的情况下才会构成犯罪，情节轻微尚未构成犯罪的，可以给予行政处罚。在《反恐怖主义法》当中没有明确指出这些行为应当进行行政处罚的情形，而是由《刑法》对其进行规定。对于部分偶犯、初犯者，若对其贴上"恐怖分子"或"极端分子"标签，在一定程度上会促使其接受社会的负面评价，推动内心认同，不利于偶犯、初犯者改造。[2]所以对于本罪的认定应把握两个方面：

第一，充分考虑恐怖主义物品的数量上的要求。在2018年3月最高人民检察院、最高人民法院、公安部、司法部联合下发的《关于办理恐怖活动和极端

---

〔1〕　储槐植：《刑事一体化》，法律出版社2004年版，第300～301页。
〔2〕　杜邈："恐怖活动犯罪的司法认定"，载《国家检察官学院学报》2014年第4期。

主义犯罪案件适用法律若干问题的意见》第 1 条第 7 款规定，本罪的入罪标准包括数量标准或情节标准，前者是指非法持有图书、刊物 20 册以上，或者电子图书、刊物 5 册以上等，这些能够为司法人员较为直观地把握。后者是指非法持有相关物品虽未达到特定的数量，但具有多次持有，持有多类物品，造成严重后果或者恶劣社会影响，曾因实施恐怖活动、极端主义违法犯罪被追究刑事责任或者 2 年内受过行政处罚等情形。司法实践中，对于"造成严重后果或者恶劣社会影响"等概括性规定，需要结合具体的案例进行判断。例如，在网络传播中行为人通过网络云盘非法持有宣扬恐怖主义、极端主义物品，由于加密服务暂停或被他人破解，造成该物品在网络上大量传播，被不特定网民大量浏览、转发、评论的，相较于传统犯罪具有更强的社会危害性。

　　第二，注意保持刑法的谦抑性。对于网络环境下非法持有宣扬恐怖主义物品的行为，并非一概纳入刑事制裁的范畴。根据《反恐怖主义法》第 80 条的规定，对非法持有宣扬恐怖主义、极端主义物品，但情节轻微尚不构成犯罪的行为人，可以采取行政处罚的方式进行处理。《刑法》是其他部门法的保障法，只有行政处罚不足以评价的情况下，方可适用《刑法》对其进行规制，这也是刑法谦抑原则的必然要求。对于行为人确因寻求刺激、猎奇等动机持有少量宣扬恐怖主义、极端主义物品，并未产生严重后果的，可以考虑作"出罪化"处理。

二、此罪与彼罪的界限

（一）本罪与拒绝提供间谍犯罪、恐怖主义犯罪、极端主义犯罪证据罪的界定

　　我国《刑法》第 311 条规定，"明知他人有间谍犯罪或者恐怖主义、极端主义犯罪行为，在司法机关向其调查有关情况、收集有关证据时，拒绝提供，情节严重的处 3 年以下有期徒刑、拘役或者管制"。两罪在适用过程中存在一定联系，例如，甲乙之间为好友，乙参加了恐怖主义犯罪活动，在被捕前把涉恐物品交给了甲。甲明知是涉恐物品，司法机关多次询问让甲交出涉恐物品，甲均拒绝交出。这样甲可能同时触犯了非法持有恐怖主义、极端主义物品罪与拒绝提供间谍犯罪、恐怖主义犯罪、极端主义犯罪证据罪，两罪之间是想象竞合。

　　两罪的区别之处在于：其一，行为主体不同。本罪是恐怖主义犯罪行为人直接或者间接持有，而拒绝提供间谍犯罪、恐怖主义犯罪、极端主义犯罪证据罪是他人持有，即非恐怖主义犯罪行为人持有。其二，危害客体不同。本罪危害的是社会公共安全，而拒绝提供间谍犯罪、恐怖主义犯罪、极端主义犯罪证据罪危害的客体是司法机关对间谍犯罪、恐怖主义犯罪、极端主义犯罪分子的追诉、打击活动和国家安全、公共安全。其三，行为时间不同。本罪行为在立

案前，处于案件发生阶段，而拒绝提供间谍犯罪、恐怖主义犯罪、极端主义犯罪证据罪发生在立案之后，案件已经进入司法阶段。

（二）本罪与准备实施恐怖活动罪的界限

在准备实施恐怖活动当中，准备的方式一般有四种：一是为实施恐怖活动准备凶器、危险物品和其他工具的；二是组织恐怖活动培训或者积极参加恐怖活动培训的；三是为实施恐怖活动与境外恐怖活动组织或者人员联络的；四是为实施恐怖活动进行策划或者其他准备的。其中，组织恐怖活动培训等行为中，会存在非法持有宣扬恐怖主义、极端主义物品的行为，这样，准备实施恐怖活动罪的行为与非法持有恐怖主义、极端主义物品罪的行为出现了想象竞合，从一重罪处罚。

三、本罪的特殊形态问题

（一）本罪的停止形态问题

我国著名学者储槐植教授认为持有型犯罪一般不存在犯罪未遂问题。认为持有人一着手实行控制或支配特定物品或财产，犯罪即告完成，达到既遂形态，没有产生犯罪未遂的余地。[1]由于持有型犯罪的特殊构罪原理决定了持有行为一经"着手"实行就会因持有状态的形成而进入既遂形态，几乎未给犯罪未遂留下任何栖身之处。但我们也不能忽视存在这样一种情形的可能性，例如，行为人持有时并不知道是宣扬恐怖主义、极端主义的物品，事后知道了自行予以销毁、删除的，不应以本罪论处。行为人在最初持有这些物品时，由于主观上确实不知道是法律所禁止的特定物品，因而主观上因缺乏"明知"而不成立犯罪故意，也就不构成本罪。本罪所处罚的是非法持有特定物品的行为，行为人事后知道所持有的系法律所禁止的这些特定物品后，自行予以销毁、删除的，其非法持有这些物品的状态已经消除，并不会对公共安全造成侵犯或者侵犯的威胁。同时，现有法律规范也并未明确规定行为人负有将这些物品上交或者报告有关机关的法定义务，因而其自行销毁、删除的行为也没有侵犯到国家对宣扬恐怖主义、极端主义物品的管制秩序。所以，不能因为行为人没有上交或者报告有关机关就对其以本罪论处。

（二）本罪的坦白与自首

行为人主动交代了非法持有宣扬恐怖主义、极端主义物品的事实，但拒不供述其将这些物品用于其他犯罪活动的，只要现有证据不能证明其实施了其他犯罪活动，就依法应当将其认定为本罪的自首或坦白。由于《刑法》已经将本罪作为独立的罪名予以单独规定，因而本罪的犯罪事实具有独立的刑法地位。

---

〔1〕 储槐植、江溯：《美国刑法》北京大学出版社 2012 年版，第 152~153 页。

因此，行为人主动交代了非法持有宣扬恐怖主义、极端主义物品的事实，就属于对本罪犯罪事实的供述。从有利于被告的原则出发，即使行为人可能利用这些物品实施了其他犯罪活动，但其他犯罪的成立需要相应的证据证实，在其他犯罪不能证实的情况下，只能以本罪论处，而行为人确实供述了本罪的犯罪事实的，就依法应当对其从《刑法》上作出评价，不能因为本罪系恐怖主义犯罪的兜底性规定而否定其成立自首或坦白。

（三）本罪的罪数形态问题

非法持有宣扬恐怖主义、极端主义罪由于持有对象的复杂属性或持有行为与其他罪的关联性，行为人持有某一宣传品会同时触犯《刑法》第120条之六非法持有宣扬恐怖主义、极端主义物品罪，第300条组织、利用邪教组织破坏法律实施罪，第120条之三宣扬恐怖主义、极端主义罪，第120条之四利用极端主义破坏法律实施罪和第120条之五强制穿戴恐怖主义、极端主义服饰、标志罪。例如：行为人为了传播而持有非本人制作的邪教宣传物，但尚未传播的行为。从理论上看由于持有行为既符合持有型犯罪的手段特征，也符合宣扬型犯罪事前的行为特征，该行为会触犯"非法持有宣扬极端主义物品罪""宣扬极端主义罪（未遂）"；由于宣传物的复杂属性，该行为会触犯"非法持有宣扬恐怖主义、极端主义物品罪""组织、利用邪教组织破坏法律实施罪（预备）"。此外，由于极端主义是恐怖主义的思想基础，触犯非法持有宣扬极端主义物品罪是否意味着同时触犯非法持有宣扬恐怖主义物品罪呢？综上数个罪之间究竟是何种关系，该如何处理呢？理清这些问题无疑对准确区分非法持有宣扬恐怖主义、极端主义物品罪与非罪具有重要意义。

第四节　非法持有宣扬恐怖主义、极端主义物品罪的刑事责任

《刑法》第120条之六规定：明知是宣扬恐怖主义、极端主义的图书、音频视频资料或者其他物品而非法持有，情节严重的，处3年以下有期徒刑、拘役或者管制，并处或者单处罚金。依据该条规定，要构成本罪，行为人非法持有宣扬恐怖主义、极端主义物品的行为应当达到"情节严重"的程度，这是对行为的社会危害程度的要求。正如有学者所说，单纯持有相关物品而没有宣扬极端主义的意图，就不可能触发极端暴恐犯罪的发生，因而对于本罪的入罪问题，司法机关应根据具体案情反复推敲、慎之又慎。[1]

---

〔1〕　赵军："法治语境下极端主义犯罪治理定量研究"，载《中国法学》2016年第6期。

第八章 拒绝提供间谍犯罪、恐怖主义犯罪、极端主义犯罪证据罪

第一节 拒绝提供间谍犯罪、恐怖主义犯罪、极端主义犯罪证据罪的立法沿革

一、国外的立法情况

多国将拒绝提供证据的行为作为犯罪处理，但规制模式和法律责任各不相同。一些国家将对重大犯罪的知情不举行为作为犯罪处理。例如，德国《刑法典》第138条规定：对内乱罪、外患罪、伪造货币与有价证券罪、谋杀罪等犯罪之实施或其结果仍可防止之时，确信获悉此等犯罪计划或实施，而未使官署或受威胁之人及时收到通知者，处5年以下自由刑或者罚金。[1]法国《刑法典》将知情不举行为和严重的拒证行为都认定为犯罪。法国《刑法典》第434－1、434－2条规定：任何人，明知有人实施重罪但仍有可能防止其发生或限制其后果的，处3年监禁并科45 000欧元罚金。同时除针对15岁以下儿童实施的重罪外，排除了该条对正犯或共犯的直系亲属、配偶、兄弟姐妹及其配偶或与其同居的人的刑事责任。当该重罪是危害国家基本利益犯罪或恐怖活动罪的，刑罚加重至5年监禁并科75 000欧元罚金。第434－12条规定：公开承认认识重罪或轻罪之正犯的任何人，拒绝回答法官就此提出的问题的，处1年监禁并科15 000欧元罚金。同时，法国《刑法典》也规定了不提供他人无罪证据的刑事责任。[2]

苏联也有为拒不作证的行为设置刑事法律责任的传统，并影响了一些加盟国及前社会主义国家。1978年修订的苏俄《刑法典》第182条规定："在法院开庭或在进行侦查和调查时，证人或受害人拒绝或逃避作证，鉴定人拒绝或逃

---

〔1〕 参见何赖杰、林钰雄审译：《德国刑法典》，元照出版公司2017年版，第205～206页。
〔2〕 参见朱琳译：《最新法国刑法典》，法律出版社2016年版，第217～218页、第221页。

避提供鉴定意见，或者妨碍证人或受害人出庭或作证的，处 6 个月以下的劳动改造，或 500 卢布以下的罚金，或公开训诫。"[1]同时，在第 190 条也规定了不检举犯罪罪，对于 14 种严重犯罪知情不举的行为设置了刑事责任。[2]

苏联解体后，俄罗斯《联邦刑事法典》将拒绝作证行为认定为犯罪。俄罗斯《联邦刑事法典》第 308 条规定了见证人、被害人拒绝提供证词罪："见证人、被害人拒绝提供证词的，应当判处数额为 4 万卢布以下或者被判刑人 3 个月以内工资或其他收入罚金刑，或为期 120 个小时以上 180 个小时以下义务性劳动刑，或为期 1 年以下矫正性劳动刑，或为期 3 个月以下拘禁刑。"同时该条附注说明："行为人拒绝提供对自己、配偶或其近亲属不利证词的，不应当承担刑事责任。"[3]但该条并未限制拒绝提供证词行为应受处罚的犯罪范围。

还有一些大陆法系国家将拒绝提供证据的法律责任规定在刑事诉讼法之中，或通过刑事诉讼法规制了情节较轻的拒证行为。例如，日本《刑事诉讼法》在第十一章详细规定了法院询问证人的实施办法。其中，第 161 条以拒绝宣誓、作证罪的形式，规定了适格证人拒不作证的刑事法律责任："①无正当理由，拒绝宣誓或者拒绝提供证言的，处以 10 万日元以下罚金或者拘留。②犯前款之罪的，可以根据情节，并处罚金和拘留。"[4]法国《刑事诉讼法》规定：证人拒绝作证或拒绝出庭将受到相同的处罚——将受到预审法官宣告的金钱性质的制裁，将被科处 3750 欧元的罚金。[5]

二、我国的立法沿革

（一）1997 年以前的立法情况

在数千年儒家思想的潜移默化之下，我国民间以涉诉为耻的思想已然根深蒂固。回避官司、回避冲突，"大事化小、小事化了"的想法深入人心。在中国传统的"熟人社会"之中，群众往往不愿因诉讼加深互相之间的矛盾，而可能会遭到打击报复，更打消了群众指控他人犯罪行为的积极性，为司法机关在办理案件时的调查取证工作带来了一定的难度。

---

〔1〕 北京政法学院刑法教研室译：《苏俄刑法典（一九七八年修订版）》，北京政法学院刑法教研室 1980年印，第 83 页。

〔2〕 参见北京政法学院刑法教研室译：《苏俄刑法典（一九七八年修订版）》，北京政法学院刑法教研室1980 年印，第 86 ~ 87 页。

〔3〕 赵路编译：《俄罗斯联邦刑事法典》，中国人民公安大学出版社 2009 年版，第 221 页。

〔4〕 张凌、于秀峰编译：《日本刑事诉讼法律总览》，人民法院出版社 2017 年版，第 44 页。

〔5〕 参见［法］贝尔纳·布洛克：《法国刑事诉讼法》，罗结珍译，中国政法大学出版社 2009 年版，第371 页。

我国 1979 年《刑法》本没有规定本罪，仅在分则"反革命罪"一章中的第 97 条规定了间谍犯罪。相较于其他犯罪而言，间谍犯罪的行为手段更为隐蔽，危害更为严重，国家安全机关难以顺利开展调查、侦查，更需要公民的配合。随着我国法制水平的不断提高和反间谍工作的现实需要，为了有效地惩治间谍犯罪活动，1993 年颁布的《中华人民共和国国家安全法》（以下简称《国家安全法》）在第 26 条规定了拒绝提供间谍犯罪证据行为的刑事责任。该条规定："明知他人有间谍犯罪行为，在国家安全机关向其调查有关情况、收集有关证据时，拒绝提供的……情节严重的，比照刑法第 162 条的规定处罚。"1979 年《刑法》第 162 条第 1 款规定了窝藏、包庇反革命分子的刑事责任：窝藏或者作假证明包庇反革命分子的，处 3 年以下有期徒刑、拘役或者管制，情节严重的，处 3 年以上 10 年以下有期徒刑。对拒绝提供属于反革命罪的间谍犯罪的情况、证据，情节严重的，应当按照窝藏、包庇反革命分子罪定罪量刑，处 3 年以下有期徒刑、拘役或者管制。

（二）1997 年《刑法》立法情况

1997 年《刑法》专门在"妨害社会管理秩序"一章下独设了"妨害司法罪"一节。其中，为了回应反间谍工作的特殊需要，第 311 条明确规定了"拒绝提供间谍犯罪证据罪"。该条规定："明知他人有间谍犯罪行为，在国家安全机关向其调查有关情况、收集有关证据时，拒绝提供，情节严重的，处 3 年以下有期徒刑、拘役或者管制。"同时，1997 年《刑法》在第 110 条明确了间谍罪所处罚的两种客观行为手段，也为第 311 条适用的范围提供了清晰的界限。

1997 年《刑法》中本罪的罪状与 1993 年《国家安全法》的第 26 条相同，在刑法上仍仅承认行为人有对国家安全机关如实提供间谍犯罪证据的义务。然而，随着 1996 年《刑事诉讼法》的修改，刑事诉讼参与主体的职责逐渐明晰，履行刑事诉讼程序责任的各机关也都通过出台司法解释或部门规章的方式，对其在刑事诉讼程序中的义务和权力范围进行了规定。公安部在 1998 年颁布的《公安部刑事案件管辖分工规定》中，将间谍案（主要为发生在未设国家安全机关的县、市的案件）的刑事侦查职权赋予了公安部国内安全保卫局。这意味着公安机关也有了对间谍案件进行刑事侦查的权力；《人民检察院刑事诉讼规则》也规定，对于需要补充侦查的案件，可以由人民检察院自行侦查，也可以由侦查机关进行侦查，赋予了检察机关一种"广谱"的侦查权。在对间谍犯罪的侦查中，国家安全机关的侦查手段、情报来源往往均强于地方公安、检察机关。刑法仅保护侦查能力相对较强的国家安全机关，一定程度上加大了在未设立国家安全机关地区侦查间谍犯罪的难度，也使得本罪的适用范围较小。

三、《刑法修正案（九）》对本罪的修改

鉴于我国所面临的恐怖主义、极端主义犯罪的严峻威胁，《刑法修正案（九）》第38条对本罪进行了修改。首先，在原条文的基础上增加了拒绝提供恐怖主义犯罪的证据、极端主义犯罪的证据两个应追究刑事责任的情形，将对恐怖主义犯罪、极端主义犯罪拒不提供证据的行为纳入了刑法的打击范围；其次，将行为人应当提供相关证据的主体，从国家安全机关扩大到了司法机关。

第二节　拒绝提供间谍犯罪、恐怖主义犯罪、极端主义犯罪证据罪的犯罪构成

拒绝提供间谍犯罪、恐怖主义犯罪、极端主义犯罪证据罪，是指明知他人有间谍犯罪、恐怖主义犯罪、极端主义犯罪行为，而在司法机关向其调查有关情况、收集相关证据时，拒绝提供相关证据，情节严重的行为。

一、拒绝提供间谍犯罪、恐怖主义犯罪、极端主义犯罪证据罪的客体

本罪所侵犯的客体是国家司法机关对间谍犯罪、恐怖主义犯罪、极端主义犯罪所进行的正常的侦查、调查等司法活动。间谍犯罪、恐怖主义犯罪、极端主义犯罪是严重危害国家安全、公共安全的犯罪，可能造成国家利益的巨大损失，或对公共安全产生巨大破坏。对这三类犯罪进行打击不仅是国家司法机关应尽的职责，也需要公民的积极配合，主动提供所掌握的事实与证据。拒不向司法机关提供上述犯罪的证据，会妨碍司法机关对以上三类犯罪侦查活动的进度和效率，甚至导致上述犯罪的危害结果发生或犯罪人逃脱法律责任等严重后果。

二、拒绝提供间谍犯罪、恐怖主义犯罪、极端主义犯罪证据罪的客观方面

本罪是纯正不作为犯。构成纯正不作为犯需要违反法律的命令性义务。具体到本罪，行为人的义务来源是我国《刑事诉讼法》《中华人民共和国反间谍法》（以下简称《反间谍法》）与《反恐怖主义法》中有关单位和个人将已知的间谍犯罪、恐怖主义犯罪的情况告知司法机关，如实作证的义务。

本罪的客观方面表现为，行为人明知他人实施了间谍、恐怖主义、极端主义犯罪，仍拒绝向司法机关提供有关情况和证据。

（一）被明知而拒绝提供证据的行为应限于《刑法》规定的犯罪行为

所谓间谍犯罪行为，是指《刑法》第110条所规定的参加间谍组织或者接受间谍组织及其代理人的任务的、为敌人指示轰击目标的行为。

所谓恐怖主义犯罪行为，是指通过暴力、破坏、恐吓等手段，制造社会恐慌、危害公共安全、侵犯人身财产所组织、策划、实施的一系列犯罪行为，包括放火、爆炸、投放危险物质、故意杀人、故意伤害、绑架等试图造成人员伤亡、重大财产损失、社会秩序混乱等有着严重社会危害的犯罪的，或犯有组织、领导、参加恐怖组织、资助恐怖活动的；资助恐怖活动组织、实施恐怖活动的个人的，或者资助恐怖活动培训的；为恐怖活动组织、实施恐怖活动或者恐怖活动培训招募、运送人员的；为实施恐怖活动准备凶器、危险物品或者其他工具的；组织恐怖活动培训或者积极参加恐怖活动培训的；为实施恐怖活动与境外恐怖活动组织或者人员联络的；为实施恐怖活动进行策划或者其他准备的；以制作、散发宣扬恐怖主义的图书、音频视频资料或者其他物品，或者通过讲授、发布信息等方式宣扬恐怖主义的；煽动实施恐怖活动的；以暴力、胁迫等方式强制他人在公共场所穿着、佩戴宣扬恐怖主义服饰、标志的；明知是宣扬恐怖主义的图书、音频视频资料或者其他物品而非法持有等犯罪行为。

所谓极端主义犯罪行为，是指以歪曲宗教教义或者其他方法煽动仇恨、煽动歧视、鼓吹暴力等极端主义，构成犯罪的行为。包括以制作、散发宣扬极端主义的图书、音频视频资料或者其他物品，或者通过讲授、发布信息等方式宣扬极端主义的；利用极端主义煽动、胁迫群众破坏国家法律确立的婚姻、司法、教育、社会管理等制度实施的；以暴力、胁迫等方式强制他人在公共场所穿着、佩戴宣扬极端主义服饰、标志的；明知是宣扬极端主义的图书、音频视频资料或者其他物品而非法持有等犯罪行为。

（二）拒绝提供的内容包括与案件有关的情况与证据

本罪所处罚的是不作为的拒绝提供，包括拒绝提供司法机关所要调查的情况与所要收集的证据。行为人所拒绝提供的情况、证据不仅包括直接涉及间谍犯罪、恐怖主义犯罪或极端主义犯罪行为本身的情况、证据，还包括例如实施犯罪的人的个人信息、逃匿去向、主观故意等方面的情况、证据；同时，证据的种类不限于由行为人作出的证人证言，还包括行为人所持有的各类物证、书证、视听资料、电子数据等，例如，犯罪所使用的工具、各类书信、记载有实施犯罪经过的各种录音、视频等。

（三）拒证行为成立犯罪应以受司法机关调查、侦查活动为前提

仅在司法机关主动向行为人调查有关情况、收集有关证据之时，行为人拒绝提供，情节严重的才可构成本罪。行为人明知他人有间谍、恐怖主义、极端

主义犯罪行为，但并未向司法机关进行报告的，或司法机关并未主动向其了解情况、收集证据的，都不构成本罪。

根据《刑事诉讼法》的规定，间谍犯罪由国家安全机关侦查，而恐怖主义、极端主义犯罪由公安机关侦查；人民检察院在批准逮捕、提起公诉、出庭支持公诉与人民法院在审判的过程中也都有调取证据的权力；军队保卫部门、监狱、中国海警局分别对军队内部发生的刑事案件、监狱内犯罪的案件以及海上发生的刑事案件负有侦查责任。以上这些机关均在刑事程序中负有调查与调取证据的职责，故此处的"司法机关"一词应当指广义的司法机关，即审判机关、检察机关、公安机关、国安机关，或监狱、军队保卫部门、海警局等机关在依职权对间谍犯罪、恐怖主义犯罪、极端主义犯罪调查情况、收集证据时拒绝提供证据的，都可以构成本罪。

有意见认为，此处的"调查有关情况、收集有关证据"，应当以《刑事诉讼法》关于侦查的规定为限："调查"是指公安机关、国家安全机关、检察机关在进行侦查活动时所进行的专门调查工作；"收集证据"是指国家安全机关（公安机关）在侦查过程中收集有关证明案件真实情况的一切事实，包括所有关联的刑事证据；构成本罪仅限于调查情况、收集证据阶段。这种观点过大地缩小了本罪的适用范围。本书认为，对于本罪的"调查有关情况、收集有关证据"之规定应当分别进行理解。

第一，"调查有关情况"不应仅被限缩于依侦查活动开展的调查。首先，《刑事诉讼法》赋予了人民法院等司法机关多种调查权，例如，第196条规定，法庭审理过程中，合议庭对证据有疑问的，可以宣布休庭，对证据进行调查核实。人民法院调查核实证据，可以进行勘验、检查、查封、扣押、鉴定和查询、冻结。人民法院依职权行使的各项刑事诉讼中的调查权，也能够直接决定刑事程序的最终走向，属于司法权力，是妨害司法罪所保护的客体。其次，全国人大常委会法制工作委员会认为，"调查有关情况"中的调查不仅包括立案后的调查询问，还包括立案前的一般调查。[1]由于恐怖主义犯罪对公共安全带来的巨大风险，《反恐怖主义法》赋予了公安机关在进入刑事程序之前开展调查的权力，根据《反恐怖主义法》第54条之规定，公安机关经调查，发现犯罪事实或者犯罪嫌疑人的，应当依照《刑事诉讼法》的规定立案侦查。立案前的调查活动与刑事程序的启动有着直接的关系，不对调查活动如实提供情况的，完全有可能阻碍司法程序的正常进行，导致恐怖主义犯罪、极端主义犯罪的嫌疑人逃脱等严重后果。

---

[1]　臧铁伟主编：《中华人民共和国刑法修正案（九）解读》，中国法制出版社2015年版，第266页。

　　第二，"收集有关证据"的外延应当以《刑事诉讼法》之规定为依据，但并不局限于公安机关、国家安全机关所实施的侦查活动。《刑事诉讼法》并未将侦查权的启动时间局限在侦查机关对案件进行侦查之时，也未将拥有侦查权的主体局限于公安机关、国家安全机关。《刑事诉讼法》第175条规定，人民检察院审查案件，对于需要补充侦查的，可以退回公安机关补充侦查，也可以自行侦查；第205条规定，对于提起公诉后需要补充侦查的案件，人民检察院应当在一个月内补充侦查完毕。侦查的启动不仅可以在提起公诉前，也可以在提起公诉后；可以由公安机关、国家安全机关行使侦查权，也可由检察机关行使。故"收集有关证据"的行为应当根据《刑事诉讼法》之规定，在刑事诉讼程序中，不论案件是否处在侦查阶段，凡是由侦查人员合法通过侦查手段获取证据的行为，都属于本罪"收集有关证据"的规定。

　　综上，对于本罪罪状中"调查有关情况、收集有关证据"的理解，不仅包括正式进入刑事司法程序后，各司法机关对行为人作为证人或被害人进行的传唤、询问，或出示调取证据通知书要求提供证据的行为，还应当包括在立案前公安机关依据《反恐怖主义法》之规定开展的调查活动。在以上程序中拒绝提供间谍犯罪、恐怖主义犯罪、极端主义犯罪行为的证据的，成立本罪。

　　需要注意的是，我国的《刑事诉讼法》将在刑事程序中的作证行为分为两类：一种是庭下作证。《刑事诉讼法》规定了庭下作证的义务，但并没有设置证人、被害人在庭下作证时拒绝提供证据的法律责任。另一种是出庭作证。依据《刑事诉讼法》第192、193条之规定，公诉人、当事人或者辩护人、诉讼代理人对证人证言有异议，且该证人证言对案件定罪量刑有重大影响，人民法院认为证人有必要出庭作证的，证人应当出庭作证。证人没有正当理由拒绝出庭或者出庭后拒绝作证的，予以训诫，情节严重的，经院长批准，处以10日以下的拘留，但被告人的配偶、父母、子女除外。

　　证人负有应当出庭作证义务的前提条件是证人已经在庭下提供了证人证言。相较庭下作证义务，《刑事诉讼法》对不履行出庭作证义务设置了明确的法律责任。举轻以明重，行为人在间谍、恐怖主义、极端主义犯罪案件中拒绝出庭作证，仍然属于以不作为的方式拒绝履行法律规定的作证义务，情节严重的，应当以本罪追究其刑事责任。但如若司法机关在证人庭前作证后，没有按照《刑事诉讼法》第64条之规定，为证人采取保护措施，致使证人人身安全受到侵犯或遭到威胁，随后证人拒绝出庭作证的，不应当认为证人有妨害司法活动的故意，不能构成本罪。同时，由于《刑事诉讼法》排除了被告人的配偶、父母、子女有出庭作证的义务，不能仅根据《反间谍法》《反恐怖主义法》的规定认定其有作证义务。被告人的配偶、父母、子女拒绝出庭作证的，缺乏命令性义务法规的来源，即使满足情节严重的情形，也不能构成本罪。

（四）拒绝提供的手段包括明示与暗示拒绝

所谓"拒绝提供"，是指各种非因客观原因而不能提供的行为，包括行为人在司法机关向其调查有关间谍犯罪、恐怖主义犯罪或极端主义犯罪的情况、调取证据时，通过明示或暗示的手段予以拒绝。

明示拒绝是指行为人在接受调查、询问时直接拒绝陈述或以"不知道""没听说"等言语为借口，拒绝将自己所知道的情况、所持有的证据如实提供给司法机关的行为。暗示拒绝是指行为人在接受调查、询问时，虽未明确表示拒绝，但通过极力推诿、含糊其辞、逃避问题、故意隐瞒重要细节等方法拒绝提供相关情况或证据，或是行为人明知司法机关将要对其进行调查、询问时，采取逃匿、躲藏等手段故意躲避，从始至终没有接受司法机关对其的调查或询问，致使司法机关无法正常向其了解情况、收集证据的行为。

对于行为人在接受第一次调查情况、收集证据时，出于担心遭到打击报复、碍于面子、关系等心理，没有提供有关情况或证据，而在司法机关再次进行调查、收集证据时如实提供情况、证据，或随后主动向司法机关提供情况、证据，没有影响案件办理或者导致其他严重后果的，不认为行为人属于"拒绝提供"。

三、拒绝提供间谍犯罪、恐怖主义犯罪、极端主义犯罪证据罪的主体

本罪的犯罪主体为特殊主体，行为人除了满足年满 16 周岁，具有刑事责任能力的自然人的条件外，还必须具有"知情人"这一特殊身份。这是由于行为人知晓他人犯有间谍犯罪、恐怖主义犯罪、极端主义犯罪行为的这一状态是在行为人开始实施危害行为之前就已经形成的，而正是因为行为人具有"知情人"这一特殊身份，司法机关才会向其调查有关情况、收集有关证据。[1]在刑事诉讼中，明知他人有间谍犯罪或者恐怖主义、极端主义犯罪行为的被害人，也有如实提供证据的义务，知情的被害人也可以成为本罪的主体。

在认定拒绝提供情况、证据的行为是否成立本罪时，以下几种特殊身份者需要特别注意：

（一）间谍犯罪、恐怖主义犯罪、极端主义犯罪嫌疑人、被告人的辩护人

《中华人民共和国律师法》（以下简称《律师法》）第 38 条第 1 款规定，律师应当对执业活动中所获知的委托人或其他人不愿泄露的情况、信息保密。这是一种消极的不作为义务，当间谍犯罪、恐怖主义犯罪、极端主义犯罪嫌疑人、

---

〔1〕　参见吴占英："论拒绝提供间谍犯罪证据罪的争点问题"，载《法学论坛》2007 年第 3 期。

被告人的辩护人通过履行职务而获知了其被代理人实施以上三种犯罪的情况和证据之时，产生了义务冲突，可以拒绝提供其被代理人涉嫌以上三种犯罪行为的情况和证据，不构成本罪。但如果律师了解到委托人或者其他人准备或者正在实施的危害国家安全、公共安全以及其他严重危害他人人身、财产安全的犯罪事实和信息，依照《律师法》第38条第2款的规定，仍需履行报告义务。同时，辩护人仍需遵守《刑事诉讼法》第44条之规定，不得帮助犯罪嫌疑人、被告人隐匿证据。

（二）共同实施间谍犯罪、恐怖主义犯罪、极端主义犯罪行为的同案犯

共同实施间谍犯罪、恐怖主义犯罪、极端主义犯罪行为的同案犯，出于义气或利益考虑，建立攻守同盟，拒绝提供与自己案件有关的同案犯的相关犯罪情况、证据的，其所犯的间谍、恐怖主义、极端主义犯罪吸收拒绝提供证据犯罪，以其所实施的间谍、恐怖主义、极端主义犯罪定罪处罚，不另行构成其他犯罪。但当司法机关向实施间谍犯罪、恐怖主义犯罪、极端主义犯罪行为的犯罪嫌疑人、被告人调取其明知的与自己案件无关的同案犯或其他犯罪嫌疑人、被告人的犯罪情况、证据时，拒不提供的，可以构成本罪。

（三）间谍犯罪、恐怖主义犯罪、极端主义犯罪嫌疑人、被告人的近亲属

当犯罪嫌疑人、被告人的近亲属拒绝提供其间谍犯罪、恐怖主义犯罪、极端主义犯罪行为的证据，情节严重的，不能阻却刑事责任，应构成本罪，但可以从轻处罚。

四、拒绝提供间谍犯罪、恐怖主义犯罪、极端主义犯罪证据罪的主观方面

（一）犯罪故意的认定

本罪是故意犯罪。行为人必须故意拒不向司法机关提供间谍犯罪、恐怖主义犯罪和极端主义犯罪的相关情况、证据才能够构成本罪。仅因行为人疏忽大意，或一时忘记相关情况、证据的，无法构成本罪。本罪的主观方面既包括直接故意，也包括间接故意。无论行为人明知自己拒绝提供证据的行为必然或是有可能影响到相关案件的顺利办理，都构成本罪。

（二）"明知"的认定

成立本罪需要行为人的主观上明知他人有间谍、恐怖主义、极端主义的犯罪行为。这里的明知包括知道和应当知道，包括行为人亲身经历、亲眼目睹的"目见"事实和从他人处得到的"耳闻"事实。同时，行为人需要认识到其所知道的事实、持有的证据属于间谍、恐怖主义、极端主义犯罪行为。若司法机关并未向行为人明示其正在收集的情况、证据属于间谍、恐怖主义、极端主义犯

罪的情况、证据，而行为人误认为相关事实属于其他犯罪或不构成犯罪，因而拒绝提供的，不能适用本罪。

行为人在主观上需要明知司法机关中正在向其调查有关情况、收集有关证据。但如若行为人未被明确告知司法机关工作人员的身份，或司法机关工作人员未告知其进行调查的目的，不构成犯罪。例如，若司法机关以调查其他案件的名义，向行为人调查情况、收集证据，行为人也误以为嫌疑人触犯的是其他罪名，从而拒绝提供相关证据的，不成立本罪。

行为人所故意不提供的情况、证据须是他人涉嫌间谍犯罪、恐怖主义犯罪或极端主义犯罪的相关情况、证据。行为人应当知道司法机关向其调查、调取的是有关嫌疑人涉嫌间谍、恐怖主义、极端主义犯罪的情况、证据。如果行为人误将嫌疑人实施的其他犯罪认为是恐怖主义犯罪，或行为人误将恐怖主义犯罪的相关情况、证据认为属于其他犯罪或正常行为，则即使行为人以使嫌疑人逃离刑罚处罚为目的，拒绝提供证据的，也不构成本罪。行为人将司法机关调取的他人实施间谍、恐怖主义、极端主义犯罪的情况、证据的行为误认为在调查自己所实施的以上三种犯罪的情况、证据；或将调取自己实施的犯罪行为的情况、证据误认为在调取他人实施的犯罪情况、证据而拒绝提供的，不构成本罪。

（三）考察犯罪嫌疑人主观故意时应注意的问题

通常，拒绝提供情况、证据的行为与本罪可能引发的危害后果的发生之间存在一定的时间差。要构成本罪需要等待相应情节严重的情节或结果的发生，而如何反查行为人的主观故意是实践中的难点。由于本罪是纯正不作为犯，导致难以通过行为人的客观行为考察其主观态度。司法机关在办理相关案件时，应当全面收集犯罪嫌疑人、被告人的供述和辩解，证人证言以及其他能够证明其主观故意的客观证据予以充分论证。

第一，通过考察行为人的背景信息认定其主观故意。在考察本罪行为人的主观态度时，应当对其本人的社会地位、社会关系、行为轨迹、工作关系、网络浏览记录、通信记录等进行综合考察，着重考察其在日常生活、交往过程中是否与间谍、恐怖主义、极端主义犯罪人员有过接触，是否发表过支持西方反华势力、对恐怖主义、极端主义抱有同情态度的言论。

第二，通过调取客观证据考察行为人对相关情况、证据是否"明知"。应当通过走访、调查与行为人关系较近的亲友，询问当时进行侦查的侦查人员，了解侦查人员将行为人纳入侦查范围的原因、行为人在案发前后的行动轨迹、行为人在互联网上的通信记录、资金往来等，调取行为人与间谍、恐怖主义、极端主义犯罪行为人的交往情况记录，间谍、恐怖主义、极端主义犯罪行为人所保存的各种资料、工作记录、组织名单、活动影像、密码本等材料。

认定本罪需要通过大量客观证据严格把握其"明知"这一状态。若只有言辞证据能够证明，则至少需要 2 份以上与行为人无利害关系的证人证言或恐怖犯罪等犯罪的犯罪嫌疑人供述能够相互印证，才能够证明行为人对相关犯罪的情况、证据是"明知"的。

第三，在间谍、恐怖主义、极端主义犯罪的侦查中应当提前固定证据。司法机关在对恐怖活动犯罪、极端主义犯罪及间谍犯罪的侦查、调查过程中，要有意识地对侦查活动的过程及发生的事项进行书面记载，详细记录案件线索的来源、相关证据的摸排过程、走访调查时的经过、具体进行调查的人员及大致经过、内容，并及时归进卷宗中进行有效保存。公安机关在调查上述犯罪案件时，应当对每一次的询问、讯问都进行记录，保存证据。在对相关嫌疑人进行本罪的立案调查后，可以通过前期的工作记录及案卷材料来证明嫌疑人拒绝提供证据的行为。同时，司法机关工作人员在调查、侦查过程中应当注意履行告知义务，保证行为人明知其所拒绝提供的证据属于间谍犯罪、恐怖主义犯罪、极端主义犯罪的证据。

第三节　拒绝提供间谍犯罪、恐怖主义犯罪、极端主义犯罪证据罪的认定

本罪既是处罚特殊主体不履行特定法律义务的犯罪，也是不作为犯罪，还需要达到一定的罪量时方可构成犯罪。司法实践中在认定本罪时，应当较为慎重。

一、罪与非罪的问题

（一）"情节严重"的认定

拒绝向司法机关提供间谍犯罪或者恐怖主义、极端主义犯罪行为的相关情况、证据的行为，需要达到"情节严重"的程度才能够构成犯罪。目前，法律及司法解释尚未对"情节严重"的标准作出明确的规定。根据现有研究成果与司法实践，一般认为，本罪的"情节严重"主要是指：①行为人在司法机关要求提供证据时进行暴力抗拒的；②行为人拒不提供证据手段恶劣的；③由于行为人的不配合而延误对间谍犯罪、恐怖主义犯罪、极端主义犯罪案件的侦破，致使犯罪分子逃避法律追究或致使国家安全、利益遭受损害的；④妨害了司法机关执

行维护国家安全任务等情形。[1]

行为人明知他人有间谍犯罪行为，在司法机关向其调查有关情况、收集有关证据时，拒绝提供的，未造成"情节严重"的情形发生的，不构成本罪，应依照《反间谍法》第29条之规定，由其所在单位或者上级主管部门予以处分，或者由国家安全机关处15日以下行政拘留。行为人明知他人有恐怖活动犯罪、极端主义犯罪行为，在司法机关向其调查有关情况、收集有关证据时，拒绝提供的，未造成"情节严重"的情形发生的，也不构成本罪，应依据《反恐怖主义法》第82条之规定，由公安机关处10日以上15日以下拘留，可以并处1万元以下罚款。

（二）在特殊刑事程序适用本罪的问题

在普通的刑事程序之外，《刑事诉讼法》尚规定有未成年人刑事案件诉讼程序，当事人和解的公诉案件诉讼程序，缺席审判程序，犯罪嫌疑人、被告人逃匿、死亡案件违法所得的没收程序以及依法不负刑事责任的精神病人的强制医疗程序等共五种特殊程序。除去当事人和解的公诉案件诉讼程序外，未成年人刑事案件诉讼程序可以适用于未成年人实施的间谍犯罪案件、恐怖主义犯罪、极端主义犯罪案件；缺席审判程序可以适用于犯罪嫌疑人、被告人在境外的间谍犯罪案件、恐怖活动犯罪案件；犯罪嫌疑人、被告人逃匿、死亡案件违法所得的没收程序可以适用于犯罪嫌疑人、被告人逃匿，在通缉1年后不能到案，或者犯罪嫌疑人、被告人死亡的恐怖活动案件。对在以上特殊程序，以及强制医疗程序的诉讼过程中拒不提供相关犯罪的情况、证据的，能否适用本罪，需要单独探讨。

第一，未成年人刑事案件诉讼程序。我国《刑事诉讼法》坚持对未成年人实行教育、感化、挽救的方针，坚持教育为主、惩罚为辅的原则。在证据的收集方面，未成年人特别程序与普通程序的区别主要在于讯问时需保证未成年人犯罪人、被告人的法定代理人到场；对女未成年人犯罪嫌疑人进行讯问时要有女工作人员在场。《刑事诉讼法》第287条规定："办理未成年人刑事案件，除本章已有规定的以外，按照本法的其他规定进行。"故证人、被害人等知情人仍负有提供未成年人实施间谍犯罪、恐怖主义犯罪、极端主义犯罪证据的义务。司法机关在对知情人收集未成年人实施的间谍犯罪或者恐怖主义、极端主义犯罪的情况、证据时，拒不提供，情节严重的，可以构成本罪。

第二，缺席审判程序，犯罪嫌疑人、被告人逃匿、死亡案件违法所得的没收程序。如上文所述，要构成本罪，行为人需明知他人有间谍犯罪或者恐怖主

---

〔1〕　参见臧铁伟主编：《中华人民共和国刑法修正案（九）解读》，中国法制出版社2015年版，第268页。

义犯罪行为。《刑事诉讼法》第 291 条规定："对于贪污贿赂犯罪案件，以及需要及时进行审判，经最高人民检察院核准的严重危害国家安全犯罪、恐怖活动犯罪案件，犯罪嫌疑人、被告人在境外，监察机关、公安机关移送起诉，人民检察院认为犯罪事实已经查清，证据确实、充分，依法应当追究刑事责任的，可以向人民法院提起公诉。人民法院进行审查后，对于起诉书中有明确的指控犯罪事实，符合缺席审判程序适用案件的，应当决定开庭审判。"第 298 条规定："对于贪污贿赂犯罪、恐怖活动犯罪等重大犯罪案件，犯罪嫌疑人、被告人逃匿，在通缉 1 年后不能到案，或者犯罪嫌疑人、被告人死亡，依照刑法规定应当追缴其违法所得及其他涉案财产的，人民检察院可以向人民法院提出没收违法所得的申请。"可见，缺席审判程序与犯罪嫌疑人、被告人逃匿、死亡案件违法所得的没收程序的启动前提仍是犯罪的发生，符合本罪要求行为人需明知他人实施犯罪行为的主观要件。

此外，与一般刑事审判程序不同的是，在缺席审判程序中，人民检察院在将案件移送至人民法院后，法院必须先进行审查，当起诉书中有明确的指控犯罪事实、符合缺席审判程序适用条件的，才应当决定开庭审判。这也为缺席审判程序的证据提出了更高的要求：往往必须要依靠在没有被告人供述的情况下，其他在案证据能够清楚、明白地证明被告人所犯的犯罪事实，才能够启动缺席审判程序。所以，缺席审判程序中的证人证言以及其他客观证据尤为重要，拒绝提供情况、证据所导致的犯罪嫌疑人、被告人逃脱刑罚追究，或导致犯罪嫌疑人、被告人被错误追究刑事责任的可能性更大，拒证的社会危害性更高。违法所得没收程序是对逃匿或已死亡的恐怖活动犯罪实施者实施的一种"兜底性"刑事责任追究手段。实质上是一种特别的起诉程序。[1] 故对于拒绝提供已逃匿至境外，或是在提起公诉前逃匿至境外的恐怖主义犯罪嫌疑人的相关证据，情节严重的，或是对于拒绝提供相关情况、证据，有暴力抗拒、因不配合而延误时间，导致应被追缴的财产被转移而无法追缴等情节严重情形的，可以构成本罪，依照《刑法》第 311 条定罪量刑。

第三，依法不负刑事责任的精神病人的强制医疗程序。《刑事诉讼法》第 302 条规定："实施暴力行为，危害公共安全或者严重危害公民人身安全，经法定程序鉴定依法不负刑事责任的精神病人，有继续危害社会可能的，可以予以强制医疗。"可见，强制医疗程序所处理的并不是犯罪，仅因实施暴力行为的精神病人有较大的社会危害性，而通过《刑事诉讼法》对《刑法》第 18 条规定的政府强制医疗的决定程序予以规范。强制医疗也不是法定的刑罚之一，不具有

---

〔1〕 参见黄太云："刑事诉讼法修改释义"，载《人民检察》2012 年第 8 期。

刑罚的教育或报应机能；检察机关提起的强制医疗申请不是一种起诉行为，法院的强制医疗决定更不是一种对行为人刑事责任的追究。故对于在强制医疗程序中拒绝提供相关情况、证据，情节严重的，不构成本罪，可以根据《反恐怖主义法》第82条追究其行政责任。

二、此罪与彼罪的问题

（一）本罪与包庇罪的界限

本罪与包庇罪所侵害的客体都是司法机关的正常活动，且都有可能造成犯罪嫌疑人逃避法律打击等不利后果。两罪的区别在于，本罪是纯正不作为犯，要构成本罪，行为人要采取消极不履行法律义务的手段实施犯罪；而包庇罪要求行为人以提供虚假证明等积极作为的手段使被包庇人逃避刑事处罚。例如，行为人为使真正的犯罪人逃脱刑罚，谎称是自己实施了恐怖主义犯罪等犯罪而顶替"真凶"的，属于包庇他人不受刑罚打击的行为，应成立包庇罪。

（二）本罪与伪证罪的界限

本罪与伪证罪都是对违反公民的作证义务所产生的法律责任。伪证罪是作为犯罪，要求行为人通过身体的动静，实施故意作虚假证明，意图陷害他人或隐匿罪证行为以完成犯罪。而本罪要求行为人必须以不作为的手段拒绝履行作证义务。为逃避作证义务而故意做假证、伪证的，构成伪证罪。

三、犯罪的特殊形态问题

（一）本罪的停止形态

本罪作为具有罪量因素的真正不作为犯，不存在犯罪未遂或中止。行为人拒绝提供相关证据，未达到情节严重标准的，或拒绝提供后主动提供相关情况、证据的，不构成犯罪，应当依照《反间谍法》第29条或《反恐怖主义法》第82条对其处以行政处罚。

对于已经如实提供相关案件证据、情况的，但又在随后的司法程序中否认此前所作证言、提供的证据的，或无合理理由拒不作为证人出庭参加庭审活动的，情节严重的，应当同样认定本罪成立。

（二）本罪的共同犯罪形态

明知他人有间谍犯罪或者恐怖主义、极端主义犯罪行为的2人以上形成攻守同盟，约定一同拒绝提供相关犯罪证据的，构成本罪的共同犯罪。

明知他人掌握恐怖主义犯罪、极端主义犯罪、间谍犯罪的情况或证据，为其提供条件，通过帮助他人逃避司法机关的侦查、调查等手段帮助其拒绝作证的，构成本罪的帮助犯。为帮助他人拒绝作证而毁灭证据的，属于采取作为的手段帮助他人拒绝履行作证义务，应当以帮助毁灭证据罪追究其刑事责任。

若行为人为使他人不向司法机关提供间谍犯罪、恐怖主义犯罪、极端主义犯罪的证据，以暴力、威胁、贿买等方法阻止他人作证的，成立妨害作证罪。行为人受他人以暴力、威胁胁迫而拒不向司法机关提供情况、证据的，构成本罪的胁从犯，依据《刑法》第28条之规定，应当减轻或免除处罚。教唆他人拒不向司法机关提供情况、证据的，构成本罪。

（三）本罪的罪数形态

采取暴力抗拒司法机关工作人员调查情况、调取证据的，其暴力抗拒构成妨害公务罪，是拒绝提供间谍犯罪、恐怖主义犯罪、极端主义犯罪证据罪的手段，成立牵连犯，应当从一重罪处罚。若暴力行为致人重伤或死亡，构成与过失致人重伤罪、过失致人死亡罪、故意伤害罪、故意杀人罪的想象竞合犯，从一重罪处断。

第四节　拒绝提供间谍犯罪、恐怖主义犯罪、极端主义犯罪证据罪的刑事责任

本罪仅有一档法定刑。明知他人有间谍犯罪或者恐怖主义、极端主义犯罪行为，在司法机关向其调查有关情况、收集有关证据时，拒绝提供，情节严重的，处3年以下有期徒刑、拘役或者管制。

由于本罪不属于恐怖活动犯罪或极端主义犯罪，所以不能依照《反恐怖主义法》对已判处刑罚的罪犯适用安置教育，也不能依照《刑法》第66条之规定认定特别累犯。

第九章　偷越国（边）境罪

第一节　偷越国（边）境罪的立法沿革

（一）国外的立法情况

偷越国（边）境行为在各国的主要表现形式不同，对国家的危害程度也不尽相同。例如，一些西方发达国家面临着非法移民或难民潮的冲击，加强入境管理，防止外国人、无国籍人非法入境是其当务之急；而对于广大发展中国家来说，出入境管理需要解决的主要问题是有效地阻止人口的非法外流。这造成了各国在防治偷越国（边）境问题的立法上，尤其是刑事立法上的立法模式各不相同。

德国、法国、日本、美国等面临着较大非法移民压力的西方国家，大多通过移民法等移民相关法律规定偷越国境的刑事责任。例如，由于德国公民偷渡出国的犯罪已经基本上不存在，德国于1998年废除了《刑法》中关于诱惑他人移居国外罪的规定，而主要通过《外国人法》惩治非法入境的移民。日本移民法令修正案第70条明确规定：逾期逗留者处3年有期徒刑或罚款30万日元或并处。美国移民法规定，非法向美国组织、走私移民的，构成非法移民罪，对罪犯最高可处6个月的自由刑并处罚金。[1]

受苏俄《刑法》影响的俄罗斯是将偷越国境罪纳入《刑法》的代表国家。[2]俄罗斯《联邦刑事法典》第322条规定了非法穿越俄罗斯联邦国境线罪："对于①不具备能够证明具有俄罗斯联邦入境权或俄罗斯联邦出境权的有效证件，或没有按照俄罗斯联邦法律规定程序取得必要许可，穿越俄罗斯联邦国境线的，应当判处数额为20万卢布以下或者被判刑人18个月以内工资或其他收入罚金

---

[1]　参见但伟：《偷渡犯罪比较研究》，法律出版社2004年版，第268~270页。

[2]　《苏俄刑法典》第197条规定了"违反边界地带或边界地区入境或居留规则罪"。参见北京政法学院刑法教研室译：《苏俄刑法典》，北京政法学院刑法教研室1980年印，第91页。

刑，或为期 2 年以下剥夺自由刑。②事前通谋的犯罪团伙、有组织的犯罪团伙非法穿越俄罗斯联邦国境线，或使用暴力手段相要挟非法穿越俄罗斯联邦国境线的，应当判处为期 5 年以下剥夺自由刑。附注：外国公民与无国籍者，行使《俄罗斯联邦宪法》规定的政治避难权，违反边境国境规定，穿越国境线的，如果不具有其他犯罪构成的，则本条文效力对其不作扩大适用。"[1]

二、我国的立法沿革

偷越国（边）境罪是妨害国（边）境管理罪的基础罪名。作为犯罪，偷越国（边）境罪始于我国 1979 年《刑法》。1979 年《刑法》在妨害社会管理秩序罪一章中规定了偷越国（边）境犯罪，包括第 176 条的偷越国（边）境罪、第 177 条的组织、运送他人偷越国（边）境罪两个罪名。本罪的制定是出于历史、经济等诸多因素影响，部分沿海地区产生了大量"侨乡"，居民偷渡情况严重，边防与出入境管理部门承受着巨大的压力考量。受"宜粗不宜细"的刑事立法思想的影响，并综合当时的偷渡犯罪实际情况，1979 年《刑法》对妨害国（边）境管理罪的规定较为简单，法定刑也相应较低，在司法实践中也以打击我国公民非法出境的行为为主。

随着我国对外开放程度的显著提高，国内外交流日益频繁，偷渡活动的数量和活动频率日益提升。据统计，截至 1993 年底，我国的对外开放口岸从 1978 年的 50 多个增加到 200 多个；同时发达国家不断收紧其移民政策，合法移民国外的渠道被限制，[2]1979 年《刑法》的规定已经不能满足现实的需要。1993 年 9 月 24 日，最高人民法院发布了《关于严厉打击偷渡犯罪活动的通知》（已失效），通过明确了六种构成"情节严重"的情形，区分了偷越国（边）境行为罪与非罪的界限，并针对当时的案件特点，规范了罪名的认定方式。1994 年 3 月 5 日，全国人大常委会出台了《关于严惩组织、运送他人偷越国（边）境犯罪的补充规定》（已失效，以下简称《补充规定》），对情节轻微的偷渡犯罪增加了治安行政处罚的规定；将偷越国（边）境罪的刑期提高到了 2 年以下有期徒刑；同时增加了罚金刑，提供了从经济上打击偷渡犯罪的手段。

1997 年《刑法》中在分则第六章妨害社会管理秩序罪下单独设置了第三节妨害国（边）境管理罪，使得妨害国（边）境秩序相关犯罪在条文的排列上更加有序，罪名的设置也更加科学。本节下设八项罪名，罪名设置大致参照了 1994 年

---

〔1〕　赵路译：《俄罗斯联邦刑事法典》，中国人民公安大学出版社 2009 年版，第 227～228 页。
〔2〕　季安照、袁靖华："妨害国（边）境管理罪立法思考"，载《中南大学学报（社会科学版）》2009 年第 1 期。

《补充规定》的内容。其中，第322条偷越国（边）境罪规定："违反国（边）境管理法规，偷越国（边）境，情节严重的，处1年以下有期徒刑、拘役或者管制，并处罚金。"1997年《刑法》恢复了1979年《刑法》的刑罚设置，降低了《补充规定》规定的刑期，增加了管制刑，并删除了行政处罚的规定。

为适应司法实践的需要，2002年，最高人民法院出台了《关于审理组织、运送他人偷越国（边）境等刑事案件适用法律若干问题的解释》（已失效，以下简称《组织、运送等案件解释》），其中列举了偷越国（边）境的五种"情节严重"的情形。2012年，最高人民法院、最高人民检察院出台了《关于办理妨害国（边）境管理刑事案件应用法律若干问题的解释》（以下简称《妨害国（边）境案件解释》）。该解释明确了偷越国（边）境行为的六种"情节严重"情形。同时，列举了五种常见的偷越国（边）境的行为模式，明确了入罪标准，方便了司法认定。

三、《刑法修正案（九）》对本罪的修改及其背景

（一）《刑法修正案（九）》对本罪的修改

1997年《刑法》修改后，本罪再没有进一步的更改。直到2015年出台的《刑法修正案（九）》，为本罪增加了一种新的行为模式和一档更高的法定刑，即"为参加恐怖活动组织、接受恐怖活动培训或者实施恐怖活动，偷越国（边）境的，处1年以上3年以下有期徒刑，并处罚金"。预防和惩治恐怖主义犯罪是《刑法修正案（九）》修法的重点之一，该修正案为本罪增加了一种特殊量刑情节，降低了"为参加恐怖活动组织、接受恐怖活动培训或者实施恐怖活动"而偷越国（边）境的入罪标准，提高了法定刑，以便更好地惩处恐怖活动的关联犯罪。

除《刑法修正案（九）》增加了刑事责任之外，《反恐怖主义法》等相关法律法规也相应细化了针对恐怖主义相关人员的出入境管控措施。出境入境的管理工作是反恐怖主义工作的重要组成部分，《反恐怖主义法》在第38至41条明确了出入境管理机关、海关等主管部门的反恐工作任务，并在该法的调查和应对处置两章，约束了恐怖活动人员、恐怖活动嫌疑人员等特定对象的出入境权利。

2.《刑法修正案（九）》对本罪修改的背景

苏联解体后，一些原本活跃在中亚地区的暴力恐怖活动分子、极端主义分子试图转移阵地活动并传播其宗教极端思想。当时在我国新疆地区就已出现了一些以传播极端主义、实施暴恐犯罪活动为目的的偷渡行为。特别是在"阿拉伯之春"运动爆发后，中东地区的叙利亚等国陷入了长久的内战，部分反政府武装或恐怖组织通过"东突""东伊运"等恐怖组织，在我国新疆内针对部分群

众传播宗教极端思想，鼓动他们出境实施"圣战"。甚至在传统穆斯林的"五功"上，增加了出境"圣战"的内容，声称出境"圣战"是每个有条件的穆斯林所要完成的义务，部分群众或自愿，或被蒙蔽，或被裹挟，出境至中东地区参加"圣战"。目前，与境外恐怖活动组织或者人员勾结，接受境外恐怖活动组织的培训、指使实施恐怖活动已成为当前我国恐怖活动犯罪的一大特点。[1]

随着世界范围内恐怖活动数量的爆发式增长，恐怖主义、分裂势力、极端主义势力的日益猖獗，境外"三股势力"与我国境内的民族分裂势力的联系日益增多，"三股势力"对我国的渗透日益浮出水面。我国所面临的恐怖主义威胁是世界恐怖主义的一部分，一些组织甚至已经形成了"境外指挥、境内行动；境外训练、境内破坏"的行为模式，对我国的国家、社会安全以及公民的人身及财产安全都造成了极大的威胁，也给我国的边防管理工作带来了极大的压力。在一些地区，出境参加恐怖组织、实施恐怖活动，或出境接受恐怖活动培训、实施恐怖活动的人员数量呈逐渐上涨趋势，在中东等地区活动的"伊斯兰国"恐怖组织甚至出现了我国新疆籍战斗员的身影。甚至一些境外恐怖活动组织，主动通过网络、派遣恐怖分子等方式煽动我国公民外出或就地实施"圣战"，这都为我国的出入境部门、边防部门带来了极大的工作压力。具体而言，目前我国的边防管理工作正面临着下列威胁：

第一，"伊吉拉特""迁徙圣战"现象的涌现。"伊吉拉特"是维吾尔语，该词来源于阿拉伯语的"希支拉"或"希吉拉"（هِجْرة，为"迁徙"之意），原指伊斯兰教先知穆罕默德于公元 622 年为避免迫害，率领一群穆斯林离开麦加出走叶斯里卜（后称麦地那），建立统一的穆斯林社团"乌玛"，以继续进行伊斯兰教传教事业的行为。后世将此次迁徙视为伊斯兰教兴起的决定性事件之一，公元 622 年也成了伊斯兰历的元年。随着伊斯兰复兴运动的开展，"迁徙"的概念被扩大为："离开故土向不信仰真主的社会开战，攻击现有政治体系"[2]之意。但是，随着宗教极端化趋势的愈演愈烈，"伊吉拉特"被伊斯兰宗教极端分子利用，对其进行了歪曲、片面的解读，以伊斯兰教神圣的历史典故作为幌子，蛊惑伊斯兰教信徒以"迁徙"为手段，以"圣战"为目的，向全世界范围投射恐怖活动。

迄今为止，全世界已经经历了三次"迁徙"浪潮。第一次是 20 世纪 70 年代

---

[1]　沈德咏主编：《〈刑法修正案（九）〉条文及配套司法解释理解与适用》，人民法院出版社 2015 年版，第 357 页。

[2]　古丽燕、王梅："'伊吉拉特'的法律属性及其法律适用研究"，载《山东警察学院学报》2016 年第 6 期。

后，埃及伊斯兰党和穆斯林组织的残余势力为躲避埃及政权对其的打击，组织人员逃往也门，再从也门继续向其他阿拉伯国家及欧洲迁徙；[1]第二次是在苏联入侵阿富汗时期，在美国的支持下，全世界的伊斯兰极端势力纷纷开展"迁徙"，前往阿富汗与苏联展开"圣战"，并在20世纪90年代又将"圣战"输回埃及；第三次是苏联解体至今，两次海湾战争、叙利亚内战、利比亚内战、车臣战争以及中亚五国的伊斯兰原教旨主义的复兴等不安定事件和因素，都给"圣战"者的"迁徙"活动提供了有利的机会。[2]特别是自"9·11"事件之后，已经开始出现西方国家公民离开自己的祖国，前往阿富汗参加塔利班与基地组织的现象，美国曾在阿富汗与巴基斯坦等地抓获了多名具有西方国家公民身份的塔利班分子，"伊斯兰国"组织中也出现了大量西方国家公民的身影。近年来，随着"伊斯兰国"等恐怖组织的崛起，"伊吉拉特"活动出现的频率也有所提高。

我国新疆紧邻中亚地区，民族结构复杂，宗教氛围浓厚，为恐怖主义、极端主义思想的传播提供了一定条件。据媒体报道，"东伊运"等恐怖组织曾在阿富汗等国境内设立办事处、训练基地等设施，在我国国内以免费提供食宿、资助求学等为诱饵，招募一些人出境接受恐怖训练，宗教极端分子通过篡改教义、捏造宗教迫害等手段，煽动信教群众出国"迁徙"，鼓吹"圣战"。特别是自2011年叙利亚内战进入白热化以来，部分同胞在境外分裂势力、宗教极端势力的洗脑下，为追求所谓更加"符合宗教教义"的生活环境，或崇尚所谓"圣战"，利用各种机会、理由，通过伪造出入境证件、编造出境理由或直接偷越国境的方式离开中国，试图绕道第三国，通过东南亚国家作为跳板，最终到达叙利亚等地进入恐怖组织"伊斯兰国"的控制区域，参加所谓"圣战"。2012年6月29日发生的和田劫机案，就是一些受宗教极端思想洗脑的成员，妄图劫机以实现其出境实施"圣战"的目标。沈阳警方在2015年7月13日破获了一起"伊吉拉特"涉恐专案，在先行抓获16名涉恐嫌疑人后，遭到另外4人攻击，现场击毙3人，击伤1人，并抓获一名28岁的新疆籍妇女和3名随行儿童。[3]据媒体报道，泰国、马来西亚等国均查获过试图借道该国，出境进行"圣战"的我国新疆籍涉恐人员，曾有300余名中国人绕道马来西亚，到叙利亚和伊拉克战争。[4]

除出境实施"圣战"外，部分试图实施"伊吉拉特"活动的人员，往往在

〔1〕　涂龙德："伊斯兰原教旨主义极端势力的全球化"，载《阿拉伯世界研究》2007年第4期。

〔2〕　臧建国："当前'伊吉拉特'组织在我国的犯罪态势研究"，载《犯罪研究》2016年第1期。

〔3〕　参见"沈阳警方击毙3名暴恐分子 暴徒呼喊'圣战'口号"，载凤凰网，http://js.ifeng.com/news/world/detail_2005_07/14/4106673_1.shtml，访问时间：2019年4月6日。

〔4〕　张磊："马来西亚最新反恐立法及其借鉴"，载《江西社会科学》2017年第6期。

出境受阻后，出于各种原因，选择就地实施"圣战"。2014年3月1日，10余名暴徒在昆明火车站随意砍杀无辜群众，造成29名群众遇难、143人受伤。该事件便是试图外出"伊吉拉特"分子在试图偷渡云南边境未果后，在云南昆明就地实施所谓"圣战"所造成的。2015年1月18日，广西凭祥警方在拦截一辆可疑车辆时，车上5名受极端思想影响，准备偷渡的犯罪嫌疑人冲出并持刀袭警。[1]部分人员在偷渡至中转国家后，见流窜至目标国家无望的，也在中转国家就地实施"圣战"：2014年4月18日，16名偷渡至越南的新疆籍人员在越南北风生口岸就地实施"圣战"，造成8名偷渡人员、2名越南军警死亡。

在近代，"伊吉拉特"已经完全异化为宗教极端思想，在全球范围内影响着伊斯兰教教徒，催生出了恐怖主义。据统计，在新疆警方破获的暴恐案件中，90%以上都受到了"伊吉拉特"思想的影响，或是由受"伊吉拉特"思想洗脑的团伙直接实施。[2]"伊吉拉特"思想的一个重要特征是倡导参加人员要从一国迁徙至另一国接受训练、实施所谓"圣战"，并在合适的时机返回原籍国或特定国家，实施暴力恐怖活动，如果"迁徙"受阻即就地"圣战"。正确适用刑法来打击"伊吉拉特"活动，将未能成功实施暴恐活动的"伊吉拉特"团伙、成员妥当地采取刑事法律实施制裁，是保障我国国家和人民财产安全的有效举措。对于在出入境时被截获的"伊吉拉特"分子，在以偷越国（边）境罪追究其刑事责任的同时，理应考虑其行为性质，相较于普通的偷越国（边）境行为，判处更为严厉的刑罚。刑罚打击的着力点不光是出境行为本身，还包括行为背后的恐怖活动犯罪目的，由此间接打击宗教极端思想的蛊惑，通过规范宣示效果实现更加深入的一般预防。[3]

第二，境外"三股势力"派遣暴恐分子窜入我国煽动、组织实施恐怖活动。随着苏联解体后中亚地区宗教极端主义的抬头，与其接壤的我国新疆地区受到了大量外来宗教极端人员的渗透，直接导致了宗教极端主义的泛滥、恐怖主义的产生。有记录表明，自20世纪90年代以来，大量来自于土耳其、中亚地区的宗教极端人员，通过偷渡的方式窜至我国新疆，开设地下讲经班，大肆宣扬其宗教极端主义。他们对"泛伊斯兰主义"和"泛突厥主义"进行了包装、粉饰，通过各种手段向群众散播、洗脑。特别是进入21世纪以来，在境外"三股势

---

〔1〕　参见"偷渡不成反袭警2人被击毙3人被抓获"，载凤凰网，http://news.ifeng.com/4297050//news.shtml，访问时间：2019年4月6日。

〔2〕　参见"新疆近年来破获90%以上暴恐案都受'迁徙圣战'思想影响"，载中国新闻网，http://www.chinanews.com/df/2015/06-10/7334573.shtml，访问时间：2019年4月6日。

〔3〕　简琨益："论我国对'伊吉拉特'恐怖活动犯罪的刑法规制"，载《学术交流》2017年第9期。

力"的渗透、支持下，新疆境内的暴力恐怖势力迎来了"小高潮"，发生了多起影响恶劣的暴力恐怖活动，宗教极端主义的影响也逐渐扩大。这些事件和现象，都有外籍暴力恐怖分子、宗教极端分子的身影，他们或是偷越边境进入我国新疆传输极端主义思想，或是组织被洗脑的群众偷越国境，窜至阿富汗等国家，为他们提供武装训练，再让其偷渡回国，实施恐怖活动犯罪、继续传播宗教极端思想、建立训练基地、招募成员。

打击"三股势力"分子是维护我国国家安全、社会稳定的重要手段，也是国家对国际社会承担的义务。一方面要加强边境管理、控制能力，拒"三股势力"分子于国门之外，另一方面，对于已经流窜入我国国内的"三股势力"分子，应当利用刑罚的武器予以惩罚，针对偷越国（边）境且具有恐怖主义背景，或是有证据证明其为了参加恐怖活动组织、接受恐怖活动培训或者实施恐怖活动的，在其行为未构成其他犯罪时，通过从严追究其偷越国（边）境的刑事责任，不至于产生刑罚上的真空。

第三，外出"伊吉拉特"分子有回流趋势。2016 年底，仅"伊斯兰国"就有来自于上百个国家的 2 至 3 万名外籍恐怖主义战斗人员，[1]"伊斯兰国"甚至还吸纳了部分"东突"分子和新疆籍人员出境"迁徙圣战"。在国际势力的联合打击下，盘踞在叙利亚、伊拉克境内的"伊斯兰国"势力，在军事上已经遭到了毁灭性的打击，失败已经成为定局，其剩余力量已经开始出现转移，原本来自于各国的"伊吉拉特"分子也逐渐开始返回其原籍国。

世界各国都面临着回流的原"伊斯兰国"战斗人员的威胁。从 2011 年以来，国际恐怖势力已经开始逐步建设国际恐怖主义网络，通过多种渠道，从世界各地招募、聚合大批恐怖分子到叙利亚等地，这些渠道也成为恐怖分子回流的渠道。有消息称，"东突"恐怖分子已经回流聚合到印尼等地，参加印尼的恐怖势力活动；国际恐怖势力向泰国渗透，策划实施针对中国和其他国家的恐怖袭击，为"东突"分子开道。[2]2016 年 8 月 30 日，我国驻吉尔吉斯斯坦大使馆遇袭一案中，袭击的直接参与者就有曾赴中东作战的中亚籍恐怖分子。联合国安理会在 2014 年 9 月 24 日通过的第 2178（2014）号决议中明确指出，需将应对外籍恐怖主义战斗人员的威胁置于国际反恐的优先议题之中。试图回流我国的"伊吉拉特"分子接受了专业的战斗培训，有着丰富的战斗经验，将严重威胁新疆乃至全国的安全。由于这些"伊吉拉特"分子出境是为了实施恐怖犯罪

〔1〕 李捷、雍通："外国恐怖主义战斗人员转移与回流对中亚和俄罗斯的威胁"，载《国际安全研究》2018 年第 1 期。

〔2〕 张金平："警惕国际恐怖分子回流潮"，载《中国国防报》2016 年 5 月 13 日，第 22 版。

活动，必然在出入境时采取了虚假的出入境事由，所以无论其出境方式、所持证件或签证为何，都应当认定其触犯了《刑法》第322条的偷越国（边）境罪。对于此类试图回国继续实施暴恐犯罪的分子，应当在查获后对其偷越国（边）境非法出境"伊吉拉特"行为、试图偷越国（边）境非法入境的行为一并处罚。

这种为了实施恐怖主义犯罪所实施的偷越国（边）境犯罪，比一般的以非法务工、滞留为目的的偷越国（边）境行为产生了更严重的威胁，有着更大的社会危害性，继续依照1997年《刑法》的规定已经不能满足应对现实情况的需求，原有规定已经难以起到阻止其继续犯罪、防止发生社会危害的作用。首先，1997年《刑法》要求偷越国（边）境行为必须要达到"情节严重"才能构成本罪。实践中，对于仅查明实施了3次以下偷越行为的，或者偷越未遂的，仅能对行为人处以行政处罚，不能实现有效的打击。其次，为实施恐怖主义而偷越国（边）境的行为人，往往主观恶性较大，造成的后果通常较为严重，行为本身所产生的危险较高，仅1年以下有期徒刑的法定刑不足以体现刑法的罪责刑相适应原则。

第二节　偷越国（边）境罪的犯罪构成

偷越国（边）境罪是指行为人违反出入国（边）境的相关管理法律法规，偷越国（边）境，情节严重的，或为参加恐怖活动组织、接受恐怖活动培训或者实施恐怖活动，偷越国（边）境的行为。

一、偷越国（边）境罪的客体

（一）本罪的客体是国家对国境、边境行使的正常管理制度

作为刑法分则中妨害国（边）境管理罪的基础罪名，本罪的客体是简单客体，即国家对国境、边境行使的正常管理制度。国境的安全和不受侵犯是国家主权的体现，对国境、边境的正常管控也是保障国家安全和社会稳定的重要措施。偷越国（边）境犯罪也扰乱了其他国家对其国（边）境的正常管理秩序。国家通过一系列的国（边）境管理制度，通过对出入境人员的筛查和选择，确保国境、边境的安全。所有出入我国国（边）境的人，无论身份、无论国籍，都必须遵守相关国（边）境管理法律、法规，接受主管部门的管理。任何形式的偷越国（边）境行为都破坏了国家对出入境人员的正常监管，侵犯了国家对国（边）境的管理制度，应承担相应的法律责任。

（二）本罪的客体不应包含"国家形象"

作为发展中国家，如何防治公民非法出境是我国出入境管理中的重点难点问题。改革开放前后，由于地缘条件与国际政治斗争的背景等原因影响，东南沿海各省的非法移民现象泛滥。非法移民偷渡至他国后，由于没有合法身份，只能从事薪水低廉的"黑工"，扰乱了所在国当地的就业市场；一些非法移民通过实施违法犯罪维持生活，甚至组成了黑社会性质的犯罪团体，扰乱了当地治安；偷渡过程中也发生了大量惨案，例如，1990 年在福建平潭县一艘"闽平渔5540"号渔船内有 25 名偷渡客窒息死亡；2000 年英国多佛港的一辆货车内发现了 58 名被闷死的中国偷渡人员。这些现象及事件确实有损国家的形象，为我国在国际上带来了巨大的压力。而这种压力却不适当地体现在了国内法之中。在制定 2002 年最高人民法院出台的《组织、运送等案件解释》、2012 年两高出台的《妨害国（边）境案件解释》的过程中，司法解释机关都表示出了要通过处罚偷越国（边）境罪来打击"有损国家形象"行为的目的。[1]

本书认为，出于刑法谦抑性的考虑，作为刑法分则规定的妨害国（边）境管理罪的一种，本罪所侵犯的客体仅停留在国家对国境、边境行使的正常管理制度当中。只要行为人在没有违反国家对国境、边境行使的正常管理制度的出入境情况下，无论其在境内外的行为如何损害了国家的海外形象，在政治上如何破坏了外交大局，都不应当通过妨害国（边）境管理犯罪处罚其行为。仅当行为人的行为确实违反了出入境管理相关法律法规，达到了《刑法》的处罚标准时，才可以本罪对其定罪量刑。

3. 国境、边境的认定

国（边）境是国境和边境的统称。对于国（边）境的理解，不同学者有着不同观点。有学者将国（边）境理解为一定的"领域""范围"，具有立体的特征，主要包括四个组成部分：①国境，即由边境线所圈定的国家领域，包括领

---

[1] 在最高人民法院工作人员对 2002 年解释所作的"理解与适用"一文中提到："组织、运送他人偷越国（边）境等犯罪活动，严重扰乱我国国（边）境的正常管理秩序，破坏社会稳定和经济建设的顺利进行，并损害了我国的国际声誉和对外形象。特别是近年来，组织、运送他人偷越国（边）境等犯罪出现了一些新特点、新动向，在国际上对我国国家形象造成恶劣影响的案件时有发生。"最高人民检察院的工作人员同样在对 2012 年解释所作的"理解与适用"一文中指出："一些妨害国（边）境管理的犯罪活动不仅对我国的国际形象和外交大局造成负面影响，而且危及我国国家安全和社会稳定，有必要加大刑事打击力度。"参见李兵："《关于审理组织、运送他人偷越国（边）境等刑事案件适用法律若干问题的解释》的理解与适用"，载蒋志培等：《最高人民法院司法解释理解与适用（2002）》，中国法制出版社 2003 年版，第 36 页；陈国庆、韩耀元、吴峤滨："《关于办理妨害国（边）境管理刑事案件应用法律若干问题的解释》理解与适用"，载《人民检察》2013 年第 3 期。

土、领空、领海等；②主权边境，指国家间在国境两边所划定出的特定区域，例如边境互市贸易区或各种缓冲管理区等；③非主权边境，指由于历史或政治的原因，一国政府所划定出的各种特别行政区域，例如香港、澳门特别行政区；④拟制边境，指国家行政管理中法定的准予公民进入或离开本国时必须经过的特定标志点，这些标志点有些在国境线上或边境管理区内，被称为口岸或国际通道；有些在指定的内陆码头、机场、车站等地点，称为内陆港。也有观点认为，国（边）境应当指各种分界线，国与国之间的分界线就是国境，内地与香港、澳门之间，大陆与台湾地区之间的分界线就是边境。有学者将刑法中的国（边）境概念分为地理上的实际国（边）境与法律上的虚拟国（边）境，其中实际国（边）境指国家之间疆域的实际交界线、我国内地与港澳之间、大陆与台湾地区之间的交界线等；虚拟国（边）境是指国家对出入境人员设置边防检查的各种对外开放口岸与指定口岸。[1]

本书认为，刑法上的国（边）境应当指广义的国（边）境。从狭义的角度来讲，国境是指我国领土和外国领土的疆界；边境是指在我国国境内，内地与香港特别行政区、澳门特别行政区之间，大陆与台湾地区之间的界线，以及我国与周边一些少数邻国尚有争议的未定国界线。而除了针对由自然地理、历史、政治等原因所产生的基于领土或领海相邻而确定的国境、边境外，广义的国（边）境还包括了国家为方便管理出入境事务而拟制的国（边）境，包括在国境线附近或边境管理区内设立的各种口岸、国际通道或边民互市贸易区（点），还包括在一些指定的机场、码头、车站等内陆口岸。国家允许出境人在接受并通过这些口岸设立的检查站的检查后，直接搭乘各类交通工具出境；入境人则需要到达地理位置已经属于入境国的口岸，并接受检查后方可入境。采取欺骗、隐瞒等违法手段非法穿越拟制的国（边）境的，仍然侵犯了国家对国境、边境行使的正常管理制度，构成偷越国（边）境行为。

4. 对本罪罪名的准确认定

一直以来，司法机关在本罪的罪名适用上较为混乱，对本罪是否为选择性罪名的认识也不统一。例如，对于单纯偷越国境的行为，应当认定行为人触犯"偷越国境罪"抑或"偷越国（边）境罪"，各地司法机关在实务中多操作不一；也有实务界人士研究认为，本罪实质上是一种"准选择罪名"。[2]本书认为，出台《关于执行〈中华人民共和国刑法〉确定罪名的规定》及其补充规定

---

〔1〕参见但伟：《偷渡犯罪比较研究》，法律出版社2004年版，第246～247页。

〔2〕参见孙建保："刑法罪名中'国（边）境'的表述理解及司法适用探析"，载《法律适用》2011年第12期。

的最高人民法院、最高人民检察院是确定刑法分则罪名的有权机关。通过检索最高人民法院所审理的案件以及国家部委的规范性文件发现，本罪应当根据行为人所偷越的是国境抑或边境的不同，分别构成偷越国境罪或偷越边境罪。最高人民法院在 2013 年所审理的"马哈买提江·达吾来提故意杀人、故意伤害、抢劫、盗窃、偷越国境死刑复核案"中，明确了该案被告人为潜逃而偷越中哈边境，违反出入境管理而偷越国境，构成了偷越国境罪。[1]在最高人民法院审理的一些组织他人偷越国（边）境的案件中，也坚持将组织他人偷越中蒙等国境的行为定性为"组织他人偷越国境"罪。此外，1992 年两高与公安部联合下发的《关于对非法越境赴台人员的处理意见》也曾明确规定："非法越境赴台按照偷越边境处理"。

所以，虽然无论行为人是偷越国境还是边境，在主体、客体以及行为方式上都没有明确的区别，但偷越国（边）境罪本质上应仍属于选择性罪名，根据所偷越的国境或边境线的不同，适用不同的罪名：偷越我国与他国之间的国境的，构成偷越国境罪；偷越我国内地与香港、澳门特别行政区，我国大陆与台湾地区的边界或我国与邻国之间的未确认国界的，构成偷越边境罪。对于偷越拟制国（边）境，已成功穿越拟制国（边）境但尚未实际成功出境便被查获的，则应当根据行为人所试图偷越到达的地区，来确定其构成偷越国境罪或偷越边境罪。

二、偷越国（边）境罪的客观方面

本罪是行为犯。根据《刑法》第 322 条之规定，本罪的客观方面表现为"偷越国（边）境"，即违反相关法律、法规，非法出入我国国（边）境的行为。

本罪属于空白罪状，认定行为是否构成本罪需要援引其他法律、法规的规定。具体而言，行为人所违反的国（边）境管理法规，主要指《中华人民共和国出境入境管理法》（以下简称《出境入境管理法》）《中国公民因私事往来香港地区或者澳门地区的暂行管理办法》《中国公民往来台湾地区管理办法》《出境入境边防检查条例》《外国人入境出境管理条例》以及《反恐怖主义法》中有关出入境管理的规定等管理出入境事务的法律法规。行为人违反与外国毗邻的省、自治区依据《出境入境管理法》第 90 条所制定的各地方性法规、地方政

---

[1]　参见"马哈买提江·达吾来提故意杀人、故意伤害、抢劫、盗窃、偷越国境死刑复核案刑事裁定书"，载中国裁判文书网，http://wenshu. court. gov. cn/content/content? DocID = f074f302 – b647 – 11e3 –84e9 –5cf3fc0c2c18，访问时间：2019 年 4 月 6 日。

府规章，也属于"违反国（边）境管理法规"。

我国的出入境制度主要有三项，包括出入境许可制度、指定口岸通行制度和边防检查制度。一般而言，国家的国（边）境管理机关主要对出入境人员的三项条件进行审查：一是跨越国（边）境人员必须取得其出发国家政府的许可；二是必须取得其目标国家政府的许可；三是行为人向出入境管理部门所作的陈述、所提供的证件都是真实可靠的。《出境入境管理法》详细地在第 12 条、第 25 条以及第 28 条分别对中国公民的出境，外国人、无国籍人的入境以及出境的标准制定了负面清单。有以上三条所规定情形的中国公民或外国人、无国籍人，不允许从我国出境或入境我国。

根据《刑法》第 322 条的规定，以"参加恐怖活动组织、接受恐怖活动培训或者实施恐怖活动"为目的而实施偷越国（边）境的行为，直接构成犯罪。实际上，偷越行为的实质在于行为侵犯了国家国（边）境的管理秩序，偷越国（边）境行为是指各种不具备合法资格而穿越国（边）境的行为。2012 年两高出台的《妨害国（边）境案件解释》提出了以下五种应当认定为偷越国（边）境的客观行为。符合该五种行为的，应当认定行为人实施了偷越国（边）境行为。

（一）没有出入境证件出入国（边）境或者逃避接受边防检查的

这是一种较为常见的偷越国（边）境的方式。行为人明知自己未持有任何出入境证件，或虽持有相关证件，但明知其所持证件手续不足，通过逃避边防检查的方式偷越国（边）境。此类犯罪模式手段多样，包括通过躲避边防关卡、哨口，直接通过步行、乘车、乘船等手段通过陆上或海上没有设立边防检查站的区域偷越陆上、海上国（边）境的；没有持有出入境证件而通过蒙混过关的方式从边防检查站偷越国（边）境的；藏匿在交通工具或集装箱内通过陆上、空港、海港口岸无证偷渡的等，预防成本高，检查难度大。

《出境入境管理法》第 6 条规定："中国公民、外国人以及交通运输工具应当从对外开放的口岸出境入境，特殊情况下，可以从国务院或者国务院授权的部门批准的地点出境入境。"无论行为人是否已获得主管部门的出境或入境许可，凡是采取各种手段，逃避接受边防检查偷越国（边）境的、不从对外开放口岸或经批准的地点出境入境的，或是没有出入境证件，采取隐瞒、欺骗等方式偷越国（边）境，使出入境管理部门的监管意志出现瑕疵的行为，都属于偷越国（边）境行为。

本罪所涉及的"出入境证件"，应当作扩大解释。根据 2012 年两高《妨害国（边）境案件解释》规定，"出入境证件"包括"护照或者代替护照使用的国际旅行证件，中华人民共和国海员证，中华人民共和国出入境通行证，中华人民共和国旅行证，中国公民往来香港、澳门、台湾地区证件，边境地区出入境通行证，签证、签注，出国（境）证明、名单"以及其他出境、入境时需要查验的资料。这些证件、资料不仅包含我国出入境管理机关签发的护照等证件，还包括各国、各地区政府或出入境管理部门所发放的各种护照等出入境证件与签证、签注等。这是因为在出入境活动中，护照与外国政府所签发的签注、签证或其他停留居留证件一同组成了有效的出入境证件，代表着出境入境国家或地区的双向许可。除去一些免签的国家外，出入境人缺少任何一项出入境证件都不能合法出境入境。

我国有 15 个陆上邻国、总长约 2.2 万千米的陆地国境线和约 1.8 万千米的海上国境线，是世界上陆上邻国最多、陆上边界最长的国家，国境、边境管控形势严峻，任务繁重。仅新疆维吾尔自治区就管理着 5600 余公里、毗邻 8 国的国境线；云南与缅甸、老挝、越南三国共享有 4060 公里的国境线，靠近著名的"毒品金三角"，甚至还有 1000 余公里的国境线没有邻国军警负责，只能由我国单方管控；广西不仅与越南在陆上接壤，还拥有超过 1500 公里曲折的海岸线。很多省、自治区与外国的国境线缺少天然屏障，也没有有效的阻隔设施，还生活着大量"跨境民族"，形成了较多的"跨境村"，为偷越国（边）境犯罪提供了天然的便利条件。广西壮族自治区高级人民法院院长曾经表示，广西已经成为暴恐分子非法出入境的重点地区。[1]尤其是防城港市地处中越交界，国境线情况复杂，如防城港里火边贸口岸处的中越边境仅是一条宽约不到 10 米的小河，沿边、沿江、沿海的独特地理位置为偷越国境犯罪提供了便利条件。2014 年一年，防城港市法院系统就受理了涉疆人员偷越国境案件 10 件 33 人，同比上升 900%。[2]边防部门工作压力极大。在广西、云南等西南边陲省份，甚至有一些当地"蛇头"为赚取利润，与境外恐怖分子相互勾结，组织、运送受宗教极端主义洗脑的新疆籍人员偷越国（边）境，每人收取 7000 元至 10 000 元。[3]

（二）使用伪造、变造、无效的出入境证件出入国（边）境的

行为人未持有效的出入境证件，而是持有伪造、变造、无效的出入境证件出入国（边）境的，也属于偷越国（边）境行为。持有伪造、变造或无效出入境证件的行为人通常通过正常的开放口岸或指定边防检查站，采取欺骗的手段，

---

〔1〕　参见"广西已成暴恐分子非法出入境重点地区"，载中国裁判文书网，http://gx. sina. com. cn/news/fazhi/2015 – 02 – 07/detail-iawzunex9889251. shtml，访问时间：2019 年 4 月 6 日。

〔2〕　参见"偷越国边境犯罪案件激增原因及对策建议"，载 https://www. chinacourt. org/article/detail/2015/02/id/1553131. shtml，访问时间：2019 年 4 月 6 日。

〔3〕　参见"公安部打击西南边境地区组织偷渡专案行动纪实"，载 http://www. xinhuanet. com/politics/2015 – 01/18/c_1114036699. htm，访问时间：2019 年 4 月 6 日。

使边防管理部门工作人员产生错误认识，陷入迷惑，违背了边境管理的监管意志，应当成立偷越国（边）境罪。

近些年来，多地的边防检查口均引入了能够自动读取护照、签证信息，并通过设备联网对出入境人进行面部、指纹识别的电子设备。机器识别的引入对于打击利用伪造、变造或无效的出入境证件偷越国（边）境的行为提供了重要的帮助。但也有媒体报道，国外已经出现了黑客伪造个人信息、私自非法制作护照芯片、设定安全密钥，从而顺利通过机场的自动通关机器的现象。[1]伪造出入境证件的各类电子芯片的，也属于伪造出入境证件，使用此类证件出入境成立偷越国（边）境行为。

此外，对于伪造出入境证件中的出入境验讫章，编造出入境的目的地，或者掩饰之前出入境地点的行为，应当属于"变造出入境证件"，属于偷越国（边）境行为。不过，由于自助通关机器的普及，越来越多的护照上不再加盖出入境验讫章。对于持缺少出入境验讫章的出入境证件出入国（边）境，应当结合其出入境记录综合考察其是否有偷越国（边）境行为。对于通过机器自动报警而挡获，从而查获的偷越国（边）境犯罪，侦查机关在收集证据时，应当注意调取如机器的报警记录、边防检查人员的挡获记录、对护照的查验记录及相关监控视频等证据，核实行为人确有利用伪造、变造的出入境证件出入境的主观故意，防止出现行为人利用其"错拿护照"等理由进行狡辩的可能。此外，侦查机关也应当要求有关部门对有伪造、变造嫌疑的出入境证件进行鉴定。

如上文所述，伪造出入境签证、签注，并使用其出入境的，也属于伪造出入境证件，属于偷越国（边）境行为。例如，持有揭换照片、拆装内页的护照以及伪造的外国签证、边防检查验讫章、出境登记卡等各种伪假证件的，都属于偷越国（边）境行为。[2]还需注意的是，一些国家或组织暗中利用各种手段支持我国境内的"迁徙圣战"势力，向实施"伊吉拉特"活动的新疆籍人员发放该国的护照，帮助其窜至第三国；还有一些国家为赚取外汇，随意向他国公民出售各种"准护照"。对于持有此类护照或出入境证件试图出入境的"伊吉拉特"分子，应当认定其护照持有的是伪造护照，属于偷越国（边）境行为。

（三）使用他人出入境证件出入国（边）境的

行为人持有并使用他人的出入境证件出入国（边）境的，属于使监管部门的监管意志陷于瑕疵，构成偷越国（边）境行为。据国际刑警组织统计，全球

---

[1] 参见"黑客手持'猫王'护照混过荷兰机场扫描系统"，载 https://travel.sina.com.cn/air/2010-02-25/1414129420.shtml，访问时间：2019年4月6日。

[2] 但伟：《偷渡犯罪比较研究》，法律出版社2004年版，第156页。

共有 4 000 万本护照被盗，还有一些人为谋取利益，故意挂失其护照后出售，这些未由所有人持有的护照都有可能成为偷越国（边）境的犯罪工具。"9·11 事件"后，为阻止恐怖分子冒用他人出入境证件入境，国际刑警组织建立了丢失旅行文件（SLTD）数据库，供各国及其航空公司查询、比对，但仍有大量冒用他人护照出入境的事件发生。例如，自 2014 年失联至今的马来西亚航空 MH370 航班上，就有两名乘客持被盗的他人护照登机。[1] 该两本护照已被其签发国吊销，但其持有人仍通过了边防及登机等一系列程序，登上了出境航班。

（四）使用以虚假的出入境事由、隐瞒真实身份、冒用他人身份证件等方式骗取的出入境证件出入国（边）境的

行为人明知自己因尚处在缓刑考验期内、属于出入境黑名单等各种原因无法获取出入境证件正常出境或入境，而隐瞒真实身份、冒用他人身份证件的，或行为人以出境实施恐怖活动、非法务工为目的，却以出境旅游为名骗取出入境证件，并用骗取的证件出入境的，都构成偷越国（边）境行为。

同上，本项中的"出入境证件"也应当包括各种出入境签证、签注，骗取出入境签证、签注而穿越国（边）境的，属于偷越国（边）境行为。自然人在获取出入境签证、签注时，有关机关在审查其出入境证件是否合法、该人是否被禁止出境外，还应当审查其出境目的是否属实、合法。国内外出入境管理机关对自然人出入境的许可是建立在行为人对其出入境真实意图的准确表达的基础之上的，持有合法证件但隐瞒真实出入境意图的，实质上是在欺骗出入境主管部门后获得了其同意，其同意自然也是无效的，所获得的出入境资格也自然是虚假的。所以，如果行为人以旅游、探亲的名义，实质是为了接受恐怖主义训练、到外国实施"圣战"，骗取出入境签注，持有合法的出入境证件、签证出境的，也可以构成本罪。最高人民法院于 2004 年公布的第 304 号指导案例"顾某军、王某忠组织他人偷越国境案"，明确了行为人隐瞒真实意图，以旅游签证的形式，非法组织他人赴马来西亚出国务工，属于骗取合法的出境证件行为，侵犯了国家的国（边）境管理秩序，是一种组织他人偷越国（边）境的行为。[2] 自然，行为人自行隐瞒真实意图，以虚假的理由骗取签证出入境的，也就属于刑法打击的偷越国（边）境行为。

---

〔1〕 参见"公安部派出工作组赶赴马来西亚"，载 https://www.mps.gov.cn/n2253534/n2253535/c4767173/content.html，访问时间：2019 年 4 月 6 日。

〔2〕 参见最高人民法院刑事审判一至五庭等主编：《中国刑事审判指导案例（妨害社会管理秩序罪）》，法律出版社 2009 年版，第 122～126 页。

（五）采用其他方式非法出入国（边）境的

本罪属于空白罪状，是否构成偷越国（边）境行为应当依据是否违反相关出入境管理的法律法规认定，不能无限扩大。通过以上四项规定及相关法律法规可以发现，我国司法机关在追究违反出入境管理的法律责任问题上采取了实质主义。行为人即使持有形式合法的出入境证件，仍有可能因证件获取手段的不合法、出国目的的不合法而被认定违法。结合相关研究成果，本书认为，尚有以下行为可以构成偷越国（边）境行为。

第一，通过贿赂等手段跨越国（边）境的。部分偷渡人员，特别是试图外出"伊吉拉特"的涉嫌暴恐人员，明知不可能获得合法的出入境证件或签证、签注，或勾结出入境管理机关工作人员，或采取贿赂的手段，非法取得合法的护照等出入境证件，实施偷越国（边）境行为；或直接勾结相关人员，在未持有相关证件的情况下通关出入国，实施偷越国（边）境行为。对于这种采取贿赂、骗取的手段获得合法的出入境证件或签注，实际上其证件、签注持有人并不被允许出境，或出境目的违法，本无法获得证件或签注的，实质上也是采取了欺骗的手段使得边防检查机关的监管意志陷入瑕疵，构成偷越国（边）境罪。同理，对于采取贿赂、勾结口岸工作人员，借助其对口岸地形的熟悉或职务上的便利，偷越国（边）境的，也构成偷越国（边）境罪。

第二，利用第三国、转机过境、"缓冲区"等特殊区域迂回偷越国（边）境的。随着各国对国（边）境管控的日益趋严，出现越来越多的采取"迂回式"手段偷越国（边）境的行为。行为人往往借助他国所提供的转机免签、临时过境或短期居留的机会，持有有效的出入境证件及第三国的签证，在目标国转机、临时过境等合法滞留时，潜入目标国其他地区非法滞留，甚至再次偷渡进入其他国家；或行为人为到达其目标国，先获取真实的第三国出入许可并依此出境，在到达第三国后再采取直接偷越国境、申请庇护等手段到达其目标国。此种行为仍然使出入境管理部门的监管意志陷入了瑕疵，属于偷越国（边）境行为。

目前，随着管控的日益严格，一些受极端思想影响的人员开始放弃原有偷越国境的策略，改为先行窜至云南、广西、黑龙江等与他国有较长的国境线的省份，先行借道毗邻国家，再前往土耳其等国。这种迂回式的偷渡方法，逐渐取代了以往风险较高的跨越深山老林、乘坐小船偷渡等方式，已经成部分"伊吉拉特"分子的首选出境手段。行为人利用这种手段转入目标国，无论其出境时是否持有合法的出入境证件、是否有合法的第三国签注、签证，都属于偷越国（边）境行为。

第三，通过调换出境登机牌的方式偷越国（边）境的。一些偷渡分子，利用国际航线国内段不进行边防检查，或进行边防检查后不另行核对乘机人身份的漏洞，勾结他人，在通过边防检查或进入候机厅后，采取互换登机牌的手段偷越国（边）境。[1] 此类行为符合偷越国（边）境罪的构成要件，也构成偷越国（边）境罪。

三、偷越国（边）境罪的主体

本罪的主体为一般主体，年满 16 周岁，具有刑事责任能力的自然人均有可能成立本罪。无论是中国公民、外国公民还是无国籍人，都可以成为本罪的犯罪主体。

四、偷越国（边）境罪的主观方面

本罪为故意犯罪，实施本罪的人必须明知自己的行为违反国（边）境管理法规，并会导致非法进入他国或者地区的结果，而仍然实施偷越国（边）境行为。

本罪一般不存在间接故意，偷越国（边）境罪往往是行为人达到其他目的的一种手段，通常都会积极追求结果的发生。若行为人不知道其将穿越国（边）境而错误穿越，或受"人蛇"等偷越国（边）境的组织者欺骗，误认为自己持有效出入境证件或通过合法途径偷越国（边）境的，应当认定其缺乏违反出入境管理法律法规的主观故意，不构成本罪。

第三节　偷越国（边）境罪的认定

一、罪与非罪的认定

（一）为参加恐怖活动组织、接受恐怖活动培训或实施恐怖活动而偷越国（边）境的认定

本罪与参加恐怖组织罪等恐怖活动犯罪是手段与目的的牵连犯关系，仅当相应的恐怖活动并未构成犯罪时，才单独以本罪对行为人定罪处罚。这意味着本罪的处罚对象限于在实施恐怖活动犯罪前被挡获、遣返、自行返回或恐怖活动犯罪情节显著轻微，不构成犯罪的行为人。由于通常目的行为尚未实施，司法机关需要结合各类证据，综合认定偷越国（边）境行为人的主观故意。

第一，以行为人跨越国（边）境时的主观故意为准。境外"三股势力"分子通过各种手段引诱我国部分少数民族群众出国参加恐怖组织、接受恐怖活动培训或实施恐怖活动。在偷渡出境参加恐怖主义性质活动的行为人当中，有在

---

[1]　参见但伟：《偷渡犯罪比较研究》，法律出版社 2004 年版，第 156 页。

境内已经受恐怖主义、宗教极端主义思想洗脑，出境参加恐怖组织、接受恐怖培训等主观故意十分强烈的，也有受到恐怖分子、宗教极端分子以出国留学、经商、务工为名被诱骗、胁迫出境的。[1]应当结合行为人的供述与客观证据，综合认定其在偷越国（边）境时的主观故意，以行为人在跨越国（边）境时的主观故意为准，考察其是否能够适用偷越国（边）境罪的升档法定刑情节。证据不足以证明行为人的目的是参加恐怖组织、接受恐怖活动培训或实施恐怖活动的，不能使用本罪的升档法定刑。对于证据能够证明行为人是受到诱骗，为了学习、经商、务工等目的偷越国（边）境的，不能适用升档法定刑，需要达到"情节严重"才构成犯罪；对于证据能够证明，行为人在跨越国（边）境前已经知晓偷越国（边）境有恐怖主义目的，但被胁迫偷越国（边）境的，可以适用升档法定刑并直接构成犯罪，但属于胁从犯，依据《刑法》第 28 条之规定，应当按照他的犯罪情节减轻处罚或者免除处罚。

第二，准确认定恐怖组织、恐怖活动。本罪升档法定刑的情节所要求的恐怖组织、恐怖活动的概念应当以《反恐怖主义法》为准。《反恐怖主义法》第 3 条规定，恐怖活动是指恐怖主义性质的：①组织、策划、准备实施、实施造成或者意图造成人员伤亡、重大财产损失、公共设施损坏、社会秩序混乱等严重社会危害的活动的；②宣扬恐怖主义，煽动实施恐怖活动，或者非法持有宣扬恐怖主义的物品，强制他人在公共场所穿戴宣扬恐怖主义的服饰、标志的；③组织、领导、参加恐怖活动组织的；④为恐怖活动组织、恐怖活动人员、实施恐怖活动或者恐怖活动培训提供信息、资金、物资、劳务、技术、场所等支持、协助、便利的；⑤其他恐怖活动等行为。恐怖活动组织是指 3 人以上为实施恐怖活动而组成的犯罪组织。同时，根据《反恐怖主义法》第 12 条、第 16 条之规定，国家反恐怖主义工作领导机构和中级以上人民法院有权认定恐怖活动组织，并由国家反恐怖主义工作领导机构的办事机构予以公告。对于在案件中发现有尚未进入我国恐怖活动组织名录的恐怖活动组织，应当由有管辖权的中级人民法院在审理刑事案件的过程中依法认定，有必要的还应当在判决生效后通过国家反恐怖主义工作领导机构的办事机构予以公告。

第三，准确区分认定行为人的主观故意。只有明知自己是在为参加恐怖组织、接受恐怖活动培训或实施恐怖活动而偷越国（边）境的行为人，才能够适用本罪的升档法定刑，在没有情节严重的情形时构成本罪。对于实践中出现的一些"举家携口"或团伙偷越国（边）境的，应当准确区分各成员的主观故意。

---

[1]　参见"'迁徙圣战'真相：高考生被强迫到阿富汗'圣战'"，载腾讯网，https://new.qq.com/a/20150607/018134.htm，访问时间：2019 年 4 月 6 日。

一些受宗教极端主义洗脑的人认为，生活在一个非伊斯兰国家是"痛苦"的，需要将全家搬迁至伊斯兰国家才符合教义的要求。实践中，举家实施"伊吉拉特"行为的案例也并不鲜见，甚至出现了大量的"圣战新娘"。昆明"3·01"、越南"4·18"事件均暴露出一些新疆籍"伊吉拉特"团伙有女性成员的参与，并都参加了所谓的"就地圣战"。对于跟随为加入恐怖组织等抱有恐怖主义目的的人一同偷越国（边）境的妇女等家属，应当着重考察其出境目的，考察其有无实施恐怖活动等主观故意。对于积极参加恐怖活动组织，或实施资助、招募、运送人员等行为，构成犯罪的，依照其所构成的具体犯罪定罪处罚；若在偷越国（边）境时并不明知他人是为了参加恐怖活动组织等目的而偷越国（边）境跟随的，不能适用本罪的升档法定刑。

（二）"情节严重"的情形

对于不以参加恐怖活动组织、接受恐怖活动培训或者实施恐怖活动为目的而偷越国（边）境的，需要达到情节严重方构成犯罪。根据 2012 年两高《妨害国（边）境案件解释》第 5 条之规定，偷越国（边）境，具有下列情形之一的，应当认定为《刑法》第 322 条规定的"情节严重"：①在境外实施损害国家利益行为的；②偷越国（边）境 3 次以上或者 3 人以上结伙偷越国（边）境的；③拉拢、引诱他人一起偷越国（边）境的；④勾结境外组织、人员偷越国（边）境的；⑤因偷越国（边）境被行政处罚后 1 年内又偷越国（边）境的；⑥其他情节严重的情形。

有学者指出，《妨害国（边）境案件解释》将"在境外实施损害国家利益行为的"作为认定偷越国（边）境行为情节严重的情形之一，有间接处罚之嫌。[1] 本书认为，如上文所述，该项规定是司法解释机关将本罪的客体扩大到"国家形象"所致，同时过分地减轻了公诉机关证明行为人利用虚假目的骗取出入境证件的举证责任：行为人只要在境外实施损害国家利益行为的，就推定其在获得签证等出入境证件时进行了虚假的陈述。行为人未违反出入境管理法律、法规，合法出境后在境外实施损害国家利益行为的，不构成本罪。构成其他犯罪的，应以其具体构成的犯罪论处。

当行为人未持有恐怖主义的目的而偷越国（边）境，未满足司法解释规定的"情节严重"情形的，应根据其行为依照《出境入境管理法》处以行政处罚。

（三）对出入境证件的合法性、有效性应作实质考察

《妨害国（边）境案件解释》规定，行为人使用虚假的出入境事由骗取出入境证件出入国（边）境的，应当认定为偷越国（边）境行为；上文提及的最高

〔1〕　参见张明楷：《刑法学》，法律出版社 2016 年版，第 1114 页。

人民法院第 304 号指导案例也认为，采取旅游等目的获取签证，但实际是为务工等目的出国的，属于偷越国（边）境行为。司法解释与司法实践均坚持了对"违反出入境管理法规"的实质解释，在司法实践中，只要行为人是为参加恐怖活动组织、接受恐怖活动培训或者实施恐怖活动而穿越国（边）境的，其出入境的真实目的绝不会获得出入境主管机关的同意。此种情况下，即使其持有有效的出入境证件，都应当被认定为"违反出入境管理法规"而属于偷越国（边）境行为，构成偷越国（边）境罪。

有学者认为，只要行为人在出入境时所持证件在形式上合法，就不得认定为偷越国（边）境罪。无论行为人采取何种手段获得合法的出入境证件，不影响出入境行为的合法性。边防检查机关无权拒绝持有形式合法的出入境证件的行为人正常出入境。[1]从罪刑法定原则的角度坚持对出入境证件进行形式审查，有其合理性。而司法解释机关认为：在当前的司法实践中，采取无证、持有伪造或变造的证件出入国（边）境的已极为少见，更多的是骗证出境。对此类行为若不认定偷越国（边）境，不利于维护国（边）境管理秩序，也无法满足司法实践的需要。且行为人持骗取的证件出入境，同样规避了有关机关的监管，扰乱了国（边）境管理秩序。[2]

本书认为，仅从属于空白罪状的本罪需要援引的法律法规来看，持有通过虚构出境目的等手段骗取的签证或停留居留证件出入境的行为是可以认定为偷越国（边）境行为，从而在满足一定条件后构成犯罪的。《出境入境管理法》第 71 条规定，持有骗取的出入境证件出境入境，处 1000 元以上 5000 元以下罚款；情节严重的，处 5 日以上 10 日以下拘留，可以并处 2000 元以上 10 000 元以下罚款。第 73 条规定：弄虚作假骗取签证、停留居留证件等出境入境证件的，处 2000 元以上 5000 元以下罚款；情节严重的，处 10 日以上 15 日以下拘留，并处 5 000 元以上 20 000 元以下罚款。虽然《出境入境管理法》中有关签证的规定主要管理的是我国向外国人、无国籍人发放签证的标准、程序，但第 73 条没有限定该条所处罚的主体，肯定了我国公民通过弄虚作假（例如谎报出境目的与最终目的地的）骗取外国签发的签证、停留居留证件等出境入境证件属于违法行为，从而肯定了第 71 条中"骗取的出入境证件"也包括通过弄虚作假的手段骗取的签证、停留居留证件等。所以，我国公民弄

---

[1]　参见张明楷：《刑法学》，法律出版社 2016 年版，第 1111 页、第 1114 页；邓子滨：《中国实质刑法观批判》，法律出版社 2009 年版，第 132～133 页。

[2]　陈国庆、韩耀元、吴峤滨："《关于办理妨害国（边）境管理刑事案件应用法律若干问题的解释》理解与适用"，载《人民检察》2013 年第 3 期。

虚作假骗取外国签发的签证、停留居留证件等出境入境证件的，虽然其所持证件形式合法，但其取得方式违法，不得用该证件出入国（边）境。而边防检查机关是否有权力对出入境者所持有的证件进行实质检查，是行政机关在执行行政法律法规时的程序问题，涉及案件线索来源，取证手段的有效性、合法性问题，并不妨碍司法机关在对审查通过合法手段侦破的刑事案件时，通过合法收集的证据来对证件真实性、有效性进行实质考察。例如，边防检查机关仅对行为人所持通过弄虚作假骗取的出入境证件进行了形式检查，在行为人顺利穿越国（边）境后，司法机关接他人举报而发现行为人偷越国（边）境的犯罪事实，合法收集证据并提起公诉的，应当认定其构成偷越国（边）境罪。

（四）偷越国（边）境次数的认定问题

目前，在司法实务中，司法机关通常将既包括偷越出境又包括偷越入境的偷越国（边）境行为（即"一进一出"）认定为偷越国（边）境2次。[1]此种处理方式有一定合理依据：无论行为人是偷越出境或入境，都应视作1次单独的侵犯本罪客体的行为，应当进行单独的评价。但针对一些案件中的特殊情况，还应区分具体情况，合情合理合法地处理。[2]例如边境地区的边民在非互市贸易区、边境缓冲区短距离来回跨越国境的，偷越国（边）境的行为人在短距离跨越国（边）境后，主观上决定放弃犯罪，又返回境内等情形，可以认定为偷越国（边）境1次。

对于为参加恐怖活动组织、接受恐怖活动培训或者实施恐怖活动而偷越国（边）境，数次往返国内与国外的，应当比照为参加恐怖活动组织、接受恐怖活动培训或者实施恐怖活动，仅偷越1次国（边）境的从重处罚。

二、此罪与彼罪的问题

（一）本罪与骗取出入境证件罪的界限

骗取出入境证件通常是偷越国（边）境行为的预备或帮助行为。但骗取出入境证件罪要求行为人为组织他人偷越国（边）境使用而骗取，单纯为自己出入境骗取或非偷越国（边）境的组织者的第三人为偷越者骗取，都不构成骗取出入境证件罪，应当分别构成本罪的犯罪预备或帮助犯。

---

[1]　参见吴劲松、汪洋："冒用他人身份骗领普通护照、旅行证件往返中国与安哥拉偷越国（边）境次数应如何计算"，载《人民公安报》2015年11月16日，第5版。

[2]　参见陈国庆、韩耀元、吴峤滨："《关于办理妨害国（边）境管理刑事案件应用法律若干问题的解释》理解与适用"，载《人民检察》2013年第3期。

（二）本罪与组织他人偷越国（边）境罪的界限

组织他人偷越国（边）境罪主要惩治"人蛇"等偷越行为的组织者，而偷越国（边）境所处罚的是直接实施了偷越行为的行为人，不论行为人是否受组织者组织抑或自发偷越国（边）境。两罪的主要区别在犯罪的客观方面上。组织他人偷越国（边）境行为体现为行为人有组织、有计划地煽动、拉拢、串联、动员、安排他人偷越国（边）境行为。如果行为人仅是在共同偷越国（边）境的过程中，出于江湖义气或亲友私情，为个别偷越国（边）境的人员提供有关帮助的行为，不构成组织他人偷越国（边）境罪，情节严重的，可以偷越国（边）境罪的共犯论处。[1]

关于组织他人偷越国（边）境，组织者自身也偷越国（边）境的，其行为如何认定的问题，有牵连说、并罚说、吸收说、犯罪目的同一说等观点。[2]本书认为，从一般的观念上来看，偷越国（边）境行为并不是组织他人偷越国（边）境罪的必经阶段，组织偷越国（边）境行为并不必然导致偷越国（边）境行为。同时实施组织与偷越国（边）境行为的，不构成吸收犯。对于组织他人偷越国（边）境，组织者自身也偷越国（边）境的，应当着重考察组织者偷越国（边）境的主观故意。当组织者的组织行为与偷越行为的主观故意相同时，即不论是组织者为完成组织行为而偷越国（边）境，或组织者为自己偷越国（边）境而组织他人一同偷越的，其组织行为与偷越行为都形成目的与手段的关系，构成牵连犯。如果组织者的组织行为与偷越行为分属两个不同的主观故意的，或组织者与被组织者不同时出境，组织者偷越国（边）境并不是其组织他人偷越国（边）境行为的必要组成部分的，应当对组织者以组织他人偷越国（边）境罪和偷越国（边）境罪并罚。

为参加恐怖活动组织、接受恐怖活动培训或实施恐怖活动组织人员偷越国（边）境的，行为人的组织他人偷越国（边）境罪，与帮助恐怖活动罪形成想象竞合，从一重罪处断。

（三）本罪与运送他人偷越国（边）境罪的界限

运送他人偷越国（边）境罪惩治的是提供交通工具或通过步行直接带领他人偷越国（边）境的行为。行为人实施运送他人偷越国（边）境行为的，由于偷越国（边）境行为必然是运送行为的必要组成部分，故运送他人偷越国（边）境罪应当吸收偷越国（边）境行为，以运送他人偷越国（边）境罪处罚。

为参加恐怖活动组织、接受恐怖活动培训或实施恐怖活动运送人员，行为人

---

〔1〕 田宏杰："组织他人偷越国（边）境罪法律适用疑难问题研究"，载《法律适用》2003 年第 7 期。

〔2〕 参见林亚刚："组织他人偷越国（边）境罪若干问题的探讨"，载《法学评论》2010 年第 4 期。

的运送他人偷越国（边）境行为与帮助恐怖活动罪形成想象竞合，从一重罪处断。

三、犯罪的特殊形态问题

（一）本罪的停止形态

本罪是行为犯，当行为人完成了偷越国（边）境的行为，在违背国（边）境管理部门的意志下成功跨越了国（边）境的，则认为偷越国（边）境行为已经实施完成，构成本罪的既遂。

对于未通过指定的口岸、通道，采取躲避检查，偷越国界、边界等"绕关"的手段偷越国（边）境的，当行为人的身体从物理上已经跨越了我国与其他国家的国境或我国内地与香港、澳门特别行政区的边境，或我国大陆与台湾地区的边境，已经脱离了我国边防检查的实际控制区域时，成立本罪的既遂。至于行为人是否最终顺利进入目标国家或地区，则不是既遂的标准。

对于国境、边境线清楚的，以行为人是否实际穿越国境、边境线为既遂标准；对于因缺少界碑、自然条件复杂等原因，国境、边境线以及行为人出境的实际位置难以确定的，应当结合行为人所选择的偷越地点、最终到达地点的现实情况来综合评判其行为是否构成偷越国（边）境。构成偷越国（边）境行为的，以行为人是否脱离我国边防机关的实际控制区域为既遂标准，不考虑行为人是否实际成功到达目标的国家或地区。行为人以国境、边境线的具体位置不明确来进行抗辩的，不影响犯罪的成立。

对于采取利用虚假的出入境证件，从指定的口岸、通道通过出入境边防检查机关等拟制的国（边）境出入境的，则当行为人通过了边防检查人员的检查，离开了边防检查区域，视为已经跨越了拟制的国（边）境。例如，行为人采取欺骗的手段，利用伪造或编造的出入境证件，通过了国际机场的边防检查区、指定口岸的检查站时，认为行为人完成了偷越国（边）境的行为，成立本罪的既遂。行为人在离开上述边防检查区域后，因为其他原因没有成功搭乘前往其他国家或地区的交通工具而并未顺利到达目标国家或地区的，不影响本罪的既遂。

如果行为人在主观上希望偷越国（边）境，客观上实施了偷越国（边）境的行为，只要跨越了国境、边境，或拟制边境，无论行为人是否对已跨越国（边）境有主观上的认识，不影响本罪既遂的成立。例如，行为人试图逃避边防监管，从荒无人烟之处跨越国境。由于迷路，行为人实际上已跨越了国境，但主观上误认为迷路而放弃跨越国境，在原路返回的途中被挡获的，也应当认为其成功地跨越了 2 次国境，有情节严重情形或以实施恐怖活动等为目的的，构成了本罪的既遂。

当行为人实施了偷越国（边）境行为，但因非主观原因而导致跨越国（边）境失败的，例如因迷路而未成功跨越国（边）境的、因出入境证件造假被发现而未能成功通过边防检查等情况，则应认定为行为人成立本罪的未遂。行为人为偷越国（边）境所进行的诸如伪造证件，虚构签注，接近国境、边境等都属于为偷越国（边）境的准备活动。若行为人在准备过程中被查获，可认定成立本罪的预备状态。

对于本罪的未遂和预备状态的认定，还需要综合收集相关主客观证据，以证明行为人有偷越国（边）境的故意。在言词证据上，要注意调取同行的偷渡人员及组织者的证言，查实其出境目的，形成证据锁链；此外要注意收集客观证据，及时检查嫌疑人的随身物品，调取其行动轨迹。对于重要的物证，例如假护照、地图、已购买的出境机票、船票、车票等证据，应当及时扣押并附卷。同时，应当注意对同案犯的深挖，着重打击组织他人偷越国（边）境的嫌疑人，并调查为行为人所持虚假证件、印章等犯罪工具的来源。

（二）本罪的共同犯罪形态

两人以上共同故意实施偷越国（边）境犯罪的，构成本罪的共同犯罪。

协助他人偷越国（边）境的，可能同时构成偷越国（边）境罪的帮助犯，也有可能成立运送他人偷越国（边）境罪。考察认定该行为构成何罪的关键点在于，行为人所实施的协助行为是否具有运送他人的性质、为偷越行为的加功程度大小。如果行为人采取了驾车、带路等手段直接帮助偷越者穿越国境、边境的，应当构成运送他人偷越国（边）境罪；如果行为人实施了诸如帮助他人填写出入境卡、提供应对边检人员的方法、采取驾车或带路等手段将偷越者运送至国（边）境线附近等行为，仍需偷越国（边）境的行为人自行出入境的，应当构成偷越国（边）境罪的帮助犯。仅传授偷越国（边）境的犯罪方法的，可能构成传授犯罪方法罪。

行为人受暴力、威胁胁迫，为参加恐怖活动组织、接受恐怖活动培训或者实施恐怖活动而偷越国（边）境的，依据《刑法》第28条之规定，在适用本罪升档刑的同时，应当减轻或免除处罚。根据胁迫的手段、对象的不同，实施胁迫的行为人还可能构成非法拘禁罪，拐卖妇女、儿童罪或拐骗儿童罪。仅教唆他人偷越国（边）境的，构成本罪的教唆犯。

（三）本罪的罪数形态

偷越国（边）境行为往往是其他犯罪的手段。如果行为人的目的行为已经构成了犯罪，则手段行为和目的行为成立牵连犯，应当由法定刑更重的目的行为吸收手段行为，成立相应的恐怖活动等犯罪。

为参加恐怖活动组织、接受恐怖活动培训或实施恐怖活动招募或运送人员，偷越国（边）境的，在偷越国（边）境行为被组织他人偷越国（边）境罪或运送他人偷越国（边）境罪吸收后，与帮助恐怖活动罪形成想象竞合，从一重罪处断。

恐怖主义分子或宗教极端分子，既向他人宣扬恐怖主义、极端主义，又教唆相同对象偷越国（边）境的，若其两行为目的都是为了诱使行为人加入某一特定的恐怖组织、到特定地点接受恐怖培训、实施一定的恐怖活动等，应当认定其教唆他人偷越国（边）境的行为是为恐怖活动组织、实施恐怖活动或者恐怖活动培训招募人员，与帮助恐怖活动罪是手段与目的的关系，属于牵连犯，以帮助恐怖活动罪一罪论处。若其仅是有笼统的希望他人参加所谓"圣战"或实施恐怖活动的故意，并未为某一特定的恐怖组织招募人员等，其教唆他人偷越国（边）境的言论或行为仍属于宣扬恐怖主义、极端主义思想的行为，应以宣扬恐怖主义、极端主义罪或煽动实施恐怖主义罪论处。以为通过组织他人偷越国（边）境谋取利益等其他目的，教唆他人偷越国（边）境的，以组织他人偷越国（边）境罪一罪论处。

行为人为实施走私犯罪、走私毒品罪或走私制毒物品罪而偷越国（边）境的，形成走私犯罪、走私毒品罪或走私制毒物品罪与本罪的想象竞合，从一重罪处断。国家机关工作人员、掌握国家秘密的国家工作人员或军人偷越国（边）境叛逃的，以叛逃罪或军人叛逃罪论处。

第四节　偷越国（边）境罪的刑事责任

一、本罪的刑事责任

《刑法》第 322 条规定，违反国（边）境管理法规，偷越国（边）境，情节严重的，处 1 年以下有期徒刑、拘役或者管制，并处罚金；为参加恐怖组织、接受恐怖活动培训和实施恐怖活动，偷越国（边）境的，处 1 年以上 3 年以下有期徒刑，并处罚金。

由于本罪并不属于恐怖活动犯罪或极端主义犯罪，所以不能依照《反恐怖主义法》对已判处刑罚的罪犯适用安置教育，也不能依照《刑法》第 66 条之规定认定特别累犯。

二、本罪的管辖问题

（一）境内同案犯的管辖权问题

2012 年两高《妨害国（边）境案件解释》第 9 条规定：对跨地区实施的不

同妨害国（边）境管理犯罪，符合并案处理要求，有关地方公安机关依照法律和相关规定一并立案侦查，需要提请批准逮捕、移送审查起诉、提起公诉的，由该公安机关所在地的同级人民检察院、人民法院依法受理。对于组织者在其他地区组织他人偷越国（边）境的，可以由组织者所在地或具体偷越国（边）境行为发生地的司法机关择一并案管辖。

（二）境外同案犯的管辖权问题

据媒体报道，通过我国西南地区偷越国境外出实施"圣战"的偷渡活动多由"东伊运"组织幕后指挥，该组织同时鼓动偷渡者若出境受阻，就地实施"圣战"。国内的一些"蛇头"与"东伊运"组织有直接联系，每次偷渡都由身处境外的"东伊运"组织成员发送指令。[1] 对于有外籍人员在境外组织并指使境内的帮工运送偷渡人员偷越国（边）境的，外籍人员应当构成组织他人偷越国（边）境罪，与境内帮工在运送他人偷越国（边）境的行为构成共犯，应当认定帮工的犯罪行为地也是外籍组织者的犯罪行为地，按照属地管辖原则，我国法院对在境外组织的外籍人员有管辖权。

同时，根据《刑法》第 10 条的规定，无论是境外组织者抑或偷渡成员，即使在国外已经受过刑罚处罚的，在被遣返后仍可依照我国《刑法》追究其刑事责任。对于已经受到刑罚处罚的，可以免除或减轻处罚。

---

[1] 参见"揭秘西南边境暴恐分子偷渡网：受境外势力煽动"，载人民网，http://military. people. com. cn/n/2015/0119/c1011-26407762. html，访问时间：2019 年 4 月 6 日。

第十章　拒不履行信息网络安全管理义务罪

第一节　拒不履行信息网络安全管理义务罪的立法沿革

由于计算机技术的迅速普及并被广泛运用于我们生活的方方面面，今天的社会早已变成了"天网恢恢"的网络世纪。物联网或"互联网＋"大数据时代的来临，更使我们的全部生活与信息网络紧紧联系在一起。网络安全乃是一个关系到国家安全、社会公共安全、公民生命财产安全、个人生活以及信息安全的极其重大的社会问题，国家必须加大对信息网络安全的保护力度。为了有效地管理网络安全秩序，我国已经先后出台了诸多有关信息网络安全管理的法律法规，它们中的大多数具有行政法律法规性质，也包括有关刑法性质的规定。但客观而言，我国原有立法并不足以有效地对纷繁复杂的网络违法犯罪行为进行打击与防范。有鉴于此，《刑法修正案（九）》第28条新增设了拒不履行信息网络安全管理义务罪。

拒不履行信息网络安全管理义务罪主要是对网络服务提供者进行规制。在对网络服务提供者的责任规定方面，美国和德国较为典型。1998年美国通过颁布《数字千禧年版权法》为可能提供四种服务的实体设立了一个安全的避风港，这四种服务分别为：暂时传播、系统缓存、按照用户指引在系统或网络上存储信息以及信息搜索工具。2007年德国通过颁布《电信媒体法》取代原先的《电信服务法》，并以服务功能的不同将网络服务提供者区分为四类，分别为：网络内容提供者、入网服务提供者、代理缓存提供者以及托管提供者。根据《电信媒体法》第1条的规定："2007年颁布的《电信媒体法》不再对电信服务和媒体服务作区分，将'电信服务'和'媒体服务'统称为'电信媒体'，并对于原来分散在《电信服务法》《电信服务数据保护法》和《媒体服务州际协议》中有关电信媒体的规定进行了整合，《电信媒体法》施行后，上述三部立法被废止。"近年来，德国立法机关认为"现有的机制以及社交网络的自律无法充分发挥作用，并且在执行相应法律方面存在重大问题"，因此在2017年9月1日颁布了《改进社交网络中法律执行的法案》，简称《网络执行法》。

《网络执行法》更多地要求网络服务提供者对相关信息的违法性进行判断，

并在此基础上采取相应的处置活动，德国联邦部长 Zypries 将这种倾向描述为"执法的私人化"[1]。《网络执行法》的核心内容主要包括三个方面：界定违法性内容的主要范围、在特定期限内删除违法内容的投诉处理机制、关于处理特定投诉内容的法定报告义务。可以看出，在对网络服务提供者追责方面，德国采用的措施与我国拒不履行信息网络安全管理义务罪相类似——我国由监管部门首先进行责令改正，拒不改正的情况下进行追责；德国则采用法定的报告义务方式进行监管，二者所要达到的目的都是规制网络服务提供者的自我管理义务。

2001 年 11 月，欧盟成员国及美国、加拿大等国家共同签署了《网络犯罪公约》，该公约也对网络服务提供者的定义和责任作出了规定，该公约将网络服务提供者分为提供内容服务和数据储存处理两种。另外，2002 年日本所实施的《关于特定电子通信服务提供者的损害赔偿责任限制以及公开信息传播者信息的法律》第 2 条第 3 款也对网络服务提供者的定义作出了明确规定，[2]不过日本使用的是"特定电信服务提供者"，没有采用网络服务提供者的说法。

我国一开始主要在民事侵权领域研究网络服务责任主体的法律规制问题，后来逐渐衔接到刑事领域，从 20 世纪初开始逐步探究了网络服务提供者的刑事法律责任问题，《刑法修正案（九）》的出台给我国网络空间治理模式打开了新的视角，增设了拒不履行信息网络安全管理义务罪。在当今信息社会与互联网产业化时代，刑法的网络风险规制与网络犯罪控制的重点已经指向网络服务提供者……其不再是纯粹的商业活动经营者。[3]拒不履行信息网络安全管理义务罪的设立，是对网络主体履行监管责任维护网络安全的敦促，是刑法对网络犯罪制裁体系在以往"共犯模式"和"正犯模式"基础之上的又一次完善。

第二节　拒不履行信息网络安全管理义务罪的犯罪构成

一、拒不履行信息网络安全管理义务罪的客体

在我国传统的犯罪客体理论中，客体是作为我国《刑法》所保护的，而为

---

[1]　孙禹："论网络服务提供者的合规规则——以德国《网络执行法》为借鉴"，载《政治与法律》2018 年第 11 期。

[2]　《特定電気通信役務提供者の損害賠償責任の制限及び発信者情報の開示に関する法律》第 2 条第 3 款规定："特定電気通信役務提供者特定電気通信設備を用いて他人の通信を媒介し、その他特定電気通信設備を他人の通信の用に供する者をいう。"《关于限定特定电信服务提供者的损害赔偿责任及发信人信息披露的法律》第 2 条第 3 款规定："特定电信服务提供者是指使用特定电信通信设备服务他人通讯，或者为他人通讯之用提供特定电信设备。"

[3]　梁根林："传统犯罪网络化：归责障碍、刑法应对与教义限缩"，载《法学》2017 年第 2 期。

犯罪行为所侵犯的社会主义社会关系，并且是犯罪构成首要的、独立的一个必要要件。行为人的行为是否侵害了《刑法》所规定的犯罪客体，是区分该行为罪与非罪的最基本的界限。

第一，从宏观上来看，拒不履行信息网络安全管理义务罪在我国《刑法》中，被划分入第二编第六章的"妨害社会管理秩序罪"中，可见，国家对于这类行为的管理是在基于对社会公共秩序的管理的基础之上。由此可以得知，拒不履行信息网络安全管理义务罪的同类客体必然属于社会管理秩序的一种，这种社会管理秩序可以称为："国家的网络管理秩序"。由此，拒不履行信息网络安全管理义务罪的客体必然是具有公共属性的，而这种公共属性的存在就可以让我们将网络空间视为社会公共空间。

第二，根据我国《刑法》关于本罪的规定，从立法者的角度来看，在如今的信息时代，可以将网络视为另一种公共空间，对网络进行一系列的管理实质上就可以看成是对公共场所进行管理。现实中的公共空间的秩序需要维护，网络上的秩序同样也需要维护。如《刑法修正案（九）》中规定了编造、故意传播虚假信息罪，对编造、传播虚假信息的行为进行规制，并且限定该罪的行为的场所是"信息网络或者其他媒体"，并要求了"严重扰乱社会秩序"的情节，这就是说立法者认为在信息网络编造或者传播虚假信息可能扰乱社会秩序，从而认可了网络犯罪的法益向社会公共秩序扩张的事实与趋势。[1]当然，将网络空间视为公共空间，是立法者所坚持倡导的理念，至于网络空间是否应该属于公共空间，网络秩序是否应该属于公共秩序，仍然存在着争议。

二、拒不履行信息网络安全管理义务罪的客观方面

按照《刑法》对于拒不履行信息网络安全管理义务罪的具体规定，本罪在客观方面必须同时具备三个要素：不履行信息网络安全管理义务，经监管部门责令拒不改正，造成《刑法》第286条之一第1款规定的四种危害结果之一。

（一）不履行法律、行政法规规定的信息网络安全管理义务

所谓义务，是相对于权利的一个概念，乃指法律上应尽的责任，包括作为义务与不作为义务。而管理义务则是作为具有管理责任的人，因其职务或业务的内在特性，法律所赋予的一种监督管理责任。[2]网络服务提供者的经营场所虽然是网络这个虚拟空间的区域，但是其仍然属于我们社会中的一员，其进行

---

〔1〕　王肃之："从回应式到前瞻式：网络犯罪刑法立法思路的应然转向——兼评《刑法修正案（九）》相关立法规定"，载《河北法学》2016年第8期。

〔2〕　谢望原："论拒不履行信息网络安全管理义务罪"，载《中国法学》2017年第2期。

业务经营行为也就必须保证要遵守法律规范的相关规定，要合乎相关要求。因此，立法者赋予其相关的管理义务具有一定的合理性。

拒不履行信息网络安全管理义务罪的义务来源于法律、行政法规的规定。在全国人大常委会通过的《关于加强网络信息保护的决定》，以及国务院制定的《互联网信息服务管理办法》《计算机信息网络国际联网安全保护管理办法》《中华人民共和国电信条例》中，对网络服务提供者履行法律、行政法规规定的信息网络安全管理义务有直接或间接的规定。而《中华人民共和国网络安全法》（以下简称《网络安全法》）对网络服务提供者的信息网络安全管理义务则规定得更为系统和完整，主要包括以下内容：①落实信息网络安全管理制度和安全保护义务。其要求网络运营者建立相应的管理制度，包括网站安全保障制度、信息安全保密管理制度、用户信息安全管理制度等，尤其是规定为网络用户提供服务时要实行"实名制"，并采取措施防止用户个人信息泄露。这在《网络安全法》第24条、第41条、第42条中作了明确规定。②及时发现、处置违法信息。一旦发现违法信息，必须立即停止传输。采取删除措施，防止信息扩散，保存有关记录，并向有关主管部门报告。这在《网络安全法》第25条、第47条中都有完整体现。③网络服务提供者在提供服务过程中，必须对网上信息和网络日志信息记录进行备份和留存。这在《网络安全法》第21条第3项中有明确规定。上述关于网络服务提供者管理责任的规定，成为其成立该罪的义务来源。[1]

（二）经监管部门责令采取改正措施而拒不改正

网络服务提供者不履行上述义务并非一定会受到刑事归责，还需要经过监管部门责令采取改正措施并且拒不改正，从而导致产生了法定的四种情形才有可能成立犯罪。具体而言，作为一个典型的不作为犯，本罪同其他不作为犯又有些许不同。首先，不作为犯要构成犯罪必须有其所要遵循的义务，本罪的义务只能是法律、行政法规所规定的网络安全管理义务，具体包括事前预先审查、事中实时监控以及事后的报告和删除义务。其次，立法者为了避免让网络服务提供者承担严格责任而导致自身负担过重，还为网络服务提供者设定了更深层次的刑事义务——经监管部门责令采取改正措施而拒不改正。即行为主体违反了法定义务的前提下，还要进一步收到监管部门的责令改正而不改正，才有可能受到刑法的评价。

1. 监管部门的范围及职责。依据《网络安全法》第8条的规定："国家网信部门负责统筹协调网络安全工作和相关监督管理工作。国务院电信主管部门、公安部门和其他有关机关依照本法和有关法律、行政法规的规定，在各自职责

---

〔1〕　周光权："拒不履行信息网络安全管理义务罪的司法适用"，载《人民检察》2018年第9期。

范围内负责网络安全保护和监督管理工作。县级以上地方人民政府有关部门的网络安全保护和监督管理职责，按照国家有关规定确定。"由本条规定可知，负责我国网络安全的监督和管理的是国家网信部门、国家电信主管部门、公安部门以及县级以上地方人民政府的相关部门。

除了《网络安全法》中的相关规定以外，还有其他行政法规也同样规定了负责网络安全管理的相关部门。如《计算机信息系统安全保护条例》第6条规定："公安部主管全国计算机信息系统安全保护工作。国家安全部、国家保密局和国务院其他有关部门，在国务院规定的职责范围内做好计算机信息系统安全保护的有关工作"；再如《电信和互联网用户个人信息保护规定》第3条规定："工业和信息化部和各省、自治区、直辖市通信管理局依法对电信和互联网用户个人信息保护工作实施监督管理"。

综上可知，本罪中所规定的监管部门，往往都是有相关法律法规予以确定且监管部门的设置体现了总体统筹、微观调整的特点。具体而言，首先，中央网络安全和信息化领导小组对全国的网络信息安全进行宏观监管，对我国发生的各领域的网络信息安全事件都具有管辖权，是一个统筹全局的部门，其他单位相关规定和职责行为不能与该领导小组产生冲突。其次，微观调控层面，按照相关规定，各个监管部门应当只对其所涉及的相关领域的网络信息安全负有监管职责。此外，关于地方性的监管部门，也只对本行政区域的网络信息安全负责，对其他区域的网络信息安全不具有监管职责，这也是为了防止行政区域的划分所产生的职能冲突的局面。总而言之，各监管部门都应该严格按照法律、行政法规的相关规定，在其自身的职能范围之中履行监管职责。

2. 责令采取改正措施而拒不改正。本罪作为一个行政犯，为网络服务提供者设定了一个更深层次的入罪前提，即需要有监管部门责令改正这一行政前提。换言之，网络服务提供者要入罪就必须要有行政违法性与刑事违法性双重违法性质。这也是我国《刑法》条文中行政犯的明显特征。换言之，"尽管行政性法规……不能直接规定犯罪，但实际上具有间接地规定犯罪的功能，是认定犯罪的规范根据"[1]。同时网络服务提供者还必须满足接到监管部门改正的通知以后不采取措施，反而继续维持其违反法定义务的不作为状态。"拒不改正"也是立法者对网络服务提供者进行刑事归责的最后底线。关于"监管部门责令采取改正措施而拒不改正"这一客观行为，可以从以下几方面进行理解：

第一，适格的监管主体，即必须是上文所述的监管部门，且监管部门必须是在自己的职权范围内所进行的网络安全监管。任何超越职权范围所作出的责

---

[1] 陈兴良："罪刑法定主义的逻辑展开"，载《法制与社会发展》2013年第3期。

令行为都不得成为网络服务提供者承担刑事责任的前提。此外，任何非法定的具有监管职责的部门或者个人无权干预网络服务提供者的业务运营，网络服务提供者也可以直接拒绝非法定的相关单位或者个人作出的干预行为。

第二，"责令改正"是行政主体对特定对象作出的决定，是一个具体行政行为，"责令改正"应当以何种形式发出，《刑法》中并没有明确规定。但依据《中华人民共和国行政许可法》《中华人民共和国行政处罚法》《中华人民共和国行政强制法》的相关规定，作为一项改变行政行为相对人权利义务的行政行为，通常是需要以书面形式作出，并要求送达行政相对人，行政相对人必须明知，否则可作为在之后行政诉讼程序中的抗辩理由。因此，如果作为责令采取改正措施的网络服务提供者并没有得知监管部门的通知从而没有采取改正措施，就不可能构成本罪。即使是当时不能够以书面形式通知的，也可采用电话、电传等形式予以通知，但必须予以登记在案，之后应当及时办理书面的手续。[1]当然，监管部门的日常监管一般不用采取书面形式，只有当发现网络服务提供者的业务运营过程中存在违法行为应当予以纠正时，才应当采用书面形式。

第三，监管主体作出的"责令改正"的事项及行为必须有明确的法律、法规依据。即监管主体只能是对网络服务提供者不符合法律、法规规定的事项作出责令改正的决定，如果网络服务提供者的行为本身就是合法的，那么就不存在改正的必要，网络服务提供者也有权拒绝。关于这个问题，司法实践中，不可避免地会出现对"责令改正"的合法性作出不同的判断。网络服务提供者认为监管部门的通知不合法，但监管部门认为自己的行为是合法的，两者之间的冲突会严重影响到之后对网络服务提供者定罪的问题。因此，刑法需要坚持"自身判断的独立性，防止这种过度依赖行政机关的前置性判断，造成司法权事实上被行政权架空和僭越，违背司法独立、中立和终局的内在属性要求。"[2]即刑事司法可以就行政不法与刑事不法作不一样的认定。这是因为虽然《刑法》明确规定了监管部门责令改正是作为本罪的构成要素之一，但行政机关对于网络服务提供者的不作为作出责令改正的不法认定只是相当于刑事诉讼中类似于书证或者是鉴定意见的证据，需要经过质证等程序，刑事审判者可以依据自己的判断作出是否予以采信的决定。

第四，准确认定"拒不改正"。譬如网络服务提供者要改正的内容是什么？什么时候改正？接到监管部门的改正通知后，在整改期限未到的情况下，发生

---

〔1〕 谢望原："论拒不履行信息网络安全管理义务罪"，载《中国法学》2017 年第 2 期。

〔2〕 闻志强："论'两法衔接'中行政处罚与刑事处罚的实体衔接——以规制非法集资行为为分析样本"，载《政法学刊》2016 年第 1 期。

了严重后果，能否评价为拒不改正并因此处罚网络服务提供者?[1]具体而言，"拒不改正"这一行为要件包括的不仅仅是行为要素，更包含了结果要素。必须是网络服务提供者在接到监管部门的"责令采取改正措施"的通知之后，对该通知视而不见，不及时采取改正措施，从而产生了严重后果的情形或者是虽然采取了改正措施，但是怠于改正，不能尽力避免危害结果的发生，这样才能认定为"拒不改正"。如果是尽力采取了改正措施，但客观上不能实现避免危害结果的发生，这也不宜认定为"拒不改正"，因为缺乏相对应的结果回避可能性。这其实就对监管部门的行政执法提出了要求，即责令必须明确具体，譬如改正的措施、改正的期限、改正的内容等。[2]只要网络服务提供者严格按照责令的内容进行改正，就不应当被认定为"拒不改正"。

（三）符合《刑法》第 286 条之一第 1 款规定的四种情形之一

要构成本罪，在客观要件中，行为人不仅要满足上文所述的客观要件，此外还必须造成法定的四种严重后果之一，即致使违法信息大量传播的；致使用户信息泄露，造成严重后果的；致使刑事案件证据灭失，情节严重的；有其他严重情节的。

第一，致使违法信息大量传播。"违法信息"是本罪的客观要素之一，也是认定是否符合本情形的关键要件。关于"违法信息"的规定，目前可以评判的标准就是《互联网上网服务营业场所管理条例》第 14 条的规定，以及相关联的行政法规如《互联网信息服务管理办法》等普遍确立的禁止制作、复制、发布、传播的违法内容信息。具体而言，包括以下几个类别：①反对宪法确定的基本原则的；②危害国家统一、主权和领土完整的；③泄露国家秘密，危害国家安全或者损害国家荣誉和利益的；④煽动民族仇恨、民族歧视，破坏民族团结，或者侵害民族风俗、习惯的；⑤破坏国家宗教政策，宣扬邪教、迷信的；⑥散布谣言，扰乱社会秩序，破坏社会稳定的；⑦宣传淫秽、赌博、暴力或者教唆犯罪的；⑧侮辱或者诽谤他人，侵害他人合法权益的；⑨危害社会公德或者民族优秀文化传统的；⑩含有法律、行政法规禁止的其他内容的。

至于"大量传播"，本次修订没有给出明确的标准。具体考量的标准，可以参照以下两部规范性文件：最高人民法院、最高人民检察院 2013 年颁布的《关于办理利用信息网络实施诽谤等刑事案件适用法律若干问题的解释》中的有关转发、浏览、点击次数的规定来判断。具体数量上，根据最高人民法院、最高

---

〔1〕　曹菲：《管理监督过失研究——多角度的审视与重构》，法律出版社 2013 年版，第 85 ~ 87 页。

〔2〕　皮勇、汪恭政："网络金融平台不作为犯的刑事责任及其边界——以信息网络安全管理义务为切入点"，载《学术论坛》2018 年第 4 期。

人民检察院在《关于办理利用信息网络实施诽谤等刑事案件适用法律若干问题的解释》第2条第1项的规定，同一诽谤信息实际被点击、浏览次数达到5000次以上，或者被转发次数达到500次以上的可认定为情节严重，那么对本罪的大量传播也可采用上述标准来认定，即该违法信息实际被点击、浏览次数达到5000次以上，或者被转发次数达到500次以上可认定为"大量传播"，或者传播违法信息达到500条以上的可认定为"大量传播"。[1]

第二，致使用户信息泄露，造成严重后果。所谓的"用户信息"是指网络用户在网络服务提供者提供的平台上所储存的相关信息。这里的网络用户既可以是个人也可以是单位；而相关信息的种类则非常多，只要是与个人或单位有关的，都可以成为用户信息。如个人的身份证号、出生地、出生时间、家庭住址、家庭成员、学历情况、电子邮件、收入情况、QQ账户、微信账户、银行账户等各种与个人私密有关的信息，同时也包括了各个单位中不适宜向外公开的信息。此外，这里的"用户信息"并不等同于"公民信息"，用户信息的内涵和外延相比于公民信息的内涵和外延来讲，要小得多。根据最高人民法院、最高人民检察院《关于办理侵犯公民个人信息刑事案件适用法律若干问题的解释》的规定，从外延上看，公民个人信息：①与公民个人直接相关，能够反映公民的局部或整体特点；或是一经取得、使用即具有专属性。前者如公民的出生日期、指纹等，后者如身份证编号、家庭住址等。②具有法律保护价值，如果任由他人泄露、获取，必然导致公民时刻处于可能遭受侵害的危险状态。③公民个人信息的保护不以信息所有人请求为前提，任何组织和个人均无权泄露、获取其个人信息。而"用户信息"仅指网络用户在网络服务提供者提供的平台上所储存的相关信息，并不包括所有的个人信息。

至于造成严重后果的，有学者认为以下几个情形是符合"严重后果"这一要件：①泄露用户信息数量较大的；②因泄露用户信息，违法所得数额较大的；③造成用户重大经济损失的；④泄露的用户信息被他人用以实施犯罪，造成用户轻伤、重伤或者死亡结果的；⑤造成恶劣社会影响的。[2]我们可以看到，造成严重后果往往是一种负面的评价，严重的后果往往是指网络用户的个人利益遭受严重的损害。

第三，导致刑事案件证据灭失，情节严重的。导致刑事案件证据灭失，是指负有保存或者备份相关网络活动记录义务的网络服务提供者，没有按照法律、

---

〔1〕 邱赛兰："拒不履行信息网络安全管理义务罪的构成特征探析"，载《经济师》2016年第10期。

〔2〕 李永升、袁汉兴："拒不履行信息网络安全管理义务罪的理解与适用"，载《宜宾学院学报》2017年第2期。

法规规定时间、范围等进行保存或者备份，从而导致刑事案件证据灭失。网络互动记录在保存时，可能还没有形成刑事案件证据，只有在刑事案件发生时，经过当事人、公安机关、检察机关、律师或法院调取才成为刑事案件证据。如果由于网络服务提供者不履行或不充分履行保存或备份网络活动记录的义务，导致该证据灭失的，网络服务提供者可能构成本罪。例如，《计算机信息网络国际联网安全保护管理办法》中规定"发现有本办法第 4 条、第 5 条、第 6 条、第 7 条所列情形之一的，应当保留有关原始记录，并在 24 小时内向当地公安机关报告"。由于网络互动属于瞬时性的，这就要求网络服务提供者自动留存相关记录或者痕迹以备查。

此情节要求网络服务提供者对网络用户在其所具有控制和管理的平台上所储存的信息，进行主动审查后，发现是有可能成为刑事案件证据的，要采取合理的措施予以保护，防止相关信息灭失。当然，这部分信息作为刑事案件的证据，必须满足《刑事诉讼法》关于证据的原则性的规定，即客观性、相关性和合法性。拒不履行信息网络安全管理义务罪中的刑事案件证据主要是指电子数据证据。关于电子数据证据的概念，存在如计算机证据、电子证据、电子文件证据、网络证据等各种观点。虽然《刑事诉讼法》和《关于办理死刑案件审查判断证据若干问题的规定》《关于办理刑事案件排除非法证据若干问题的规定》没有提及电子数据的明确概念，但是从最高人民法院、最高人民检察院、公安部、国家安全部、司法部《关于办理死刑案件审查判断证据若干问题的规定》第 16 条对电子数据的列举规定，可以得出电子数据证据属于网络证据的结论。[1]

第四，有其他严重情节。在我国《刑法》条文中，类似于本项规定的兜底条款随处可见，从罪刑的明确性要求出发，对这种兜底条款的解释应注意以下三点：一是该兜底条款仅限于对本条款的兜底，而不能扩张到对该条款所属章节之罪名的解释；二是解释该兜底条款时，应符合比例原则的要求，即这里的"严重情节"所具有的不法与责任的程度必须与前三项规定的情形相当；三是应从罪刑法定原则与法益保护原则出发解释该兜底条款，即这里的"其他严重情节"也应具有限定性与类型性，即仅限于严重侵犯本罪所保护的法益的情形。

（四）第 286 条之一第 1 款四项规定之间的关系

《刑法》第 286 条之一第 1 款第 1 项"致使违法信息大量传播"与第 3 项"致使刑事案件证据灭失"的规定是否自相矛盾，因为网络服务提供者阻止违法信息大量传播的方式必然包括将违法信息删除，而一旦案件进入刑事诉讼程序

---

[1]　李永升、袁汉兴："正确把握刑法中的信息网络管理义务"，载《人民法院报》2017 年 4 月 26 日，第 6 版。

后，之前的删除违法信息行为将很可能导致证据灭失。有观点回应，"对这种貌似冲突、矛盾规定的解释，需要依据国务院《互联网信息服务管理办法》第16条的规定进行理解，'互联网信息服务提供者发现其网站传输的信息明显属于本办法第15条所列内容之一的，应当立即停止传输，保存有关记录，并向国家有关机关报告'"[1]。也有观点认为，可能出现矛盾的是第2项"致使用户信息泄露"与第3项"致使刑事案件证据灭失"的规定。因为实践中，有的监管部门未采取严格的调取证据程序，就要求网络服务提供者提供用户信息而"致使用户信息泄露"，如果不提供，则可能"致使刑事案件证据灭失"，这会使得网络服务提供者在履行不同的信息网络安全管理义务时陷入两难境地。[2]

我们认为，拒不履行信息网络安全管理义务罪的几项规定之间并不矛盾，因为几项规定均可以在《网络安全法》中找到相应的义务根据。例如，《网络安全法》第47条规定，"网络运营者应当加强对其用户发布的信息的管理，发现法律、行政法规禁止发布或者传输的信息的，应当立即停止传输该信息，采取消除等处置措施，防止信息扩散，保存有关记录，并向有关主管部门报告"，可谓第1项和第3项的义务根据。又如，《网络安全法》第42条规定，"网络运营者应当采取技术措施和其他必要措施，确保其收集的个人信息安全，防止信息泄露、毁损、丢失。在发生或者可能发生个人信息泄露、毁损、丢失的情况时，应当立即采取补救措施，按照规定及时告知用户并向有关主管部门报告"，可谓第2项的义务来源。再如，《网络安全法》第21条中网络运营者应当"采取监测、记录网络运行状态、网络安全事件的技术措施，并按照规定留存相关的网络日志不少于6个月"的规定，可谓第3项的义务根据。因此，在认定每项规定的时候要避免单一的从法条出发，要结合相关法律条文综合认定。

三、拒不履行信息网络安全管理义务罪的主体

按照《刑法》第286条之一规定，本罪的义务主体是网络服务提供者，包括单位和个人。但对"网络服务提供者"的定义以及范围并没有作出具体的界定。"网络服务提供者"作为本罪的必要构成要件，厘清其概念和范围显得尤为重要。

按照《刑法修正案（九）》的相关规定，对网络服务提供者不履行法定义务的行为开辟了新的刑事责任模式。具体而言，在本罪的构成要件上，规定了网络服务提供者不履行安全管理义务导致的四种法定情形，即"致使违法信息大

---

[1]　王文华："拒不履行信息网络安全管理义务罪适用分析"，载《人民检察》2016年第6期。

[2]　陈洪兵："论拒不履行信息网络安全管理义务罪的适用空间"，载《政治与法律》2017年第12期。

量传播的""致使用户信息泄露，造成严重后果的""致使刑事案件证据灭失，情节严重的"以及"有其他严重情节的"四种情形。可以看出，除了最后一个兜底条款以外，该三种情形的法定义务来源并不一致，所对应的网络服务提供者也不尽相同。[1]如"致使违法信息大量传播的"，通常情况下由平台提供者不履行对平台内容管理义务所导致，提供互联网硬件介入服务的经营者、缓存服务提供者等其他网络服务提供者就不应当受到刑事归责。因此对网络服务者的划分，对具体犯罪构成要件的判断十分重要。

由于拒不履行网络安全管理义务罪的主体被限定于网络服务提供者，因此可以将该犯罪归结为真正身份犯。[2]从罪刑法定原则出发，必须对"网络服务提供者"这一身份作出明确解释。对于刑法分则所规定的构成要件的解释，应当始终以法益以及罪质为解释指针。目前我国刑法学界围绕该罪名的解释已经产生不少论著，[3]既然将拒不履行网络安全管理义务罪设置在妨害社会管理秩序这一章之下的扰乱公共秩序这一节中，根据体系解释的原理，该罪所侵犯的法益首先可以确定到对公共秩序的扰乱这一层面。[4]在网络出现之前，公共秩序是在特定、现实的时空条件下形成的，然而，自从进入互联网2.0时代之后，自然人可以通过驾驭账号的形式在互联网上开展相应的交往与交易活动，由此形成了网民之间、网民与平台之间、平台与平台之间全面的互动关系。据此，打开了人类生活的第二空间，即网络虚拟空间。毫无疑问，本罪的设置正是为了保护网络虚拟空间秩序的有序运转。

因此，我国有学者认为将网络服务提供者类型化是设定区别化的管理义务的基础，并在此基础上将网络服务提供者分成以下三类：中间服务提供者、互联网信息服务提供者、第三方交易平台服务提供者。[5]也有学者在网络服务提供者的分类上，将网络服务提供者分为网络虚拟空间的开辟者、运行者、维护者。作为网络空间的开辟者，可以表现为网络接入、存储、缓存服务提供者等；作为网络空间运行者，例如有社交服务平台提供者、电子商务服务平台提供者、网络游戏开发者等，即各类应用型软件与平台的开发者；作为网络空间的维护者，主要是对前两类主体所提供的服务以及网络空间秩序进行维护的主体，例如，各种杀毒软件以及木马程序检测软件开发者等。[6]综上所述，对于"网络

〔1〕　涂龙科："网络内容管理义务与网络服务提供者的刑事责任"，载《法学评论》2016年第3期。

〔2〕　参见张明楷：《刑法学（上）》，法律出版社2016年版，第131页。

〔3〕　谢望原："论拒不履行信息网络安全管理义务罪"，载《中国法学》2017年第2期。

〔4〕　敬力嘉："信息网络安全管理义务的刑法教义学展开"，载《东方法学》2017年第5期。

〔5〕　皮勇："论网络服务提供者的管理义务及刑事责任"，载《法商研究》2017年第5期。

〔6〕　李世阳："拒不履行网络安全管理义务罪的适用困境与解释出路"，载《当代法学》2018年第5期。

服务提供者"的认定应当根据具体的情况进行综合认定。

　　我国《刑法》规定，拒不履行信息网络安全管理义务罪犯罪主体不仅包括个人，还包括单位。与传统"一对一"犯罪模式不同，网络犯罪往往呈现出"一对多"的特点。虽然网络服务提供者也包括在网络空间中上传自己收集、编辑、整理的信息的单个网络用户，但大多数仍是以企业形式存在。相较于独立网络用户而言，从事网络活动的企业拥有更为强大的技术力量，丰富的人力、物力、财力资源，在网络空间活动中处于支配地位，能够更加从容地控制违法信息的大量传播，且其控制范围明显大于网络用户的控制范围。因此，当网络用户和提供网络服务的企业同时出现不履行管理义务，经责令后仍不改正，造成法定危害结果出现的，以其可控能力范围大小来说，提供网络服务的企业理应比个体网络用户承担的责任更重。

四、拒不履行信息网络安全管理义务罪的主观方面

　　拒不履行信息网络安全管理义务罪的立法表述为"网络服务提供者不履行法律、行政法规规定的信息网络安全管理义务，经监管部门责令采取改正措施而拒不改正，有下列情形之一的，处 3 年以下有期徒刑、拘役或者管制，并处或者单处罚金……"该罪名容易产生的疑问是，这是过失犯罪，还是故意犯罪？对此，张明楷教授认为本罪的责任形式是故意，行为人误以为信息不违法而没有采取改正措施时，属于事实认识错误，阻却故意的成立。[1]李源粒博士也认为平台服务商的刑事责任不应是结果责任，需以其不及时履行控制、处理网络信息安全的管理职责为前提，[2]综上，该罪应属于故意犯罪。此外，从最高人民法院、最高人民检察院最终对该罪名确立的名称来看，"拒不履行"表达的是对法律规范的直接对抗，从法定刑设置看，与《刑法》第287条之二故意型的犯罪"帮助信息网络犯罪活动罪"基本一致，从这两点判断，立法意在将其定位为故意型犯罪。

第三节　拒不履行信息网络安全管理义务罪的认定

一、本罪与帮助信息网络犯罪活动罪的界限

　　《刑法修正案（九）》根据有关方面意见，增加了本条规定，以促使网络服

---

〔1〕　参见张明楷：《刑法学》，法律出版社 2016 年版，第 1050 页。

〔2〕　李源粒："网络安全与平台服务商的刑事责任"，载《法学论坛》2014 年第 6 期。

务提供者切实履行安全管理义务，保障网络安全和网络服务业的健康、有序发展。"〔1〕但是，这种情形实际上也是一种网络犯罪的帮助行为。从表述上看，与《刑法》第287条之二的"明知他人利用信息网络实施犯罪，为其犯罪提供……等技术支持"并无明显区别，因此，拒不履行信息网络安全管理义务罪中的个别情形也可以构成帮助信息网络犯罪活动罪。两罪之间的界分，理论界主要存在行为方式区别说、主体区别说以及罪过形式区别说三种主张。

行为方式区别说认为，拒不履行信息网络安全管理义务罪与帮助信息网络犯罪活动罪的区别在于，"前者是通过不履行信息网络安全管理义务的消极不作为方式提供技术支持、帮助，而后者是通过提供信息网络服务的积极作为方式提供技术支持、帮助"。〔2〕虽然帮助信息网络犯罪活动罪通常由作为构成，但不能排除不作为成立该罪的可能性，在网络服务提供者明知的情况下，不作为也是一种帮助行为，因此这种区别并非绝对。

主体区别说认为，帮助信息网络犯罪活动罪的犯罪主体是一般主体，包括所有为信息网络犯罪提供技术支持的行为人，而拒不履行信息网络安全管理义务罪的犯罪主体为网络服务提供者，属于特殊主体。但通过解析，可以发现帮助信息网络犯罪活动罪并未将网络服务提供者这类所谓特殊主体排除在外。二罪在主体上的差异仅在于，拒不履行信息网络安全管理义务罪的主体仅限于网络服务提供者，而帮助信息网络犯罪活动罪的主体并不限于网络服务提供者。

罪过形式区别说认为，帮助信息网络犯罪活动罪与拒不履行信息网络安全管理义务罪在罪过形式上的区别在于，前者是故意，后者存在过失。有主张认为，拒不履行信息网络安全管理义务罪可以说在一定程度上突破了故意与过失两种罪过泾渭分明的理论认知，而引入了类似英美法系"过于自信"和"间接故意"复合的"轻率"主观罪过。刑法理论通说认为，二罪在罪过形式上没有区别，均为故意。〔3〕我们认为，拒不履行信息网络安全管理义务罪的罪过形式应为一种模糊罪过，即虽然网络服务提供者在"拒不改正"上持故意态度，但对于造成"违法信息大量传播"等严重后果，则既可能是持放任甚至希望态度，也可能是因疏忽大意而没有预见或者已经预见而轻信能够避免，

---

〔1〕　参见臧铁伟主编：《中华人民共和国刑法修正案（九）解读》，中国法制出版社2015年版，第190页。

〔2〕　刘艳红："网络中立帮助行为可罚性的流变及批判——以德日的理论和实务为比较基准"，载《法学评论》2016年第5期。

〔3〕　参见周光权：《刑法各论》，中国人民大学出版社2016年版，第355页。

但无论网络服务提供者对因拒不改正而导致的严重后果是持故意还是过失的态度，只要具有预见可能性，都不妨碍该罪的成立。

综上所述，两罪之间具有许多的交叉点，立法者之所以在帮助信息网络犯罪活动罪之外，另外设立拒不履行信息网络安全管理义务罪，一个重要的立法考量可能在于希望通过"责令改正"前置程序限制网络中立帮助行为的处罚范围，防止出现因为严厉的责任义务而阻碍互联网技术的发展。

二、本罪的停止形态问题

本罪属于纯正的不作为犯，关于纯正不作为犯是否存在未遂犯的问题，我国刑法理论上存在肯定说和否定说两种对立的观点：持肯定说的学者认为，一些纯正不作为犯明确将结果发生作为犯罪成立条件，比如《刑法》第129条丢失枪支不报罪、第261条遗弃罪都被认为是纯正不作为犯的典型，前罪明确将"造成严重后果"作为犯罪成立要件，后罪也以"情节恶劣"为成立要件。既然存在犯罪结果，则当然具有发生未遂的可能性了。持否定说的学者认为"纯正不作为犯分为两种情况，两种情况全都不存在犯罪未遂。第一种情况，是指依据法律的相关规定，行为人的行为只要符合法律规定的实行行为要件即可构成犯罪，例如，拒不执行判决、裁定罪。即按照法律规定，这些不作为犯罪中，只要行为人的不作为行为着手实施就可视为犯罪的完成，又由于这些不作为犯罪必然不包含犯罪结果的要求，因此也不可能存在实行终了的未遂和未实行终了的未遂，因此并没有既、未遂的犯罪形态的区分，仅仅只有罪与非罪的区别。第二种情况，是指法律规定在具备实行行为的基础上，还要达到'情节恶劣'或'造成严重后果'才构成的犯罪，例如遗弃罪、丢失枪支不报罪，这些犯罪里的'情节恶劣'和'造成严重后果'，仅是作为区别罪与非罪的构成要件规定的，而不是作为犯罪既遂、未遂的区分标志规定的"。因此，关于判断犯罪既遂、未遂问题，应当着眼于具体罪名的具体规定，不能一概而论。

结合拒不履行信息网络安全管理义务罪的构成要件来讲，对"拒不改正"这一客观要件的理解至关重要。"拒不改正"表明了网络服务提供者经监管部门责令采取改正措施后已经产生了对自己不作为可能造成某种危害结果的主观认识，即自己不履行自己的特定义务，不采取措施可能导致产生法益侵害的结果。此外，拒不改正也正是网络服务提供者"实施犯罪构成中行为要件"的着手的标志。但是"由于犯罪分子意志以外原因未能得逞"又作如何解释？在拒不履行信息网络安全管理义务罪中，犯罪主体想要得逞的是什么？是希望本罪规定的四种情形之一发生吗？结合《刑法》第 286 条之一的规定，要构成拒不履行信息网络安全管理义务罪，涵盖了几个不同的方面。首先有不履行义务的不作为的存在，其次要有监管部门责令改正而拒不改正的客观行为，最后是上述行为还要符合四种法定情形，即致使违法信息大量传播；致使用户信息泄露，造成严重后果；导致刑事案件证据灭失，情节严重；有其他严重情节。如果本罪存在未遂犯，未遂犯所要求的主观目的未得逞只能是指四种情形之一。可是，依据本罪的规定，四种情形是构罪要件，如果最终没有出现这四种情形之一的结果，都不符合本罪构成要件，罪名都不成立，何来未遂犯一说？换言之，在本罪中，网络服务提供者不履行特定义务的行为，如果缺少了"监管部门责令采取改正措施"，最终即使造成四种情形之一规定的结果，也不构成犯罪。如果不履行义务的行为，经监管部门责令采取改正措施而拒不改正，但没有造成四种情形之一，也不构成犯罪。综上所述，本罪并不存在未遂犯罪形态。

第四节　拒不履行信息网络安全管理义务罪的刑事责任

根据《刑法》第 286 条之一的规定，网络服务提供者不履行法律、行政法规规定的信息网络安全管理义务，经监管部门责令采取改正措施而拒不改正，有下列情形之一的，处 3 年以下有期徒刑、拘役或者管制，并处或者单处罚金：①致使违法信息大量传播的；②致使用户信息泄露，造成严重后果的；③致使刑事案件证据灭失，情节严重的；④有其他严重情节的。

网络服务提供者并不是直接传播违法信息的主体，而且网络自身具有传播速度迅速、短时间内能够轻易复制、转发并难以控制的特点，所以与直接进行传播的行为相比较，本罪的入罪门槛应有所提高。因此，对于"大量传播"的认定，应当结合具体案件综合分析，对违法信息的数量和点击数、浏览数、转发数一并考量，才能准确判断第 1 项危害结果的入罪情形。此外，"证据灭失，情节严重"的认定，可以从证据灭失的角度出发，考察该证据对于刑事案件的重要性程度和该证据涉及的案件类型等几个方面来进行综合的考量与判断。

单位犯前款罪的，对单位判处罚金，并对其直接负责的主管人员和其他直接责任人员，依照前款的规定处罚。

有前两款行为，同时构成其他犯罪的，依照处罚较重的规定定罪处罚。这里"同时构成其他犯罪"可能包括两种情况：一是竞合行为，二是牵连行为。虽然我国《刑法》中没有关于竞合犯与牵连犯的立法规定，但是，无论是理论上还是司法实践中，我国均认可竞合犯与牵连犯。竞合犯又分为法条竞合犯与想象竞合犯。对于法条竞合犯的处罚，原则上采取"特别法优于普通法"原则；想象竞合犯的处罚与牵连犯相同，即采取"从一重罪处罚"。就本罪的情况来看，只要是行为人实施拒不履行信息网络安全管理义务罪，无论是发生法条竞合、想象竞合还是牵连犯的场合，均不涉及数罪并罚问题，一律按照从一重罪处罚原则处理。

第十一章 帮助信息网络犯罪活动罪

第一节 帮助信息网络犯罪活动罪的立法沿革

近年来，随着计算机运算能力的大幅度提升，以及大数据、人工智能领域所取得的显著突破，信息网络技术取得颠覆性进展。随着我国在 5G 领域所取得的突破，移动网络也朝着传输速度更快、服务群体更广、入网方式更多元的方向发展。截至 2018 年 12 月，我国网民规模达 8.29 亿，普及率达 59.6%，较 2017 年底提升 3.8 个百分点，全年新增网民 5653 万。我国手机网民规模达 8.17 亿，网民通过手机接入互联网的比例高达 98.6%。[1] 信息网络技术是一柄双刃剑，随着技术的飞速发展，互联网在各领域不断普及，基于网络的匿名性与交互性，网络安全风险也随之显现。

一、帮助信息网络犯罪活动罪立法之必要性

云计算、大数据等技术的不断革新，网络信息总量呈现爆炸式增长的趋势，在信息网络技术逐渐被各类犯罪所利用，成为其工具与手段的同时，网络信息本身也成为犯罪分子习得犯罪手段，寻觅犯罪对象的开放式资源。与传统刑事犯罪相比，网络犯罪具有主体匿名化、行为隐蔽化、手段多样化、成本低廉化等突出特点，传统刑法条文对其进行规制往往存在证据固定困难、帮助行为界定模糊的不足，亟待修正。

第一，信息网络技术革新，新型网络犯罪涌现。从 web1.0 至 web3.0 时代，信息网络技术的飞速进步对网络这一载体的变革起到了既基础又关键的推动作用。与此相应，网络在网络犯罪中的地位也先后经历媒介、对象、工具、空间四个历程。在传统网络犯罪中，以网络的工具和对象特征较为明显，而在网络

---

〔1〕 "第 43 次《中国互联网络发展状况统计报告》"，载 http://www.cac.gov.cn/2019－02/28/c_1124175677.html，访问时间：2019 年 9 月 25 日。

技术取得颠覆性进步后，网络用户基数不断上升，信息总量爆炸性增长，网络的空间价值凸显。

在步入大数据时代后，网络中信息的量级发生质变，通过各类数据库中对网络用户个人信息的聚合，公民的个人信息也更为集中地暴露于网络之中，信息本身开始成为网络犯罪中重要的犯罪对象。该类以公民信息为犯罪对象的新型犯罪中，网络储存、服务器管理、电信接入服务等帮助行为是其犯罪的重要一环，为了更好保护公民个人信息，打击新型信息网络犯罪，应将其帮助行为纳入《刑法》规制范围。

信息网络技术的进步在为生活提供更多便利的同时，各类信息网络安全风险也逐渐暴露，新型网络犯罪不断涌现，并展现出与传统网络犯罪相异的特征。移动互联网技术的普及，各类计算机软件、手机 app 在为用户提供服务的同时也从中收集了大量的用户信息。除此之外，还出现了新的"微网络犯罪"形态，表现为"海量行为×微量损失"和"海量行为×低量损害"两种新行为样态。前者是利用互联网应用的广泛联络和近于零成本特性，对不特定的海量公众进行尝试性侵害，虽然犯罪成功率很低且只对部分个体造成微量损失，但实际被害人数量巨大，累积危害后果严重；后者为新型网络犯罪所特有，单次危害行为的社会危险性低，通过利用信息网络大量实施，累积危害达到严重程度。这两类"微网络犯罪"过去被认为只是一般的网络违法行为，随着网络空间的社会化发展，它们对网络犯罪整体的作用越来越大，社会危害越来越严重。[1]为改变这一现状，亦应将该类"微网络犯罪"为代表的"一对多""多对多"薄利多销型行为纳入《刑法》的规制范围。

第二，传统犯罪门槛降低，手段、效率不断升级。在较早期的网络犯罪中，该类犯罪的行为人需要独立完成整个网络犯罪流程，需要较强的网络专业素养。而随着网络社交媒体的井喷，网民之间的交互趋于频繁，行为人通过网络获取技术帮助，购买网络工具的难度大大降低，行为人不再需要掌握完整的犯罪流程，而可通过线上购买工具、技术、服务的方式拼凑完整的犯罪链条。编写代码、搜集目标等工作都不再需要自主完成，而可通过购买、使用现有软件、服务或信息的方式予以实现，网络犯罪技术门槛趋于消解。在司法实践中，很多实施危害计算机信息系统安全犯罪活动的行为人只有初中文化程度，其往往是通过购买用于破坏计算机信息系统功能、数据的程序、工具或者获取技术帮助进而实施危害计算机信息系统安全犯罪的。这也说明在网络犯罪之中，帮助行为的"帮助"作用的外延不断扩大，其在降低犯罪门槛、拓展犯罪主体上充当

---

[1]　皮勇："论新型网络犯罪立法及其适用"，载《中国社会科学》2018 年第 10 期。

着重要的作用。

在此基础上，人工智能技术的成熟与发展加速了互联网相关产业的升级速率，大量重复性劳动被人工智能替代，不法分子也很快将该类技术应用于网络犯罪之中，大大提升了其犯罪效率，降低了犯罪成本。如在近些年的电信诈骗中，各类机器人已逐渐替代人工话务员，行为人通过事先真人录音导入话务系统，结合语音识别技术对接听对象进行智能筛选，并根据其反馈决定内容，常常以假乱真。在此过程中，犯罪分子不再需要一人分饰多角，而只需要坐等人工智能筛选后的结果，完成诈骗的最后一步即可。

信息、网络本身具有跨境、跨地域即时传输的特质，也是基于此，信息网络犯罪的地理边界不再显著，跨国、跨境网络犯罪大幅增加。部分网络犯罪为逃避国内法律规制，选择在境外架设服务器，境内实行犯罪行为。据统计，我国境内90%以上的诈骗网站、钓鱼网站、赌博网站、淫秽网站的服务器位于境外。通过网络串联，犯罪人员之间的构成也不再受地域的限制，跨境、跨地域犯罪在信息网络犯罪中司空见惯，帮助者、被帮助者、受害者分处三地，甚至三个国家的情形屡见不鲜，犯罪的地域界限逐渐淡化，进一步增大了司法实践中对该类犯罪打击和规制的难度。

第三，网络犯罪分工细化，帮助行为缺乏规制。新型网络犯罪是为其他犯罪创造环境条件或提供支持帮助的"外围"犯罪，但其依借直接联络广大网络用户的能力，在犯罪产业链上独立生存，所起的作用并非只是辅助性的，而是不可或缺的关键条件。

网络犯罪的人员分工更为细致，形成细密的利益链条，帮助行为多表现为"一对多"或"多对多"，一个帮助行为不再仅限于一个犯罪行为之中，而是以牟利为目的，"薄利多销"地将自己掌握的技术或信息提供给链条中的下一环节。帮助行为获利远超最终犯罪行为或提供的帮助行为量远高于被侦查机关发现的犯罪行为数量，以社会危害性而论，帮助行为超过最终正犯行为的案例不在少数。信息网络犯罪呈现出扁平化、破碎化的倾向，往往一项网络犯罪被肢解为多项帮助行为与实行行为。信息网络犯罪中的帮助行为，多以提供技术、手段、犯罪对象的个人信息等方式予以帮助，其所提供的部分帮助行为甚至直接决定犯罪链条能否继续运转，如为开设网络赌场提供特定的互联网接入服务，为网络诈骗提供犯罪对象个人信息等行为，均是犯罪利益链条中不可或缺的部分，网络帮助行为已经开始突破其在网络犯罪中的单纯从属地位，甚至引领信息网络犯罪的导向。

在人员架构上，传统帮助行为多以"一对一""多对一"的方式为主，而帮助信息网络犯罪活动罪则以"多对多""一对多"的形式进行，也就是说帮助行为本身往往有更多的受众。信息网络犯罪多分工细化，由不同人员完成不同环节，串联形成犯罪链条中各模块，往往都必不可少，这与传统犯罪中较为明晰的主从关系分布有着明显区别。如在危害计算机信息系统的违法犯罪行为中，破坏计算机系统这一行为本身需要多种帮助行为的共同支持，其中既可能由一个人员完成多项工作，也有可能通过网络便利的交流和沟通由不同人员分别负责提供网络接入、网络储存、广告推广、技术培训、资金结算，其中任何一个环节都是信息网络犯罪得以实现的必要条件。打击网络犯罪的关键是要斩断利益链，对帮助信息网络犯罪活动正犯化的规定既是基于当前的网络安全现状，也是考虑到未来一定时间内网络信息技术的发展所带来的相关风险，从而将网络犯罪的"分工细化"与帮助行为独立入罪。

二、帮助信息网络犯罪活动罪的立法沿革

利用信息网络，公民个人信息在网络上泄露并被贩卖，网络攻击、黑客攻击、网络谣言和暴戾之气充斥着网络空间，我国的网络环境受到党中央的高度关注。2013 年 11 月，党的十八届三中全会提出："坚持积极利用、科学发展、依法管理、确保安全的方针，加大依法管理网络力度，加快完善互联网管理领导体制，确保国家网络和信息安全。"此后，2014 年 2 月 27 日，中央网络安全和信息化领导小组在北京宣告成立，中共中央总书记、国家主席、中央军委主席习近平担任组长。习近平总书记强调，网络安全和信息化是事关国家安全和国家发展、事关广大人民群众工作生活的重大战略问题，要从国际国内大势出发，总体布局，统筹各方，创新发展，努力把我国建设成为网络强国。[1]2014年 10 月 23 日，党的十八届四中全会通过的《中共中央关于全面推进依法治国若干重大问题的决定》提出，加强互联网领域立法，完善网络信息服务、网络安全保护、网络社会管理等方面的法律法规，依法规范网络行为。2015 年 7 月 1日开始实施的《国家安全法》规定，国家建设网络与信息安全保障体系，并加强网络管理，防范、制止和依法惩治网络攻击、网络入侵、网络窃密、散布违法有害信息等网络违法犯罪行为，维护国家网络空间主权、安全和发展利益。

为了应对日益增长的网络犯罪，刑法适时更新，不断完善相关规定，以形成对网络犯罪打击的高压态势，是必然选择。《刑法修正案（七）》在《刑法》第 285 条中增加的第 3 款规定："提供专门用于侵入、非法控制计算机信息系统

---

〔1〕 "习近平：努力把我国建设成为网络强国"，载中国新闻网，http://www.chinanews.com/gn/2014/02 - 27/5892603.shtml，访问时间：2019 年 10 月 21 日。

的程序、工具，或者明知他人实施侵入、非法控制计算机信息系统违法犯罪行为而为其提供程序、工具，情节严重的，依照前款的规定处罚。"《刑法修正案（七）》将本来是一个共同犯罪行为中的帮助行为独立入罪，而《刑法修正案（九）》中对帮助信息网络犯罪活动罪的规定正式延续了这一立法思路，对与犯罪实行行为明知但无共谋，也未深入参加后续犯罪行为的帮助行为加以规制。在法益保护的严苛化和前置化的立法指导精神下，限缩中立行为的出罪空间，将帮助行为予以正犯化，是刑法积极预防功能的体现，也是对过往司法解释的一种确认。

网络安全是国家安全的重要组成部分，已经成为国家战略的网络空间不应成为犯罪分子得以滋生的"法外之地"。备受关注的《刑法修正案（九）》将网络视为打击犯罪活动的重要"战场"，在加强公民信息保护、打击网络犯罪、维护信息网络安全、遏制网络虚假信息等方面作出重要修改。《刑法修正案（九）》从我国网络安全面临的严峻形势和网络立法的现状出发，坚持问题导向，是对当下大数据、云计算、移动互联网以及物联网等新一代信息技术迅猛发展态势的最新回应，有利于完善我国信息网络法治顶层设计，有助于我国信息网络运行的数据安全、产品和服务安全，净化网络空间。因此，从预防和规制网络犯罪的视角来看，将网络帮助行为作为独立罪名纳入《刑法》之中，无疑是最为有效的手段。《刑法修正案（九）》第29条的规定主要涉及网络预备行为实行化和对网络帮助行为正犯化的内容，这些规定对于加大对信息网络保护，促进互联网的健康发展，维护广大人民群众的合法权益，必将发挥重要作用。

帮助信息网络犯罪活动充当着较为特殊的角色，既囊括传统帮助行为的部分要素，也因网络信息的特质衍生出新的性状，传统刑法中对于帮助犯的规定往往难以与之相适应，从而造成对该类犯罪的立法空白。网络犯罪问题是当前世界各国共同面临的问题。

第二节　帮助信息网络犯罪活动罪的犯罪构成

帮助信息网络犯罪活动罪是指，明知他人利用信息网络实施犯罪，为其犯罪提供互联网接入、服务器托管、网络储存、通讯传输等技术，或者提供广告推广、支付结算等帮助，情节严重的行为。从罪状表述来看，本罪采用了"明知＋特定帮助类型"的高度概括形式。构成要件的概括性以及与帮助犯的相似性，使得帮助信息网络犯罪活动罪所规制的行为类型较为模糊。[1]

---

[1]　赖早兴、孙禹："帮助信息网络犯罪活动罪的教义学展开"，载《刑法论丛》2018年第2期。

一、帮助信息网络犯罪活动罪的客体

帮助信息网络犯罪活动罪侵犯的客体为复杂客体，该行为通过提供技术、工具、服务等方式，帮助其他网络犯罪行为的实行，在侵犯了正常的信息网络管理秩序的同时，也客观上侵害了被害人的人身、财产等合法权益。

二、帮助信息网络犯罪活动罪的客观方面

帮助信息网络犯罪活动罪的客观方面表现为为他人犯罪提供互联网接入、服务器托管、网络存储、通讯传输等技术支持，或者提供广告推广、支付结算等帮助，情节严重的行为。帮助行为对创设危及法益的危险的正犯行为有促进，因而增加了正犯行为所创设的危险的现实可能性。

在帮助信息网络犯罪活动罪中，根据行为方式及外在表现的不同，可将该罪的实行行为分为三类，即为他人实施网络犯罪提供技术支持的帮助行为，为他人实施网络犯罪提供广告推广的帮助行为和为他人实施网络犯罪提供支付结算的帮助行为。

第一，为他人实施网络犯罪提供技术支持的帮助行为。基于信息网络犯罪分工细化的特点，一项完整的犯罪往往需要多项工具、技术、服务的结合，包括为建设网站和接入互联网所需要的提供互联网接入、服务器托管、网络存储空间、通讯传输通道等帮助行为。用户只能通过这种方式实现互联网的连接，才能使用互联网或者建立服务器；只有通过购买、租赁服务器托管、网络储存空间、通讯传输通道等技术或服务，才能将其网络犯罪框架搭建起来。该类行为的特点在于，其往往是犯罪予以实施的前置条件，充当着犯罪链的前端，没有该类帮助行为，将大大增加犯罪行为得以实施的难度，有些信息网络犯罪甚至因此无法实施。行为人如若缺乏 VPN 代理服务器或网络拨号、改号软件，其拨打网络诈骗电话冒充国家工作人员等诈骗行为自然难以实现。如在电信诈骗中提供规避实名认证的电话、宽带入网服务的行为，为开设网络赌场提供计分、赌博软件的行为，亦或是提供伪基站等技术，通过大量散发虚假刷单信息帮助进行诈骗的行为均是位于犯罪链条前端的行为，正是在该种行为的帮助下，信息网络的犯罪才得以继续运营。该类提供帮助的人员多并不参与到后续的犯罪行为之中，而只在明知其帮助的是犯罪行为的前提下，提供技术或服务支持。将该类行为纳入规制范畴之列，突出了先行干预的立法目的，将信息网络犯罪扼杀在摇篮之中。

第二，为他人实施网络犯罪提供广告服务或推广等帮助行为。在具备基本

犯罪所需的技术手段的前提下，往往还需要通过宣传手段为其犯罪行为增加影响力，搜集更多的犯罪目标。该类行为在实务中可分为直接和间接两种表现方式：直接方式是通过电话推广、短信等业务直接为网络犯罪行为提供广告服务的行为，如在明知其宣传内容为传销活动，依然为牟利通过电话、短信、QQ、微信等方式进行业务宣传，拉拢客源、提升影响力的行为；间接方式是指网站、论坛、搜索引擎等网络服务提供商明知广告中所宣传内容为犯罪行为，依然以牟利为目的为宣传提供便利的行为。

在信息网络犯罪中，其宣传和引流的业务多外包给第三方，第三方通过合法或非法的广告宣传手段，为其吸引潜在犯罪对象。第三方平台往往通过合法手段掩盖犯罪非法目的，如通过"竞价推广"[1]将大量包含虚假、诈骗信息的网站置于首页或正规网页两侧，或通过弹窗等手段为犯罪活动引流。在此过程中，第三方平台只获利、不监管，事实上起到了帮助信息网络犯罪活动的作用。2016年广受关注的"魏某西事件"将搜索引擎的竞价排行业务推上风口浪尖，部分互联网企业运营人员并未落实其监管责任，使大量虚假信息、诈骗信息得以充斥于网络，以假乱真，甚至置于真实网站之前。部分广告服务提供者及广告推广所挂载的网络平台运营商在明知其挂载广告描述不实的前提下，依然以盈利为目的为其提供服务，客观上起到为信息网络犯罪广而告之、拓展影响、增加受害群体的帮助作用，一些被害人正是基于对广告所挂载平台的信任被骗。因此，该类第三方广告服务提供商、互联网运营商应承担与其牟利相当的监管责任，故而《刑法修正案（九）》将该类行为纳入规制范围之中。

第三，为他人实施网络犯罪提供支付结算的帮助行为。信息网络犯罪多以牟利为目的，在此过程中犯罪分子往往采取各类资金结算服务，多次转移资金，以达到洗钱、隐匿身份、逃避监管并最终将诈骗金额变现的目的。可以说，在所有的信息网络帮助行为之中，提供资金结算的行为直接影响犯罪的资金转化、变现，也是最具代表性的帮助行为之一。实务中犯罪分子多通过银行、非银行金融机构、数字货币等方式，并与伪造、隐匿身份等手段相结合，实现资金匿名结算，其中又以支付宝、微信等第三方结算手段为主。

我国是全世界移动支付手段最为便捷、用户最多的国家，移动支付用户规模近9亿，支付宝、微信等第三方支付机构因本身属非银行金融机构，其所受

---

〔1〕　竞价推广是把企业的产品、服务等通过以关键词的形式在搜索引擎平台上作推广，它是一种按效果付费的新型搜索引擎广告。企业在购买该项服务后，通过注册一定数量的关键词，其推广信息就会率先出现在网民相应的搜索结果中。

监管规制较为宽松，从而成为目前信息网络犯罪中使用频率最高的资金支付结算手段。实务中，部分第三方平台尤其是中小平台，在明知其资金流动异常，极有可能从事犯罪活动的前提下，仍为其提供金融结算服务；部分黑中介通过贩卖、租借第三方实名账户的方式，为其他网络犯罪提供冒用的第三方账户，从而导致犯罪所得在短时间内被转移瓜分，难以追回。此外，近年来随着比特币这一数字加密货币诞生，不论其币值如何，其双向匿名性[1]的本质始终让其与各类信息网络犯罪联结在一起。尽管数字加密货币的使用相较于常规支付手段更为复杂，但其与信息网络犯罪主体的契合度更高，并可为交易双方提供进一步隐匿身份的可能性。也正因如此，今年 Facebook 公司所准备公开发行的新型数字货币 Libra 被美国国会叫停。实践中，通过将数字加密货币与虚拟 IP、VPN 等手段相结合，往往使得交易双方主体身份的追查更为困难，对其监管的相对匮乏，也让其成为信息网络犯罪中最为重要的新型资金结算手段之一。

在《刑法修正案（九）》之前，由于第三方提供技术支持者、广告服务提供者、支付结算提供者这三类帮助行为分别位于信息网络犯罪链条的前中后阶段，以不同的方式帮助犯罪得以实施，其与犯罪本身如若不存在意思联络，难以认定为帮助犯，属刑法规制盲区。从进一步打击信息网络犯罪的视角出发，《刑法修正案（九）》将第三方明知但不存在共谋的怠于监管，客观上起到了为信息网络犯罪扩大影响、转移资金的帮助行为纳入帮助信息网络犯罪活动罪的规制范围之中，督促该类群体履行义务，限制网络犯罪分子、技术提供者、广告服务提供者、第三方支付平台利益链的形成。

三、帮助信息网络犯罪活动罪的主体

帮助信息网络犯罪活动罪的主体为一般主体，凡年满 16 周岁、具有刑事责任能力的自然人均可以构成本罪，单位也可以构成本罪的主体。单位犯本罪的，对单位判处罚金，并对其直接负责的主管人员和其他直接责任人员定罪处罚。

四、帮助信息网络犯罪活动罪的主观方面

本罪的主观方面为故意，即要求行为人主观上明知他人利用信息网络实施犯罪并施以帮助，如若行为人对自己帮助的行为是犯罪活动并不知晓，则不应以本罪论处，因此，本罪的主观方面重在对"明知"的认定。要构成本罪的帮助，要

---

[1]　即交易双方均不了解对方的身份信息，仅根据对方提供的支付地址进行交易。

求行为人对被帮助的行为有较为明确的认识。从文义解释上看，"明知"即明确知道，刑法理论中的"明知"包括"知道"或"应当知道"两种情形，具体到本罪而言，"知道"即有证据证明行为人知道其帮助的是信息网络犯罪行为；而"应当知道"则是指行为人在提供技术支持或者帮助行为时，根据现实情况，应当知道他人是利用信息网络实施犯罪仍提供帮助的行为。

在网络空间中，从事网络技术、服务的提供者对其提供帮助的行为是否具有较为具体、特定的认识，是区分中立业务行为与本罪中帮助行为的核心。有观点认为，网络帮助者与被帮助者往往通过线上匿名的方式进行交易，其对被帮助者究竟要从事何种行为并不常具有知晓的可能性，而多概括知晓，概括的知晓并不能作为认定"明知"的依据。[1]对该种观点，笔者不能苟同。针对网络犯罪，在互联网服务者与被服务者之间的关系上，信息、数据、技术往往呈现出明显的不对等，服务提供商在其提供可能具备相应风险的服务时，自然应承担相应的监管责任或注意义务，即在网络商业活动的交易过程中，获利应与其所应承担的责任相对应，这也是本罪名设立的应有之意。

如若提供帮助的网络服务提供商，已获得相关信息，如技术提供者已收到多次群众投诉举报，或有关部门的日常宣传中明确将该类行为界定为犯罪的传销、赌博等行为，亦或是行为人在提供服务时所收取的服务费用远超市场价格，流量明显异常，资金流动渠道不正常，使用大量冒用、伪造的银行卡，第三方支付账户逃避监管的，在该种情况下，应当认定行为人"应当知道"。如若将该罪名中"明知"的要求排除"应当知道"，那么在网络犯罪的大环境下，任何行为人都可将其行为解释为"应当知道"，"明确知道"的情形永远不会出现。故此处我们认为，帮助信息网络犯罪活动罪的"明知"应包括"明知"和"应当知道"。

当前，我国一部分司法解释以及一些规范性文件对网络犯罪中"明知"的认定规则作了明确规定。如2010年8月31日由公安部、最高人民法院、最高人民检察院颁布的《关于办理网络赌博犯罪案件适用法律若干问题的意见》中规定：行为人收到行政主管机关书面等方式的告知后，仍然实施帮助行为的；为赌博网站提供互联网接入、服务器托管、网络存储空间、通讯传输通道、投放广告、软件开发、技术支持、资金支付结算等服务，收取服务费明显异常的；在执法人员调查时，通过销毁、修改数据、账本等方式故意规避调查或者向犯罪嫌疑人通风报信的，以及其他有证据证明行为人明知的，具备以上情形之一的，即可认定行为人在主观上存在"明知"要件。[2]在2010年最高人民法院、

---

〔1〕　参见王莹："网络信息犯罪归责模式研究"，载《中外法学》2018年第5期。
〔2〕　孙运梁："帮助行为正犯化的教义学反思"，载《比较法研究》2018年第6期。

最高人民检察院《关于办理利用互联网、移动通讯终端、声讯台制作、复制、出版、贩卖、传播淫秽电子信息刑事案件具体应用法律若干问题的解释（二）》中规定："具有下列情形之一的，应当认定行为人'明知'，但是有证据证明确实不知道的除外：①行政主管机关书面告知后仍然实施上述行为的；②接到举报后不履行法定管理职责的；③为淫秽网站提供互联网接入、服务器托管、网络存储空间、通讯传输通道、代收费、费用结算等服务，收取服务费明显高于市场价格的；④向淫秽网站投放广告，广告点击率明显异常的；⑤其他能够认定行为人明知的情形。"在上述司法解释和规范性文件中，分别对两类不同网络案件中的"明知"有了较为具体的规定，我们不难发现其中对应当认为为"明知"的描述与《刑法修正案（九）》中帮助信息网络犯罪活动罪的表述如出一辙。此后，在 2012 年最高人民法院、最高人民检察院、公安部颁行的《关于依法严惩"地沟油"犯罪活动的通知》中，总结了以往司法解释有关"明知"认定的有益经验，其所阐述的方法合理可行，对司法机关办案具有科学的指导性，其指出："认定是否'明知'，应当结合犯罪嫌疑人、被告人的认知能力，犯罪嫌疑人、被告人及其同案人的供述和辩解，证人证言，产品质量，进货渠道及进货价格、销售渠道及销售价格等主、客观因素予以综合判断。"

结合上述规范性文件，我们在对本罪"明知"的认定上可从三个角度出发：其一，是否曾因该行为受到过行政部门通知或处罚或受群众举报；其二，其提供服务的收费、流量是否明显异常；其三，其是否有规避调查、毁坏证据或向犯罪嫌疑人通风报信的行为。但针对收取服务费明显高于市场正常价格等异常情况，如果行为人能够证明其有合理依据，如服务具有特殊的技术性或操作流程等，那么则可推翻对其"明知"的认定。

第三节　帮助信息网络犯罪活动罪的认定

一、罪与非罪的认定

关于《刑法》第 287 条之二第 1 款帮助信息网络犯罪活动罪的性质，学术界存在不同看法。以刘艳红教授为代表的大多数学者认为该罪属于帮助犯的正犯化（也称帮助行为正犯化），[1]而以张明楷、黎宏教授为代表的学者则认为只要承认犯罪的本质是侵害法益、刑法的目的是保护法益，帮助犯独立性说缺乏

---

〔1〕　参见刘艳红："网络犯罪帮助行为正犯化之批判"，载《法商研究》2016 年第 3 期。

理论的根基与刑法的实质基础。[1]该罪名属于"帮助犯的量刑规则，而不再适用刑法总则关于帮助犯（从犯）的处罚规定"[2]。

共犯正犯化原本是针对网络中出现的新状况——犯罪帮助行为超越实行行为的危害性以及突破传统从属地位的独立性所引发的规制困境——而提出的立法上的解决方案。具体而言，危害性的超越是指帮助行为的技术性使其相对于实行行为而言在实现法益侵害时发挥更关键的作用；独立性主要体现在主客观两个方面，主观上缺乏与实行行为人的意思联络，客观上表现为"一对多"的特殊行为样态。如果认为这一立法是量刑规则，则实际只是对需要判处 3 年以下有期徒刑的帮助犯适用了不同的罪名，并无实质性意义。[3]

综上，相比较而言，我们认为，帮助信息网络犯罪活动罪并非不痛不痒的"量刑规则"，而应定位为帮助行为的正犯化。

（一）"犯罪"的认定

在对帮助信息网络犯罪活动罪中"犯罪"的认定上，目前主要存在两种观点。一种观点认为犯罪是指符合犯罪构成意义上的犯罪，即狭义的、满足全部犯罪构成要件的犯罪。第二种观点认为犯罪是指犯罪行为意义上的犯罪，是指广义上的犯罪，即客观上引起了侵害法益的结果，符合客观犯罪构成的行为。依上述两种不同的观点对本罪名进行分析，会得出不同的结论：持前一种观点的学者认为，没有刑事责任能力的人实施的信息网络违法行为，具有刑事责任能力的人实施的没有达到法定罪量的信息网络违法行为，如被帮助人实施的传播淫秽物品牟利行为未达到法定数量或者违法所得数额的，就不属于《刑法》第 287 条之二中的信息网络犯罪，相应地，帮助他人实施这些信息网络违法行为的，也不成立《刑法》第 287 条之二的罪名。网络帮助行为的提供者常向不特定的对象提供技术和服务，声称自己只是经营合法的信息网络业务，其为他人提供互联网接入、服务器托管等技术支持，提供广告推广、支付结算等劳务帮助，属于合法的业务行为，至于他人是否利用这些业务行为开展信息网络犯罪，其并没有法律规定的监管义务，如若要求提供服务的行为人对其所提供的对象进行实质的核查，无疑是逼迫其侵犯公民个人隐私。正因如此，有学者强调是否处罚网络帮助行为，必须在打击犯罪和保障公民自由之间进行利益权衡。[4]

---

[1] 张明楷："论帮助信息网络犯罪活动罪"，载《政治与法律》2016 年第 2 期。

[2] 参见张明楷："论帮助信息网络犯罪活动罪"，载《政治与法律》2016 年第 2 期；黎宏："论'帮助信息网络犯罪活动罪'的性质及其适用"，载《法律适用》2017 年第 21 期。

[3] 赖早兴、孙禹："帮助信息网络犯罪活动罪的教义学展开"，载《刑法论丛》2018 年第 2 期。

[4] 陈洪兵："论中立帮助行为的处罚边界"，载《中国法学》2017 年第 1 期。

持后一种观点的学者认为，上述所列情形都属于信息网络犯罪，相应地，帮助他人实施这些行为的，就会成立《刑法》第 287 条之二的罪名。该罪中所指的"犯罪"应当是"客观上引起了侵害法益的结果，符合客观犯罪构成的行为，其并不一定要受到刑罚处罚"。[1]由于客观原因被帮助者没有被追究刑事责任，或者因为被帮助者存在从宽情节而免于刑事处罚的，也可构成本罪中被帮助的行为。如对于在境外制作淫秽信息的行为人，在司法实践中很难予以查处，但根据《刑法》第 287 条之二的规定，在境内提供技术帮助的网络服务者就可以独立构成犯罪，而不需要在实体上与实行犯罪的行为主体进行责任捆绑，也没有必要在程序上等待其他实行行为性质确认之后，或者作为关联案件处理才能追究信息网络服务者的刑事责任。[2]

从《刑法修正案（九）》强化对网络犯罪与公民信息犯罪的规制的视角来看，对本罪中"犯罪"的认定应与"明知"的认定标准相统一，应更为充分地考虑"少量多次""一对多"等行为方式的新型信息网络帮助行为，虽然在此种情况下，被帮助行为尚未构成具体犯罪，但已具有法益侵害性。在此视角下，在对"犯罪"的认定上，本罪名应采广义的"犯罪"概念，无需再苛求满足全部犯罪构成要件，而仅需符合犯罪的客观要件。

（二）情节严重的认定

帮助信息网络犯罪活动罪的《刑法》条款中不仅严格规定了行为人的行为手段，而且对于构成要素有一个整体性的情节严重的规定。从某种程度上说，"情节严重"是提高犯罪门槛，防止本罪规制范围过于扩张成为网络犯罪中的口袋罪的限制性规定，因此，要想本罪的设定上保持遏制网络犯罪与信息技术发展的平衡，对"情节严重"的界定至关重要。

"情节严重"的认定，应进行综合判断，就目前学界观点来看，对本罪的"情节严重"的认定存在两种观点。有学者认为，情节严重的认定限于专门帮助他人实施网络犯罪的行为或者以给网络犯罪提供技术支持等为主要的工作对象；[3]还有学者认为，当行为人对于他人的犯罪活动的帮助处于放任态度时，对于情节严重的认定，可以根据"大于半数原则"推定行为人主观上具有"明知"，[4]即可以通过对帮助行为的数量、获利金额以及帮助占比进行量化，若超过半数，则

〔1〕　黎宏："论'帮助信息网络犯罪活动罪'的性质及其适用"，载《法律适用》2017 年第 21 期。

〔2〕　刘宪权、房慧颖："帮助信息网络犯罪活动罪的认定疑难"，载《人民检察》2017 第 19 期。

〔3〕　张明楷："论帮助信息网络犯罪活动罪"，载《政治与法律》2016 年第 2 期。

〔4〕　张春："法条和罪名下的犯罪若干问题研究——基于《刑法修正案（九）》第二十九条"，载《预防青少年犯罪研究》2016 年第 2 期。

符合"情节严重"的认定标准。通过对比上述两种认定标准我们不难看出，第一种认定标准更注重犯罪的主观心态和犯罪行为，该种认定标准的问题在于，对网络帮助行为中行为人主观心态的评估本就较为困难，取证难度极大，有过于理想化之嫌；第二种认定标准更偏向司法认定中，对"情节严重"认定的可操作性，通过对结果的量化，司法实务中可更为直观地对"情节"进行评估，但不可否认，该认定标准更关注结果，易忽略了行为人的主观心态和客观违法程度。

　　而从我国近年颁布的最高人民法院、最高人民检察院、公安部《关于办理网络赌博犯罪案件适用法律若干问题的意见》[1]，最高人民法院、最高人民检察院《关于办理利用互联网、移动通讯终端、声讯台制作、复制、出版、贩卖、传播淫秽电子信息刑事案件具体应用法律若干问题的解释（二）》[2]中对相关信息网络犯罪帮助行为"情节严重"的认定，我们不难发现当前司法解释和规范性文件更偏向量化的实用性认定标准。我们也更为认同该观点，在网络犯罪取证难度大，证据固定难的背景下，在对该罪名"情节严重"的认定上应考虑司法认定中的取证难度和可操作性。帮助信息网络犯罪活动罪"情节严重"的认定标准可以从以下三个方面予以确定：

---

〔1〕　明知是赌博网站，而为其提供下列服务或者帮助的，属于开设赌场罪的共同犯罪，依照《刑法》第303条第2款的规定处罚：①为赌博网站提供互联网接入、服务器托管、网络存储空间、通讯传输通道、投放广告、发展会员、软件开发、技术支持等服务，收取服务费数额在2万元以上的；②为赌博网站提供资金支付结算服务，收取服务费数额在1万元以上或者帮助收取赌资20万元以上的；③为10个以上赌博网站投放与网址、赔率等信息有关的广告或者为赌博网站投放广告累计100条以上的。实施前款规定的行为，数量或者数额达到前款规定标准5倍以上的，应当认定为《刑法》第303条第2款规定的"情节严重"。

〔2〕　该解释第6条：电信业务经营者、互联网信息服务提供者明知是淫秽网站，为其提供互联网接入、服务器托管、网络存储空间、通讯传输通道、代收费等服务，并收取服务费，具有下列情形之一的，对直接负责的主管人员和其他直接责任人员，依照《刑法》第363条第1款的规定，以传播淫秽物品牟利定罪处罚：①为5个以上淫秽网站提供上述服务的；②为淫秽网站提供互联网接入、服务器托管、网络存储空间、通讯传输通道等服务，收取服务费数额在2万元以上的；③为淫秽网站提供代收费服务，收取服务费数额在5万元以上的；④造成严重后果的。实施前款规定的行为，数量或者数额达到前款第①项至第③项规定标准5倍以上的，应当认定为刑法第363条第1款规定的"情节严重"；达到规定标准25倍以上的，应当认定为"情节特别严重"。第7条：明知是淫秽网站，以牟利为目的，通过投放广告等方式向其直接或者间接提供资金，或者提供费用结算服务，具有下列情形之一的，对直接负责的主管人员和其他直接责任人员，依照《刑法》第363条第1款的规定，以制作、复制、出版、贩卖、传播淫秽物品牟利罪的共同犯罪处罚：①向10个以上淫秽网站投放广告或者以其他方式提供资金的；②向淫秽网站投放广告20条以上的；③向10个以上淫秽网站提供费用结算服务的；④以投放广告或者其他方式向淫秽网站提供资金数额在5万元以上的；⑤为淫秽网站提供费用结算服务，收取服务费数额在2万元以上的；⑥造成严重后果的。实施前款规定的行为，数量或者数额达到前款第①项至第⑤项规定标准5倍以上的，应当认定为《刑法》第363条第1款规定的"情节严重"；达到规定标准25倍以上的，应当认定为"情节特别严重"。

第一，以行为人帮助行为的次数与数量为认定的标准。这种认定标准可以很好地反映行为人的主观恶性程度，当达到一定次数的时候，就可以视为具有情节严重的认定标准，有必要进行处罚。将帮助行为次数纳入规定也与新型网络帮助行为"一对多""多对多"的行为方式较为统一，能起到更具针对性的规制效果。这种认定标准可以反映犯罪结果的扩散范围和危害程度，当受害人达到一定的数量或者犯罪信息的点击量达到一定次数的时候，就可以视为具有情节严重的认定标准，有必要进行处罚。

第二，以帮助行为的获利额为认定标准。帮助信息网络犯罪活动多以牟利为目的，以帮助行为非法获取的"服务费""代理费"金额来对其情节进行界定既能反映其主观恶性，司法实践中也可通过银行流水、转账记录等方式固定证据，认定具体金额。需要注意的是，在此处对获利金额的认定不应与正犯获利金额混同，如在网络赌博案件中，涉赌金额多远高于提供技术服务所收取的服务费，而部分网络犯罪的正犯甚至因各类原因未能获利，甚至亏本，这些正犯是否获利、获利多少的情节都应与该罪的非法获利加以区别。

第三，以是否造成其他严重后果为认定标准。这主要是为了防止对于"情节严重"的适用过于僵化，作为一个兜底条款，保留法律在适用时的灵活性和适应性。

二、此罪与彼罪的界限

（一）本罪与拒不履行信息网络安全管理义务罪的界限

作为同是《刑法修正案（九）》增设的条款，该罪与《刑法》第 286 条之一所规定的拒不履行信息网络安全管理义务罪均是为了强化技术、服务提供者的监管责任，营造良好的社会环境。在某种情形下，拒不履行信息网络安全管理义务的行为同样也是一种网络犯罪的帮助行为，从形式上与帮助信息网络犯罪活动相似。因此，拒不履行信息网络安全管理义务罪中的个别情形也可以构成帮助信息网络犯罪活动罪。二者主要有三种界定方式：

第一，以主体予以区别。帮助信息网络犯罪活动罪的犯罪主体是一般主体，而拒不履行信息网络安全管理义务罪的犯罪主体为网络服务提供者，属于特殊主体。司法实务中，帮助信息网络犯罪活动罪的主体既包括网络服务提供者也包括提供技术、服务的一般主体，即从主体上无法界定网络服务者提供帮助行为应归为何罪。

第二，以行为方式界定。拒不履行信息网络安全管理义务罪与帮助信息网络犯罪活动罪的区别的核心在于，前者是通过不履行信息网络安全管理义务的消极不作为方式提供技术支持或帮助，而后者是通过提供信息网络服务的积极作为方式提供互联网接入、服务器托管、网络存储、通讯传输等技术支持，或者提供广告推广、支付结算等帮助。在绝大多数帮助信息网络犯罪活动罪中，其帮助行为是以作为的方式进行，如通过出售电信诈骗所需的电话卡、提供改号软件、提供广告推广等行为。但部分帮助行为也以不作为的方式予以表现，如电信服务提供者对已有多次群众举报的诈骗电话号码既不上报，也不予以封停而继续提供服务。因此，从行为方式上界定两罪，无法解决不作为帮助行为的定性问题。

第三，以两罪的罪过形式予以区分。帮助信息网络犯罪活动罪与拒不履行信息网络安全管理义务罪在罪过形式上的区别在于，前者是故意，后者存在过失，有主张认为，拒不履行信息网络安全管理义务罪可以说在一定程度上突破了故意与过失两种罪过泾渭分明的理论认知，而引入了类似英美法系"过于自信"和"间接故意"复合的"轻率"主观罪过。[1] 刑法理论通说认为，二罪在罪过形式上没有区别，均为故意。其实，拒不履行信息网络安全管理义务罪的罪过形式应为一种模糊罪过，即虽然网络服务提供者在"拒不改正"上持故意态度，但对于造成"违法信息大量传播"等严重后果，则既可能是持放任甚至希望态度，也可能是因疏忽大意而没有预见或者已经预见而轻信能够避免，但无论网络服务提供者对因拒不改正而导致的严重后果是持故意还是过失的态度，只要具有预见可能性，都不妨碍该罪的成立。

综上所述，两罪之间具有许多的交叉点，立法者之所以单独设立帮助信息网络犯罪活动罪，是意图将网络服务提供者这一特殊主体所承担的监管责任与一般主体相区分。

（二）本罪与非法侵入计算机信息系统罪的界限

本罪与《刑法》第285条规定的非法侵入计算机信息系统罪都是发生在网络空间下的行为，而且行为人均能对主犯起到帮助作用，两者在一定程度上存在交叉情形。例如，有些行为人为侵入国家信息数据库的不法分子提供网络技术支持，既触犯了非法侵入计算机信息系统罪，又触犯了帮助信息网络犯罪活动罪，两罪竞合，应当择一重罪处断。但是两者也有着不同之处。

第一，从行为对象予以区分。非法侵入计算机信息系统罪侵犯的对象是国家重要的计算机信息系统，主要是指国家事务、国防建设、尖端科学技术领域的计算机信息系统。而帮助信息网络犯罪活动罪的犯罪对象则不限于计算机信息系统，它包括任何帮助信息网络犯罪在内的程序或者工具。

第二，从行为方式界定。"非法侵入"的行为相对于"帮助"的行为来讲，具有一定的典型性与特殊性。非法侵入计算机信息系统罪，主要行为方式是

---

[1]　陈洪兵："论拒不履行信息网络安全管理义务罪的适用空间"，载《政治与法律》2017年第12期。

"非法侵入"，即未取得国家有关主管部门依法授权或批准，通过计算机终端侵入国家重要计算机信息系统或者进行数据截收的行为。而帮助信息网络犯罪活动罪可以采取多种行为方式，主要表现在通过提供互联网接入、服务器托管、网络存储、通讯传输等技术支持，或者提供广告推广、支付结算等帮助行为。

第三，从造成后果区分。非法侵入计算机信息系统罪并不要求实际造成损害，只要有入侵行为，即构成犯罪，而帮助信息网络犯罪活动罪则要求其实施特定行为达到情节严重的程度。

三、犯罪的特殊形态

（一）本罪的停止形态

帮助信息网络犯罪活动罪的未完成形态同样具有三种，犯罪预备、犯罪未遂和犯罪中止。如前所述，本罪中的不同帮助行为分别位于正犯行为的不同阶段，分别发挥着不同的作用。因此，在本罪的停止形态这一问题上，应分类讨论。

第一，行为人明知他人利用信息网络进行犯罪，而以作为的方式为其提供技术支持等帮助行为，事后他人的行为被认定为犯罪。该类型多置于正犯着手之前，由于其提供的技术是正犯行为的前提和基础，只有在帮助行为完成之后，才存在后续网络信息犯罪产生的可能性，故此时的帮助行为应只存在既遂的可能性，而无需考虑预备、中止和未遂情形。

第二，行为人明知他人利用信息网络进行犯罪，而为其进行广告推广或提供资金结算服务的。该类行为往往产生于正犯着手之后。由于在着手时同时存在明知的故意，对于其产生的未完成形态也具有值得刑罚处罚性，也即存在预备、中止和未遂的未完成形态。

（二）本罪的共犯形态

对于本罪是否存在教唆犯和帮助犯，学界目前存在不同的观点。此前，在对帮助行为正犯化的罪名的共犯形态上，就《刑法》第358条组织卖淫罪与协助组织卖淫罪的理解上，就有学者提出"协助组织卖淫罪的共同犯罪中不存在主犯"的反驳观点。[1]具体到本罪名，有学者认为，本罪不存在教唆犯和帮助犯，并以此作为本罪不属于帮助行为的正犯化的理由之一。[2]其观点认为教唆他人实施本罪所规定的帮助行为，成立帮助犯，不成立教唆犯；帮助他人实施本罪规定的帮助行为，没有对网络犯罪的结果产生作用的，不能成立犯罪。但

---

〔1〕 郑伟："就这样动摇了共同犯罪的根基——论组织卖淫罪与协助组织卖淫罪的怪异切分"，载《法学》2009年第12期。

〔2〕 张明楷："论帮助信息网络犯罪活动罪"，载《政治与法律》2016年第2期。

结合本罪的立法背景与立法目的，笔者认为帮助信息网络犯罪活动罪，可以成立教唆犯和帮助犯。

第一，刑法对帮助行为正犯化的规定，其立法目的就是出于强化对信息网络犯罪的打击力度，基于此，对本罪名在共犯领域的解释不应过度限缩范围。被帮助罪名的"帮助行为"因法律规定而上升为本罪的"实行行为"后，自然存在围绕本罪的帮助、教唆等行为。

第二，在故意唆使他人对信息网络犯罪提供帮助，引起他人切实为信息网络犯罪"实行行为"的情形中，完全满足教唆犯的构成要件，唆使人成立本罪教唆犯并无不妥。具有帮助行为与帮助故意的人，对于网络服务提供者的"实行行为"进行帮助，同样可以成立帮助犯。

综上，帮助信息网络犯罪活动罪存在帮助犯和教唆犯的情形，其行为模式与普通犯罪无异，对教唆、帮助他人实施帮助信息网络犯罪活动行为的，应按照帮助信息网络犯罪活动罪的帮助、教唆犯处理。

（三）本罪的罪数形态

在帮助信息网络犯罪活动罪的罪数形态上，主要存在两种情形：

第一，《刑法修正案（九）》中规定，"有前两款行为，同时构成其他犯罪的，依照处罚较重的规定定罪处罚"。明知他人利用信息网络进行犯罪，并为其提供技术支持与帮助行为，且其帮助行为超越该罪犯罪构成，同时构成相应信息网络犯罪的帮助犯的，应从一重罪处罚。

第二，虽然行为人进行了帮助行为，但是只构成帮助信息网络犯罪活动罪或者只构成相应的信息网络犯罪的帮助犯。在此情形中，如若行为人只进行了一项帮助行为但同时满足该罪与被帮助罪名帮助犯的构成要件，那么根据一事不再罚的原则，应根据刑法规定择一重罪进行处罚。如在对网络赌博的帮助行为，根据公安部、最（高人民法院、最高人民检察院2010年颁布的《关于办理网络赌博犯罪案件适用法律若干问题的意见》规定，明知是赌博网站，而为其提供下列服务或者帮助的，属于开设赌场罪的共同犯罪，依照《刑法》第303条第2款的规定处罚。此时，则不再将其作为帮助信息网络犯罪活动罪处理。但如网络服务提供者除了实施本罪规定的帮助行为之外，还有其他行为构成犯罪，则应数罪并罚。

第四节　帮助信息网络犯罪活动罪的刑事责任

《刑法》第287条之二规定："明知他人利用信息网络实施犯罪，为其犯罪提供互联网接入、服务器托管、网络存储、通讯传输技术支持，或者提供广告推广、支付结算等帮助情节严重的，处 3 年以下有期徒刑或者拘役，并处或者单处罚金。单位犯前款罪的，对单位判处罚金，并对其直接负责的主管人员和其他直接责任人员，依照第 1 款的规定处罚。有前两款行为，同时构成其他犯罪的，依照处罚较重的规定定罪处罚。"

图书在版编目（ＣＩＰ）数据

反恐刑法/贾宇，舒洪水，冯卫国主编. —北京：中国政法大学出版社，2021.5
ISBN 978-7-5620-9920-8

Ⅰ.①反… Ⅱ.①贾…②舒…③冯… Ⅲ.①反恐怖活动－刑法－立法－研究
Ⅳ.①D914.04

中国版本图书馆CIP数据核字(2021)第068895号

书　　名	反恐刑法
出 版 者	中国政法大学出版社
地　　址	北京市海淀区西土城路 25 号
邮　　箱	fadapress@163.com
网　　址	http://www.cuplpress.com (网络实名：中国政法大学出版社)
电　　话	010-58908435(第一编辑部) 58908334(邮购部)
承　　印	固安华明印业有限公司
开　　本	720mm×960mm　1/16
印　　张	13.25
字　　数	245 千字
版　　次	2021 年 5 月第 1 版
印　　次	2021 年 6 月第 1 次印刷
印　　数	1~5000 册
定　　价	49.00 元